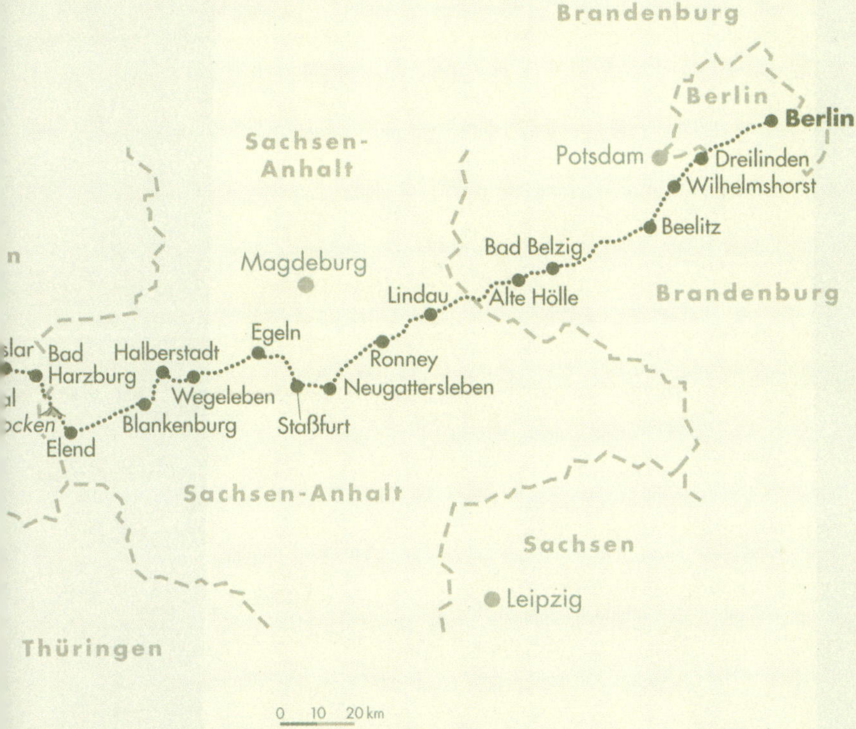
Brandenburg
Berlin
Berlin
Potsdam
Dreilinden
Wilhelmshorst
Sachsen-
Anhalt
Beelitz
Bad Belzig
Magdeburg
Brandenburg
Lindau
Alte Hölle
Egeln
Bad
Harzburg
Halberstadt
Ronney
Wegeleben
Neugattersleben
Blankenburg
Staßfurt
Elend
Sachsen-Anhalt
Sachsen
Leipzig
Thüringen
0 10 20 km

Was genau ist Heimat? Was bedeutet sie? Und warum ist sie wichtig? Jörn Klare geht dem sehr persönlich und ganz wörtlich nach. Von seiner Berliner Haustür aus wandert er an den Ort seiner Kindheit und Jugend am Rand des Ruhrgebiets. Ein Weg über gut sechshundert Kilometer. Erst durch Ostdeutschland, das ihm immer noch fremd ist, dann durch Westdeutschland, das ihm oft nicht mehr vertraut ist. An Orten, die Alte Hölle, Elend oder Wildewiese heißen, begegnet er Menschen, die ihre Heimat lieben, an ihr leiden und für sie kämpfen. Schließlich erreicht er die kleine Stadt, die einst sein Leben war. Ein besonderes Buch, das jeden dazu bewegt, sich neu zu verorten. Ein Porträt von Deutschland, das man so kaum kennt.

Jörn Klare

Nach Hause gehen

Für K. K.

Nie habe ich so viel nachgedacht, nie war ich
mir meines Daseins, meines Lebens so bewusst,
nie war ich sozusagen mehr ich selbst als auf den Reisen,
die ich allein und zu Fuß gemacht habe.

JEAN-JACQUES ROUSSEAU

Dieser Geruch, der mir plötzlich in die Nase steigt und in meinem Kopf ein Feuerwerk auslöst, aus dem ein erstes Bild entsteht. Es ist unscharf, zeigt ein lächelndes Gesicht, ein Haus, einen Garten, andere Menschen ..., immer mehr Bilder tauchen auf. Szenen in warmem und auch kaltem Licht, sie entspringen meiner Kindheit und reihen sich zu einem Film, der sprunghaft läuft, bis alles ineinanderfließt. Es dauert keinen Augenblick, und eine Welle strömt durch meinen Körper, und ich fühle mich mit dem, was um mich ist, verbunden. Dabei war mir dieser Geruch nicht einmal bewusst. Er kommt von der Lenne, die ein Stück weiter unten im Tal Richtung Ruhr fließt, und mischt sich mit dem Aroma der sauerländischen Wälder, aus denen ich gerade herabgestiegen bin. Natürlich ist es mehr als das. Und natürlich ist es komplizierter. Doch was ich in meiner Nase spüre, ist eindeutig und unverkennbar: Heimat.

Nach einunddreißig Tagen Wanderung stehe ich unterhalb der Burg von Altena, die ich von Ausflügen während meiner Schulzeit kenne. Das Tal ist eng, die Sonne schon verschwunden. Um mich herum stehen junge und alte Männer, die sich wie Kinder auf die nächsten Tage freuen. Sie schmücken ihre kleine Straße mit Girlanden und Transparenten in Grün und Weiß, klettern dafür auf Leitern, halten diese fest, reichen Hammer oder Zange, schlagen Nägel ein, knipsen Drähte ab. Die meisten aber geben Ratschläge, scherzen und trinken Bier dabei. Noch drei Mal schlafen, dann beginnt ihr Schützenfest. Auch mir reichen sie ein kaltes Bier. Es tut gut, mein Tag war lang, er soll hier enden. Diese Nacht in Altena ist die letzte vor Hohenlimburg, meinem Ziel. Fünfzehn oder zwanzig Kilometer noch, dann bin ich, wo einst mein Zuhause war. Ich müsste nur flussabwärts der Lenne folgen, will morgen aber »über den Berg« gehen. Wegen der Erinnerungen. Sie sind gemischt wie der Geruch in meiner Nase.

Die Schützenbrüder zeigen auf meinen Rucksack, meinen Wanderstab und fragen, woher ich komme. Sie lachen, als ich sage »aus Berlin« und wiederholt bejahe, dass ich den ganzen Weg zu Fuß gegangen bin. Sechshundert Kilometer mit ein paar Umwegen. Schon reicht einer mir ein neues Bier. Er fragt, warum die Mühen? Wegen der Heimat, antworte ich, der Frage, was und wo das ist. Er nickt, stößt seine Flasche an meine und erzählt, dass sie hier weit über zweitausend Schützenbrüder sind, dass sie ihr Fest aus sehr alten, komplizierten Gründen nur alle drei Jahre feiern und dass die Zeit dazwischen sehr, sehr lang ist. Als er sagt, dass ihre Bürgerwehr im Jahr 1429 gegründet wurde, stoße ich nun als Zeichen des Respekts meine Flasche gegen seine. Dann trinken wir und schweigen. Er freut sich auf das Fest, ich freue mich, hier neben ihm zu stehen. So wohl habe ich mich lange nicht gefühlt.

Vor einer Weile wollten meine Frau und ich in Berlin eine Wohnung kaufen. Wir leben dort seit vielen Jahren in einer schönen, großen Mietwohnung. Aber irgendwann werden unsere Töchter, die am Anfang und am Ende der Pubertät stehen, ja vielleicht mal ausziehen. Was meine Frau und ich zu kaufen suchten, könnte ruhig kleiner, sollte aber hell und nicht zu laut sein. Ein paar Zimmer, in denen man leben und vielleicht sogar alt werden kann. Es war die Zeit vor meinem fünfzigsten Geburtstag. Wir radelten an einem Frühsommernachmittag durch einen der schöneren Bezirke Berlins, um zu schauen, was hinter den Angeboten steckte, die wir im Internet gelesen hatten. Einige Wohnungen waren schön, andere hässlich, und alle schienen uns viel zu teuer. Die Makler hatten es eilig. Sie wussten, dass sie die schönen und auch die hässlichen Wohnungen in kurzer Zeit für viel zu viel Geld loswerden würden. Irgendjemand würde schon unterschreiben, ohne allzu lange nachzudenken. Ich schaute aus verschiedenen Fenstern, die vielleicht uns gehören könnten, auf verschiedene Nachbarn, die vielleicht unsere sein könnten. Ich bekam das wachsende Gefühl, im falschen Film zu sein. Was, fragte ich mich, stimmt hier nicht? In der dritten oder vierten Wohnung wusste ich es, die Erkenntnis überraschte und verwirrte mich: Ich bin kein Berliner.

An diesem Tag musste ich mir eingestehen, dass ich mich in der Stadt, in der ich seit bald dreißig Jahren lebe, noch immer nicht so heimisch fühle, dass ich bereit bin, ihr meine finanzielle Unabhängigkeit zu opfern und mich fest an sie zu binden. Wobei: Berlin ist schon okay und mir zumindest lieber als Hamburg, Frankfurt oder München. Noch immer ist es in Berlin etwas weniger spießig als anderswo, eine Stadt, in der man sich neu erfinden kann und immer wieder neu behaupten muss. Manchmal ist mir das zu viel. Auch nach knapp dreißig Jahren fehlt mir ein Gefühl von entspannter Selbstverständlichkeit und Aufgehobensein. Ein Gefühl von ... Heimat eben. So bat ich meine Frau, unsere Wohnungspläne noch einmal zu überdenken. Sie war einverstanden, und ich fühlte mich befreit. Doch es blieb die Frage, wo und was für mich denn Heimat ist – oder Heimat sein könnte. Je länger ich mich das fragte, umso stärker kamen die Erinnerungen an einen fernen Ort im Westen: Hohenlimburg. Das überraschte und erschreckte mich.

In Altena kommt jetzt der Sohn des Mannes neben mir auf uns zu. Er hat Down-Syndrom und ist wie die allermeisten Menschen mit dieser genetischen Besonderheit ein reizender Kerl. Für mich ist er aber auch eine Herausforderung, was an seinem Trainingsanzug liegt. Dieser ist blau-weiß und mit dem Wappen eines Fußballclubs versehen, den ich aus langer Tradition nicht schätzen kann. Da greift ein altes Muster und, da hier der Nase nach meine Heimat schon beginnt, werde ich nervös. Ich spüre den Drang, Position zu beziehen, zu zeigen, dass ich mein Gegenüber ernst nehme und mich selbst auch. Indianer rammen in Filmen für so etwas einen Speer in die Erde, Hunde heben einfach nur ein Bein. Auch ich bin ein territoriales Wesen.

»Was hat der Junge angestellt?«, frage ich den Vater, nachdem sein Sohn schon wieder weiter ist.

»Wieso?«

»Weil er so einen Anzug tragen muss.«

Stille. Er schaut verwirrt, sagt spontan, dass der Anzug eine Belohnung gewesen sei. Danach sieht er mich prüfend an.

»Du bist schwarz-gelb, oder?«

»Was sonst?«

Er stöhnt, dann grinst er leicht gequält, und ich grinse auch. Er kennt das Spiel. Unsere Flaschen stoßen wieder aneinander, wir trinken. Ein guter Mann, ein möglicher Freund.

Die Heimatfrage ließ mich nicht mehr los, und mir wurde klar, dass ich sie in Berlin nicht durch Gespräche, mit Büchern oder gar dem Internet beantworten kann. Es ging darum, ein Gefühl zu klären. Da helfen weder Theorie noch Algorithmus. Ich hatte gelesen, dass die Bepflanzung von Blumenkästen als armselige Rückbesinnung auf die bäuerlichen Wurzeln gesehen werden kann, und fühlte mich ertappt, auch wenn weder ich noch mein Vater, noch meine Großväter jemals Bauern waren.[1] Wenn ich allerdings nur weit genug zurückblicke, würde sich wohl schon einer finden. Doch nicht Ahnenforschung, sondern Heimat war mein Ziel.

Zu Fuß sollte die Reise gehen, weil mir die guten Gedanken in meinem Leben ganz selten nur im Sitzen oder Liegen kommen. Und ich wollte endlich auch mal Teil der Landschaft sein, die so oft im Auto oder Zug an mir vorüberzog. Ich sagte meiner Frau, dass ich für meine Antwort »nach Hause gehen« will. Sie meinte, ich sollte doch in Hohenlimburg starten. Wir lachten, aber es war auch ernst gemeint. Sie ist eine tolle Frau. Sie lässt mich gehen, wartet nicht und ist trotzdem da, wenn ich zurück von einer Reise komme.

Hohenlimburg liegt zwischen dem Sauerland und dem Ruhrgebiet, hat knapp 30 000 Einwohner und gehört mittlerweile zu Hagen. Eine Kleinstadt, die man nicht toll finden muss und auch nicht interessant, aber ich bin dort geboren, genauso wie schon meine Eltern und Großeltern. Einundzwanzig Jahre lebte ich dort in dem Haus, das mein Vater gebaut hat, habe dort Abitur gemacht, hatte dort meinen ersten Liebes- und Lebenskummer und in dem Zusammenhang auch meinen ersten Vollrausch. Trotzdem wollte ich nach meinem Zivildienst möglichst schnell weg ins »richtige Leben« oder zumindest hinaus in »die Welt«. Ich wollte meine Heimat loswerden, was mir erst mal auch gelang.

Mein Ziel hieß Berlin, bzw. West-Berlin, weil 1986 ja noch die Mauer stand. Dort hatte ich einen Studienplatz für Psychologie und Theaterwissenschaften. Die Großstadt war eine Verheißung, die für mich Kleinstadtkind voll eintrat. Zumal der Wedding, in dem ich mein erstes WG-Zimmer fand, damals tatsächlich noch ein bisschen wild war. Und natürlich war alles sehr, sehr anders als in Hohenlimburg. Ich habe auch keine Zweifel, dass das Ganzberlin von heute immer noch eine ganz andere Welt als Hohenlimburg ist. Was das »richtige Leben« betrifft, bin ich mir schon lange nicht mehr sicher.

In dem kleinen Hotel in Altena gibt es eine Kneipe mit klassischem Holztresen und abgewetztem Parkettboden. Tische und Stühle, überhaupt das ganze Mobiliar bis hin zum Wandschmuck wirken, wie auch die Gäste, zusammengewürfelt und schon etwas älter. Ich bekomme ein Zimmer unter dem Dach, dusche, lege mich aufs Bett, genieße die Entspannung, die Ruhe, das schlichte Nichtbewegen nach einem langen Wandertag. Doch je mehr der Körper ruht, desto schneller rasen die Gedanken. Wenn ich wandere, ist es umgekehrt. Jetzt aber: Erinnerungen an die letzten Tage und Wochen, an viele

Wälder, vor allem aber an Menschen. Ein Kleinverleger in Brandenburg, eine polnische Saisonarbeiterin, eine tapfere Wirtin, ein alter Knecht irgendwo in Sachsen-Anhalt, ein geflohener Afghane, ein Wanderfreund im Harz, eine alter Nazi in Hessen, eine Ortsheimatpflegerin, ein Schützenbruder, ein Mönch im Sauerland ... Und immer wieder die Frage nach der Heimat, was das ist, was sie für mich bedeutet. Viele Antworten habe ich bekommen und noch keine eigene gefunden. Noch bin ich ja auch nicht in Hohenlimburg. Andererseits habe ich mich in den letzten Tagen und Wochen auch gefragt, ob mein Hohenlimburger Heimatgefühl nicht eine Art Phantomschmerz ist. Seitdem ich von dort fortgegangen bin, ist meine Mutter gestorben, und mein Vater lebt in einem Heim in Münster. Die alten Freunde habe ich so lange nicht gesehen, dass ich nicht sagen kann, ob sie überhaupt noch Freunde sind. Ich fürchte, das, was ich gern »geschätzte Heimat« nenne, zu überschätzen.

Ich gehe runter in die Kneipe – Fußball gucken, die herrlichste Zeittotschlägerei der Welt, heute aber noch viel mehr. Pokalendspiel, Dortmund ist dabei, und ich bin angespannt. Am Tresen ist noch ein Platz mit bester Aussicht auf den Bildschirm frei. Das ist meiner, bis hinter mir am Tisch einer »Mach mal Platz, Großer!« ruft, da ich ihm und anderen die Sicht aufs Spiel versperre. Als ich mich zu ihnen an den Tisch setze, rücken sie zusammen. Aus einer Ecke rufen ein paar Schalke-Fans ab und an bemühte Witze in den Raum, das gehört dazu, damit muss man leben können. Schlimmer ist, dass Dortmund keine Chance hat. In der Nachbesprechung des 1:3 bemühe ich mich um die Rolle des guten Verlierers, was nicht gelingt. Ich muss hier raus und gehe runter an die Lenne.

Mein letzter Morgen in Berlin beginnt mit Zweifeln, noch bevor die Sonne aufgegangen ist. Dass in meinem Gemüt die Frage nach der Heimat pocht, ist mir auch ein wenig peinlich, weil ich mich für einen aufgeklärten Menschen halte. Sind solche Fragen nicht längst schon überholt? Wozu denn Heimat, wenn ich Sinn, Familie und Arbeit in meinem Leben sehe und habe?

Mit den ersten Sonnenstrahlen kommt meine jüngste Tochter an mein Bett, sie ist ein wenig traurig, aber auch gewohnt, dass ich hin und wieder allein fortreise. Am Frühstückstisch erklärt mir meine andere, zwanzigjährige Tochter die Zusammenhänge zwischen den Türstehern und Drogendealern in den Clubs, die mehr oder minder vor unserer Haustür liegen. So gehe ich die ersten Schritte meiner Wanderung vorbei an ebenjenen Türstehern, die ich als solche erkenne, und jenen, die wohl Dealer sind. Auf dem Boden liegen wie so oft Partymüll und leere Flaschen, einige davon in Scherben. Am alten Wachturm auf dem ehemaligen Grenzstreifen glänzen neue Graffiti. Eine kleine Gruppe blasser Spanier wankt von einem nahen Club herüber. Mit dunklen Brillen kämpfen sie gegen das Licht der Sonne. »It's all cool!«, sagt einer zu einer jungen schönen Frau, die ihn nicht zu hören scheint. Ich frage mich, warum er Englisch spricht. Ein anderer lässt eine Sektflasche fallen und pinkelt dann an einen Baum. Mein Kiez wirkt wie ihre Beute. Ich bin empört und erinnere mich doch vage, dass ich mich, als ich in ihrem Alter war und durch Europa reiste, wohl ähnlich schlecht benahm. Ich fühle mich alt.

Gestern saß ich am Ufer der nahen Spree. Es war ein sonniger Sonntagmorgen, ein Ausflugsdampfer nach dem anderen pflügte durch das Wasser, beflissene Touristenführer informierten weithin hörbar über die Reste alter Grenzanlagen. Wer wie ich dabei am Ufer saß, wurde zur Kulisse degradiert.

Ein Mann, den ich nicht sehen konnte, brüllte etwas zu den Schiffen hin. Es brauchte einen Moment, bis ich ihn verstand. »Sieg Heil«, tatsächlich brüllte er immer wieder »Sieg Heil«. Später dann auch noch »Heil Hitler!«. Es klang verzweifelt.

Vor dem Standesamt ein paar hundert Meter weiter und schon in Kreuzberg eine Hochzeitsgesellschaft. Der Bräutigam im Smoking, die Braut in einem knappen, roten Rock. Die wenigsten männlichen Gäste tragen einen Anzug, die wenigsten weiblichen Gäste ein elegantes Kleid. Auf einem Tisch stehen ein paar Flaschen Sekt und Plastikbecher.

»Hier wird verdrängt!«, informiert ein Zettel an einem Haus, vor dem Männer ein Gerüst für eine Renovierung aufbauen. Daneben stinkt ein Dixi-Klo. Ich komme an der frisch umzäunten Brachfläche zwischen Straße und Spree vorbei, auf der vor Monaten noch mittellose Berlinbesucher lagerten. Manche nannten das den ersten »Slum« Berlins. Die Menschen sind längst vertrieben. Bald wird wohl auch hier was neues Schickes stehen, das sich keiner leisten kann, der jetzt noch in der Gegend wohnt. Und viele von denen, die jetzt hier wohnen, haben bereits andere verdrängt.

Weiter entlang an den alten Kinderläden meiner Töchter, einer Eckkneipe, die mit einem eigenen Klimaschutz-Zertifikat wirbt, und einem Späti, in dem es rund um die Uhr achtzig Bier- und vierzig Chips-Sorten zu kaufen gibt. Der Italiener, bei dem ich gern gegessen habe, ist verschwunden. Die Apotheke, den Bio- und den Buchladen, von denen ich nach zwanzig Jahren im Kiez zumindest die Besitzerinnen kenne, gibt es zum Glück noch. Zwischen den Büchern in dem kleinen Schaufenster liegt eine schöne Postkarte mit dem Bild eines gestickten »Home is where your bookstore is«. In der Straße gab es mal eine ganze Reihe Geschäfte mit Dingen, die man im Alltag braucht, mittlerweile präsentieren die neusten Szenecafés ihr Angebot nur noch in Englisch. So sieht die Gegend aus, in der ich seit vielen Jahren wohne und die ich nicht Heimat nennen kann.

An der Pizzabude stehen sechs Polizisten, die mit müden Gesichtern auf ein frühes Mittagessen warten. Sie tragen Straßenkampfmontur, am Himmel kreist ein Hubschrauber. Es ist der Tag vor dem Ersten Mai, an dem nach Kreuzberger Tradition mit Krawall zu rechnen ist. Als die 1987 ihren Anfang nahm, lief ich durch Zufall mitten hinein. Es war die Zeit vor einer in Kreuzberg höchst unpopulären Volkszählung. Damals begegnete man selbst einfachsten Datensammlern noch konsequent mit Misstrauen, auch ich engagierte mich, ging auf Demos und bekam auch mal unbegründet Prügel von der Polizei, über die ich aufrichtig erschrak. Allerdings war ich auch ein wenig stolz darauf. So etwas gehörte hier zum Lebensstil.

In der Nacht vor einem großen Fest zum Tag der Arbeit mitten in Kreuzberg hatte die Polizei ein Büro der Volkszählungsgegner aufgebrochen und durchsucht. So war die Stimmung schon angespannt und verspannte sich noch weiter, als am Rand des bunten Familienfestes Autonome einen abgestellten Streifenwagen auf die Seite kippten. Mehr und mehr Polizisten in Kampfmontur tauchten auf. Erst flogen Gegenstände in die eine, dann Tränengasgranaten in die andere Richtung. Einige von ihnen landeten in der friedlich feiernden Menge, die den Ärger kaum bemerkt hatte. Als das Fest mit einem Schlagstockeinsatz aufgelöst werden sollte, eskalierte die Situation. Die Menschen leisteten wütend Widerstand, und die Polizei zog sich irgendwann am Abend von allem überfordert komplett zurück. Brennende Straßenblockaden sorgten dafür, dass das bis zum Morgengrauen auch so blieb. Geschäfte wurden aufgebrochen und geplündert. Der größte Laden war ein Bolle-Supermarkt am Görlitzer Bahnhof, der noch in jener Nacht von einem Pyromanen abgefackelt wurde. Vorher schleppten ganze Familienverbände palettenweise Klopapier und Hundefutter an sekt- und siegestrunken Feiernden vorbei in ihre Vorratsschränke. Den archaischen Sound dieser bizarren Szenerie lieferten Hunderte Menschen, die mit Pflastersteinen gegen die gusseisernen Streben der Hochbahn schlugen. Mitten in diesem durchaus auch bösen Rausch der Anarchie stand ich, ein junger Mann aus Hohenlimburg, der bis dahin nicht die Phantasie gehabt hatte, sich auch nur im Ansatz vorzustellen, was hier geschah.

Die Lenne ist auch in Altena kein großer Fluss. Zwanzig Meter sind es bis zum anderen Ufer. Vermutlich könnte man hinüber waten. Wenn wir früher mal aus Übermut in ihrem Wasser badeten, juckte später unsere Haut von den Abwässern der Stahlwerke. Ich gehe flussaufwärts. Die Straße ist gesperrt, ich erkenne das halb aufgebaute riesige Schützenzelt, von dem die Männer am Nachmittag erzählt haben. Als ich auf ein kleines Feuer in einer Eisenschale zusteuere, stottert mich ein junger Mann auf Polnisch an. Ich stottere auf Deutsch zurück. Das geht ein wenig hin und her, bis wir beide merken, dass keiner von uns Pole ist. Franky stellt sich vor, er hat heute Geburtstag und hat Polnisch gesprochen, weil er mich für einen polnischen Schützenzeltaufbauer hielt. Er ist nicht mehr ganz nüchtern. Das kleine Feuer gehört zu seiner Party. Und auch wenn ich kein Pole bin, soll ich jetzt mitkommen.

Als ich vor bald dreißig Jahren mit einem Kleinwagen, in dem ich eine Matratze, eine Bücherkiste und zwei Koffer transportierte, in Berlin ankam, parkte ich zum Ausladen auf dem Bürgersteig. Eine ältere Frau sprach mich freundlich auf das Nummernschild aus Hagen an. Sie hatte Verwandte dort. Eine jüngere Frau kam dazu, sie war sauer, dass das Auto ihren Weg versperrte. Wohl um mich zu verteidigen, sagte die ältere: »Aber er kommt doch aus Hagen!« Die Antwort lautete: »Mir egal, aus was für einem Dorf der kommt!« Für mich war das eine interessante Lektion in Sachen »Großstadt«, weil ich Hagen, damals immerhin achtmal so groß wie Hohenlimburg, bis zu genau diesem Zeitpunkt als eine solche gesehen hatte.

Neu in Berlin, antwortete ich anfangs ungern auf die Frage, woher ich komme. Ich wollte nicht von der Kleinstadt erzählen, die kurz zuvor noch meine Welt gewesen war, nicht vom Sauerland, nicht vom ruhigen Rand des Ruhrgebiets. Ich wollte nicht der Provinzler sein, der ich war und sicher auch noch bin. Ich wollte Berliner sein oder es zumindest werden. Allerdings war meine Vorstellung davon nicht ganz klar. Cool, lässig, abgeklärt – auf jeden Fall das Gegenteil von meinem Leben in Hohenlimburg. Mit der Zeit setzte eine Wandlung ein, ich lernte andere Westfalen kennen, Sauerländer auch, ich spürte eine Nähe und fing an, ihre Mentalität zu schätzen, schon weil sie meiner ähnlich ist. Auch sie sind ein bisschen langsamer in manchen Dingen, dafür aber auch weniger leicht aus der Spur zu bringen, sie sind schwerer zu begeistern, aber auch weniger leicht zu beeindrucken, sie frieren nicht so schnell und machen weniger heiße Luft, was nicht ausschließt, dass sie heftig explodieren können, wenn sie »die Faxen dicke haben«. So begann ich zu erkennen, was Hohenlimburg für mich war, und ich lernte, es zu schätzen und wohl auch schon zu verklären, denn dort wieder leben wollte ich nicht. Später fand ich dazu einen Satz bei Kafka: »Man muss in die Ferne gehen, um die Heimat, die man verlassen hat, zu finden.«[2]

Am ersten Tag meiner Wanderung komme ich, noch in Berlin, zu einer alten Haustür, sie führt über einen Hinterhof zu einer kleinen, feuchten Wohnung im Erdgeschoss, in der ich mit einem guten Freund ein paar Jahre lebte. Am Klingelkasten nur unbekannte Namen. Daneben mit Edding geschrieben: »Now all your love is wasted and who the hell was I?« Ende der Achtziger war die Gegend ein ranziger Kiez mit vielen Kampfkötern. Wo früher Prostituierte auf Kunden warteten, bieten heute Cafés ausgefallene vegane Snacks an. Wieder wundere ich mich, dass Inneneinrichtung aus Sperrmüll so geschmackvoll sein kann. Aber vielleicht haben sie ihre Möbel ja auch ganz woanders her. Der soziale Nenner der Gegend lautet diversen Aufklebern nach: »No place for Nazis!« bzw. »No hay lugar para Nazis!« Was, frage ich mich im Vorbeigehen, ist mit den rechtsextremen Spackos, die weder Englisch noch Spanisch verstehen? Ziehen sie verwirrt ab, oder machen sie verärgert erst recht auf dicke Hose?

Über dem Coiffeur Fantasy hängen an der nächsten Ecke trotzig ein paar schlappe Deutschlandfähnchen. Ein Anblick, der mich bis heute irritiert. Daran hat auch der Event-Patriotismus eines fußballsiegestrunkenen Sommermärchens nichts ändern können. Mein Nationalgefühl ist zu diffizil für selbstberauschte Fahnenschwenkerei. Bewusstsein ja, Stolz nein. Natürlich sind da Kleist, Büchner und all die anderen, deren Sprache auch die meine ist, natürlich sind da Leistungen und Errungenschaften, auch gerade nach dem Zweiten

Weltkrieg. Aber das Bewusstsein, dass etwas wie Auschwitz möglich war, verbietet es, so denke ich, von Stolz zu sprechen. So hat Heimat für mich auch kaum etwas mit Nation zu tun, obwohl ich schon wegen der Sprache eigentlich nicht woanders leben möchte.

Ein Naturkostladen neben einer Hertha-Fußball-Pinte. Einen halben Liter Schultheiß gibt es für knapp drei Euro, ein paar Meter weiter verlangt ein Wirt für die gleiche Menge Rioja das Sechsfache. Hier tobt kein Kulturkampf, es wird ganz sachlich nur verdrängt. »Und dann ging der Stadt die Luft aus«, kommentiert ein Banner im Schaufenster einer offensichtlich schon länger geschlossenen Kneipe, die einmal Freies Neukölln hieß. »Der Moloch war jetzt hell erleuchtet«, lese ich noch, bevor nach »die alten dicken Raucher waren« plötzlich Schluss ist. Ich versuche mir den restlichen Text zusammenzureimen, als mich ein Mann mit langen, leicht fettigen Haaren und geklebter Brille auf meinen Rucksack anspricht. Wo ich hinwolle, fragt er. Ich sage »nach Hause«, woraufhin er schnaubt. Dann kramt er ein altes Handy aus der Tasche und zeigt mir, nach einigen hektischen Wischbewegungen, ein Foto mit dem ganzen Text: »die alten dicken Raucher waren wegverschwunden und nicht nur zur Weihnachtszeit duftete alles nach Konsum. Das Stadtleben – gestaltet von Bewohnern und Besuchern – war jetzt endlich Kapital. Sie dankten allen Gästen und Nachbarn und machten das Licht aus. Schön war's hier.« Als ich noch dabei bin, die Botschaft auszuloten, sagt der Mann, den ich auf Ende fünfzig schätze, »die Mieten«, und nach einem nächsten Schnauben, »die steigen hier wie nirgendwo sonst in dieser Stadt«. Und er, will ich wissen, wie kommt er damit klar? Ist das oder war das hier mal seine Heimat? Das Schnauben, das seine letzte Antwort sein soll, ist etwas tiefer als die ersten beiden, dann schlurft er davon und lässt mich einfach stehen.

Ich gehe den Hermannplatz entlang. Der Taxi-Halteplatz, an dem ich vor mehr als zwanzig Jahren vor allem nachts auf Kunden wartete. Fahrten, die mich auch in die entlegensten Ecken der Stadt führten, Fahrgäste aller Art und jeglichen Temperaments. Die Prostituierte, die von ihrem Zuhälter verdroschen worden war, das völlig verliebte Hochzeitspaar, die jungen Eltern mit ihrem Säugling direkt aus der Entbindungsstation, der Dealer, der seine Clubs abfuhr, der alte Mann, der allein von der Beerdigung seiner Frau kam, die er vor mehr als fünfzig Jahren geheiratet hatte. So lernte ich einiges kennen von Berlin. Im Ganzen begreifen oder gar verstehen kann ich diese Stadt jedoch bis heute nicht.

An Frankys Geburtstagsparty-Feuer in der Eisenschale bekomme ich sofort ein Bier. Er selbst gießt mit großem Schwung aus einem offenen Fass Spiritus in die Flammen. Einmal, zweimal, dreimal. Die meisten seiner gut zehn Gäste und sehr bald auch ich brüllen, er solle doch »verdammt noch mal sofort damit aufhören!«. Doch das stört ihn nicht. Im Gegenteil. Im flackernden Licht kann ich ihn besser sehen: Ich schätze ihn auf Anfang dreißig, er ist schlank, sein Haar ist strubbelig, seine Kleidung eng anliegend und schwarz, sein Gürtel voller Nieten. Ein Lenne-Punk – auweia! Weil das Feuer nicht vom Spiritus allein leben kann, wird einer zum Holzholen geschickt. Er verschwindet in der Dunkelheit, aus der alsbald krachende Geräusche zu uns dringen. Wenig später kommt Frankys Freund mit einem Stück Gartenzaun zurück, das kleingetreten in der Eisenschale landet. Ich bin beeindruckt, bekomme ein neues

Bier und später noch eins und noch eins ... auch eine Wurst und noch eine und ein Schweinenackensteak. Aus einem kleinen wird ein großer Abend, und ich bin mittendrin.

Im Volkspark Hasenheide steht Turnvater Jahn sehr aufrecht auf einem Sockel. Sein Blick ist stolz und stur, in seinem Rücken feilscht ein Rocker mit einem der vielen Dealer um den Preis für Drogen. Friedrich Ludwig Jahn hatte hier 1811 als Lehrer eines nahen Gymnasiums den ersten öffentlichen Turnplatz Deutschlands eröffnet, obwohl es Deutschland zu diesem Zeitpunkt eigentlich noch gar nicht gab. Als Erfinder von Reck und Barren, die mir manche Schulsportstunde verleideten, war er mir nicht sonderlich sympathisch. Vor kurzem las ich aber von seinen *Vaterländischen Wanderungen*. Diese hielt er, wie er 1810 in *Deutsches Volksthum* schrieb, für

> »[...] nothwendig, denn sie erweitern des Menschen Blick, ohne ihn dem Vaterlande zu entführen. Kennenlernen muß sich das Volk, als Volk; sonst stirbt es sich ab. [...] Wandern, Zusammenwandern, erweckt schlummernde Tugenden [...] und die edle Betriebsamkeit, das auswärts gesehen Gute in die Heimath zu verpflanzen.«[3]

Es ging ihm dabei um eine nationale Identität als Grundlage der angestrebten gemeinsamen Heimat. Ich musste bei diesen Zeilen an meine Wanderroute denken, die mich zwangsläufig durch mir unbekannte Gegenden, insbesondere im Osten Deutschlands, führen würde, durch viele Heimaten mir fremder Menschen und Mentalitäten.

Über dem Tempelhofer Feld tanzen große Lenkdrachen. Der stillgelegte Flughafen ist ein Versprechen auf die Weite Brandenburgs. Ich wünsche, Berlin läge schon hinter mir. Vor nicht allzu langer Zeit gab es eine Volksbefragung, bei der es darum ging, ob das ein paar hundert Hektar große Gelände an den Rändern bebaut werden sollte. Mit der Mehrheit stimmte ich dagegen. Ein Trotzreflex, weil mal etwas bleiben sollte, wie es ist, und weil mir das Vertrauen fehlte in die Berlin-Regierenden, denen nicht noch ein Flughafen anvertraut werden sollte.

Unter meinen Füßen kein Asphalt mehr, sondern etwas weniger harte Wiese. Ich kreuze die Wege von Joggern, Skatern und Touristen und lege mich ins Gras. Die Sonne strahlt, der satte, blaue Himmel lässt auf den Sommer hoffen, mein Blick folgt einzelnen Wolken von West nach Ost. Heimat, geht mir durch den Kopf, der geschützte und vertraute Ort der Kindheit, eine überschaubare Welt mit klaren Verhältnissen, in der ich einen sicheren Platz hatte. Ein Grundgefühl, das mit der Pubertät ins Wanken kam, weil sie abenteuerliche Fragen brachte, auf die ich naturgemäß nicht vorbereitet war. Es ging um den Sinn des Lebens und meinen Platz oder zumindest Weg in der Welt. Erste Antworten führten zu neuen Fragen, es entstanden Umdrehungen in diesem Lebens-Fragen-und-Antwort-Spiel, die am Ende meiner Zeit in Hohenlimburg immer schneller wurden und in den ersten Jahren in Berlin bisher nie mehr erreichte Spitzenwerte erzielten. Ich wollte das so, auch wenn es bisweilen schmerzhaft war. Mit der Zeit entstanden ein Gerüst, ein Kompass und schließlich ein Gespür, das mir meist hilft, meinen Weg zu finden.

Ein frischer Wind treibt mir Tropfen ins Gesicht. Ich öffne die Augen, sehe dunkle Wolken, eile runter von dem Feld und komme in das kleinbürgerliche Tempelhof, wo die Piefigkeit der alten Mauerstadt noch gut zu spüren ist. West-Berlin war in großen Teilen wesentlich provinzieller und spießiger, als es in all den Rückschauen heute wirkt. Doch wenn man frisch aus Hohenlimburg kam, fiel das nicht auf. Ich konzentrierte mich auf die Kneipen und Discos, die wir damals noch nicht Clubs nannten, und empfand das ganze Kultur- und Nachtleben als eine große Offenbarung. Die Stadt war eine Spielwiese, deren Angebote ich genoss.

Dazu bot West-Berlin, von der Mauer einmal abgesehen, viele konkrete Begegnungen mit den Spuren der jüngeren deutschen Geschichte. Es gab zahlreiche, der Bombardierung Berlins geschuldete Brachflächen, und der Potsdamer Platz war nichts anderes als ein großer Sandhaufen. In vielen ganz normalen Fassaden konnte man noch mit leichtem Gruseln Einschusslöcher aus dem Häuserkampf der letzten Kriegstage entdecken. Vor allem aber musste ich mich vor niemandem rechtfertigen, und was andere sagten, hatte nur eine Bedeutung, wenn ich es wollte. Eine Freiheit, die ich so nicht gekannt hatte.

In Steglitz und dann Zehlendorf wächst mit der Zahl der Villen die Zahl der Alarmanlagen, die Zahl der »Warnungen vor dem Hunde«, die Höhe der Zäune. Hier ist die Stadt mir einerlei. Ich bin froh, als ich an ihre Grenze komme.

Mein Blick verliert sich in Frankys Feuer. Ich kann mich nicht sattsehen an dem brennenden Holz, das erst zu Glut und dann zu Asche wird, während neue Flammen an anderer Stelle neues Holz zu ihrer Beute machen. Ein faszinierendes Schauspiel. Fing damit nicht alles an? Der Mensch lernt, das Feuer zu beherrschen, wird sesshaft und macht sich einen Ort vertraut. Ist die Basis von Heimat nicht eine archaische Gemeinschaft von Menschen, die um ein Feuer sitzt, das sie wärmt und schützt?

Neben mir steht ein junger, schlanker Mann. Er stammt aus Guinea, einer Militärdiktatur, die zu den ärmsten Ländern der Welt zählt. Sein Weg führte ihn vor eineinhalb Jahren durch den Senegal, Mauretanien, Algerien, Marokko, in einem kleinen Flüchtlingsboot über das Mittelmeer nach Spanien und schließlich hierher, nach Altena. Ich frage nach Einzelheiten seiner Flucht, er winkt ab, weil er alles vergessen hat, vergessen musste, um, wie er sagt, seine »Seele zu schützen«. Es gäbe da, er zeigt auf seine Schläfe, »zu viele böse Bilder«. Er hat Asyl beantragt und spricht schon leidlich Deutsch. In seiner alten Heimat hat er studiert, in Deutschland will er weiter lernen. Er mag Altena, die Leute sind nett zu ihm, vor allem Franky, der gerade aufs Neue Spiritus ins Feuer gießt, sei ein guter Mann. Dass immer mehr Asylbewerber kommen, macht ihm Sorgen. Natürlich hat er mitbekommen, dass Menschen wie er in Deutschland nicht nur willkommen sind. Ich frage ihn, ob er Heimweh hat, und er versteht die Frage nicht. Ich versuche, es zu erklären, was nicht viel hilft. Nein, nein, sagt er immer wieder, er wolle nicht zurück in das Land, aus dem er fliehen musste, um zu überleben. Altena soll seine Heimat werden.

»Heimweh« ist ein Schweizer Wort. Ende des 17. Jahrhunderts wurde die »unbefriedigte Sehnsucht nach der Heimat« erstmals als Morbus Helveticus beschrieben und bezog sich konkret auf die Leiden Schweizer Soldaten, die im Ausland dienten. Die »Krankheit« soll zu Entkräftung, Fieber und auch Stillstand des Herzens geführt haben. Das Singen von Heimatliedern war unter Androhung der Todesstrafe verboten.

Ein Kreuz aus Holz an einer Straßenecke in Kleinmachnow. Darauf der Name Karl-Heinz Kube und der Satz »Auf dem Weg in die Freiheit erschossen«. Ein Mauertoter, gestorben am 16. Dezember 1966. Da war Kube, ein Elektrokarren-Fahrer, siebzehn Jahre alt. Die Stasi notierte akribisch, dass er sich gegen Spenden für das kommunistische Vietnam aussprach und andere davon abhielt, in die FDJ einzutreten. Lieber hörte er die Musik einer »Gammler-Truppe« namens Beatles. Er stand kurz vor der Einweisung in eine Art Jugendgefängnis und wollte raus aus seinem Heimatland. Am Abend des 16. Dezembers 1966 durchschnitt er mit einem Freund einen Grenzzaun, überwand die erste Mauer, Stolperfallen sowie eine Sperre aus Stacheldraht. Die beiden hatten den Todesstreifen schon fast durchquert und nur noch einen hohen Eisenzaun zwischen sich und West-Berlin, als Soldaten einer Grenzpatrouille auf sie schossen. Kube und sein Freund retteten sich in einen Graben, versuchten zurück auf DDR-Gebiet zu kriechen und gerieten in das Schussfeld einer zweiten Patrouille. Zwei von vierzig Kugeln trafen tödlich in Kubes Kopf und Brust. Sein Freund landete im Gefängnis, die vier Grenzsoldaten bekamen Medaillen und eine kleine Feier mit kaltem Buffet. Kube verstehe ich als jemanden, dem seine Heimat zu eng geworden ist, der ahnte oder wusste, dass es noch ein anderes mögliches und gar besseres Leben für ihn geben könnte. Seine Sehnsucht und seinen Mut bezahlte er mit seinem Leben. Meine Wanderung, denke ich zum ersten Mal, ist ein Privileg.

So etwas Exotisches wie Ost-Verwandtschaft gab es in meiner Familie nicht, und was östlich der dreihundert Kilometer entfernten innerdeutschen Grenze lag, gehörte nicht zur Welt meiner Kindheit und Jugend. Für mich war die DDR ein fremdes Land, das ich, wenn überhaupt, nur aus den Nachrichten kannte. Die Bilder zeigten alte graue Männer aus Regierung und Politbüro, organisierten Jubel, auf Sieg getrimmte Sportler und Frauen mit Frisuren, die ich hässlich fand. Die Strebsamkeit, die dahinterstecken musste, schien mir viel deutscher, als ich es sein wollte. Und ich fand Kati Witt auch nie erotisch. So waren die Bürger der DDR für mich keine »Brüder und Schwestern«, sondern fremde Menschen, die sogar noch ein bisschen fremder waren als Engländer, Franzosen oder Italiener. Mit den deutschen »Brüdern« verband mich vielleicht eine gemeinsame Sprache, die Geschichte gemeinsamer geistiger Kultur, aber keine – für mich damals viel konkretere – Marken- und Erlebniswelt. Denn wichtig waren in meiner Jugend Antworten auf die Fragen: Levi's oder Wrangler? Adidas oder Puma? Pepsi oder Coca-Cola? Die Aufregung, als in Hagen die erste McDonald's-Filiale eröffnete. Der von ein paar Durchgeknallten in einem alten Hohenlimburger Kinoschuppen eröffnete Rockpalast, der Extrabreit, Abwärts, Fehlfarben und andere Bands der Neuen Deutschen Welle tatsächlich bis nach Hohenlimburg brachte, der uns Kleinstadt-Jungs Filme wie *Easy Rider* zeigte und ahnen ließ, was an Ausbruch und Revolte möglich war. Das hat mich geprägt. Mit den Menschen meiner Generation aus Ostdeutschland fehlten und fehlen solche gemeinsamen Erinnerungen und Bezugspunkte. Wir haben sozusagen nie zusammen *Bonanza* geschaut. Ganz anders ist es, nebenbei bemerkt und zum Glück, bei meiner 2002 geborenen Tochter, deren Grundschule in einem Berliner Ost-Bezirk lag. Ob nun ein Kind in Friedrichshain oder Kreuzberg aufwuchs, ob die Eltern aus der ehemaligen DDR oder der alten BRD stammen, ist für sie ganz und gar egal.

Erlebbar wurde die Mauer für mich erst, als ich 1986 nach West-Berlin kam. Hin und wieder tauchte sie, meist überraschend, am Ende einer Straße auf, die damit zur Sackgasse wurde. Der nackte Beton, die Grenzsoldaten in ihren graugrünen Uniformen, die man bei ihren Beobachtungen beobachten konnte, wirkten vor allem bizarr. In Ostberlin war ich nur selten, und wenn, dann um ein Theater zu besuchen. *Iphigenie auf Tauris* in der Schumannstraße, kurz hinter dem Grenzübergang am Bahnhof Friedrichstraße. Erinnerungen an peinliche Kontrollen im Neonlicht, der sehr spezifische Geruch ostdeutscher Reinigungsmittel, kurze Gespräche mit Grenzbeamten, die sich wie Verhöre anfühlten und mir das Gefühl aufzwangen, hier nicht nur falsch und unerwünscht, sondern auch an irgendetwas schuld zu sein. Danach Spaziergänge wie durch eine andere Welt, die der, in der ich sonst lebte, Jahrzehnte hinterherzuhinken schien. Tatsächlich fühlte ich mich, wenn ich am Ende eines solchen Tages in der West-Berliner U-Bahn saß, befreit.

An dem Tag, an dem die Mauer fiel, war ich ebenfalls im Theater, dem Theater des Westens allerdings, um dort – welch Ironie! – die Musicalversion von Billy Wilders wunderbarem Film *Eins, Zwei, Drei* zu sehen, der die Geschichte des Mauerbaus in Berlin herrlich pointiert: Russen, die Wodka saufen, Amerikaner, die Coca-Cola verkaufen wollen, und trottelige Deutsche, die von alldem überfordert sind. Auf der Straße erzählte mir danach ein Passant, dass ebendiese Mauer gerade geöffnet worden sei. Ich hielt es für einen Scherz, radelte weiter in meine Neuköllner Wohnung und legte mich ins Bett.

Am nächsten Morgen sah und roch ich dann auf dem Weg zum Lebensmittelladen irritiert die Abgase all der Trabis und Wartburgs, die ich nur aus Ostberlin oder von der Transitstrecke kannte. Da ahnte ich, dass der Mann gestern die Wahrheit gesagt haben könnte. Als ich mich noch halb verschlafen beim Discounter in eine lange Schlange unbekannter Menschen in hässlichen Jeans einreihen musste, war ich erst mal nur genervt. Ihre Euphorie störte meine Routine. Ich war nicht in Willkommen-Laune, zumal ich mich ja selbst nicht heimisch fühlte.

Dann sah ich direkt vor mir einen Mann. Er war sicher über sechzig Jahre alt, mit Arbeitergesicht und Arbeiterhänden, in seinem Einkaufswagen hatte er gut zwanzig Stück der gleichen Seife liegen. Sein Blick war ängstlich. Dieser absurde Berg aus Seife und der Ausdruck seiner Augen berührten mich. Die Ahnungen um das, was dahinterstecken könnte, lehrten mich auf einen Schlag sehr viel von den allgemeinen und ungerechten Folgen der Geschichte und meinem speziellen Glück. Wohldosierte Demut, dachte ich und denke ich noch, ist sicher nicht das schlechteste Gefühl.

Irgendwann rief eine Verkäuferin: »Wer klaut, kriegt keine Tüte!«

Am Feuer sitzt jetzt einer, der offenbar noch heute Mittag die Haare vorne kurz und hinten lang trug, worüber alle ihre Scherze machen. Er hat eine Gitarre, auf der er sehr gut spielen kann. Bald singt er auch, und ich habe eine Art von Déjà-vu. Vor nicht allzu langer Zeit saß ich am Rand von Austin, Texas, mit einem Haufen Country-Musikern ebenfalls an einem schönen Feuer. Auch dort gab es Gitarren, dazu noch Kontrabass und Geige, und auch dort sangen sie ihre Lieder. Ein guter und schöner Abend. Doch das hier ist besser. Hier singen keine Cowboys, sondern Lenne-Jungs, kein Marlboro-Flavour, sondern der Geschmack meiner Heimat.

»I'm sitting here in the boring room
It's just another rainy Sunday afternoon«

Die acht Männer und drei Frauen singen mit, was der Musik schadet und die Stimmung weiter hebt. Franky tanzt derweil um sein Feuer.

»I'm wasting my time
I got nothing to do
I'm hanging around
I'm waiting for you
But nothing ever happens and I wonder«[4]

Mein Zimmer im ibis-Hotel Dreilinden: weiße Raufaserwände, ein Bett, ein Stuhl, ein Spiegel, ein kleines, aus einem einzigen Stück Kunststoff gegossenes Bad, ein Fernseher, keine Bilder an der Wand. Willkommen in der überraschungsfreien Reinkultur des Standards. Der Blick aus dem Fenster fällt auf den Parkplatz, dahinter Dependancen von eBay, PayPal und Porsche. Noch etwas weiter liegt die Parkbucht, von der aus ich wie viele andere zu Mauerzeiten nach Westdeutschland trampte. Stundenlange Fahrten mit gedrosselter Geschwindigkeit auf der monotonen Transitstrecke, penible Kontrollen und kleine Schikanen humorloser Grenzbeamter. »Gänseflesch mal den Goffer offmachn?« Ich fuhr nicht allzu oft. Ich fühlte mich wohl auf der Insel West-Berlin und studierte erst mal mehr die Stadt als die Fächer, für die ich eingeschrieben war. Von der Mauer fühlte ich mich eher behütet als eingeschlossen. Nur in den heißen Monaten wurde es an den wenigen Badeseen sehr schnell sehr eng. Mancher wurde bald gesperrt, wenn sich ein Film aus Sonnenöl über die beinah gesamte Wasseroberfläche legte, und das Leben der letzten Fische bedrohte. Mehr als die Invasion der Sowjets fürchtete ich im Allgemeinen aber einen Überraschungsbesuch meiner Eltern.

Einer der Männer neben mir hat polnische, ein anderer hat griechische Wurzeln. Wir stoßen an, ich erkundige mich, was Franky sonst so macht. »Der Grieche« weiß es nicht genau, nur dass er, Franky, immer irgendwie selbst sein Geld verdient. Auf seine Frage erzähle ich kurz von meinem Weg nach Hause. Er sagt, dass er bewusst zwei Heimaten hat: Altena und Griechenland, wo sein Vater geboren ist. Beide sind ihm wichtig, keine will er missen. Er nennt es einen Spagat, der sein Leben reicher macht. Ich schätze ihn auf Anfang dreißig, sein Haar ist etwas länger und gewellt, ein schöner Mann, der gar nicht eitel wirkt. Er schaut ins Feuer und beginnt eine andere Geschichte. Vor fünfunddreißig Tagen ist sein Sohn gestorben. Sechs Jahre war er alt. Der Vater spricht ruhig, seine Stimme hat einen warmen Klang. Ich verstehe, dass er das erzählen muss. Manchmal macht er eine Pause, in der ich nichts zu sagen weiß, und schweigt. Im Alter von zwei Jahren wurde bei seinem Jungen Blasenkrebs erkannt. Vier Jahre war er immer wieder zur Behandlung in der Klinik einer Universität. Schließlich sagte man den Eltern, dass es keine Hoffnung mehr gäbe, nur noch die vage Chance eines medizinischen Experiments. Sie entschieden sich dagegen und holten das Kind nach Hause. Ihr Sohn sollte in Frieden sterben. Sein älterer Bruder schenkte ihm zum Trost all sein Spielzeug. Ich habe einen Kloß im Hals und Tränen in den Augen. Ich weiß nicht, ob er sie bemerkt. Es wäre auch egal. Wegen der Kälte, die das Tal hinunterkriecht, rücken wir noch näher an das Feuer. Woher, frage ich dann doch, nimmt er die Kraft, das durchzustehen? Der Glaube, sagt er, hat ihm geholfen, der griechisch-orthodoxe Glaube aus der Heimat seines Vaters. Lange hätten er und seine Frau um das Kind gekämpft und am Ende akzeptiert, dass sie verloren haben. Ich bewundere seine Stärke, schweige weiter und bilde mir ein, dass wir beide spüren, was sich nur bedingt benennen lässt: ein Bild vom Leben, zu dem auch die Dunkelheit gehört, und die Vorstellung, dass sich dieses Leben trotzdem lohnt, dass man das Licht, das es ja gibt, gegen die Dunkelheit behaupten muss, weil sonst alles zu Ende ist.

Es dauert eine Weile, bis wir uns wieder den anderen zuwenden, die nicht hören konnten, was wir gesprochen haben. Sie singen oder grölen vielmehr:

»Get your motor runnin'
Head out on the highway
Lookin' for adventure«[5]

Am ibis-Frühstücksbuffet stoße ich auf eine russische Familie, die in ihren neusten Adidas-Trainingsanzügen wie eine Einkaufsgemeinschaft wirkt, mittelalte deutsche Männer in gebügelten Jeans und deren Frauen mit frisch geföhnten Haaren. Über dem Buffet laufen auf einem großen Bildschirm die neusten Bilder eines Nachrichtensenders: Vulkanausbruch in Chile, Erdbeben in Nepal, Fußball in Spanien, deutsche Börse, ein vereitelter Terroranschlag in Hessen. Dann Werbung für Shampoo und Mittelklasseautos und erneut der Vulkanausbruch. Viel Welt für einen frühen Morgen. Zwei junge Monteure steigen am Hoteleingang aus einem Taxi. Ihre Körper ohne Spannung und die Pupillen weit. In Berlin haben sie, so wird aus ihren ungezwungen lauten Dialogen klar, die Nacht durchgefeiert. »Warum hast du die Schnalle nicht mitgenommen?«, fragt einer kehlig lachend. Die Rentnergruppe reagiert halb amüsiert und halb pikiert. Besonders versonnen lächelt ein Mann mit Bierbauch und langen grauen Koteletten, woraufhin seine Frau die Augen verdreht, was er jedoch nicht bemerkt.

Über Obstsalat und Käseplatte erscheinen Bilder aus dem Südsudan, wo ich ein paar Monate zuvor gewesen bin. Eine Recherche mit Ärzte ohne Grenzen in einer weit abgelegenen Region. Ich sprach dort mit jungen Kämpfern über den Bürgerkrieg. Sie hofften, so schnell wie möglich zurück an die nahe Front zu kommen, nicht weil sie den Krieg mochten, sondern weil sonst der Feind in ihre Dörfer käme und nur Tod und Asche hinterlassen würde. Für sie war Heimat Überlebensraum, für den sie wenn nötig sterben wollten.

Der Weg verläuft auf dem ehemaligen Mauerstreifen, der jedoch nur noch zu erahnen ist. Ein paar alte Gleise, die unvermittelt enden, überwucherte Betonplatten, Bäume, die nicht älter als fünfundzwanzig Jahre sein können. Schreiend bunt gekleidete Jogger und Mountainbiker eilen und rasen in einem Tempo vorbei, das nicht in diesen Wald passt. »Hast du schon von Yoga to go gehört?«, fragt einer den anderen.

Am Griebnitzsee ist der Mauerweg versperrt, weil Immobilienbesitzer auf ihren exklusiven Zugang zum Ufer beharren. Die Straßennamen verweisen auf Karl Marx und Rosa Luxemburg, doch hier regiert das Kapital. Viele alte Villen, neue Villen und abgeschottete Wohnanlagen mit akkurat gepflegtem

Rasen. Ein Mann trennt vorbildlich seinen Müll, bevor er in seinem riesigen Geländewagen davonbraust. Eine Mutter ruft ihrer kaum vierjährigen Tochter »Elisabeth, pass auf dein Kleid auf!« hinterher. Es ist bedrückend friedlich.

Franky will, dass alle tanzen. Er ist mittlerweile stinkbesoffen, aber zum Glück nicht aggressiv. Seine Bewegungen sind exaltiert und erinnern mich an Johnny Rotten von den Sex Pistols. Da kommt keiner mit. Wir haben Angst, dass Franky in sein Feuer fällt. Später sitzen wir noch an der selbstgezimmerten Theke im herrlich abgerockten Party-Keller seines Vaters. Es ist sehr eng, und wir trinken Russen-Fanta mit viel Wodka. In meinem Kopf laufen noch die Bilder dieses Tages und der letzten Wochen. Dann gehe ich auf im Hier und Jetzt. Für solche Momente lebe ich. »Selten, dass ein Fremder einfach so vorbeikommt«, höre ich noch jemanden sagen.

Am Steubenplatz in Potsdam gerate ich in eine Versammlung zum Ersten Mai, die ein Fest sein soll. Es gibt Quarkbällchen, Softeis, Grillwürste, eine kleine Hüpfburg und schlecht gemischte Live-Musik der siebziger Jahre. Die meisten Musiker tragen Cowboyhüte, darunter ein paar graue Haare. Aufgerufen haben DGB, Grüne, Linke und der Freidenkerbund. Ein Plakat verkündet »Mit uns macht sogar Politik Spaß!«, was hier aber nicht stimmt. Im Publikum dominieren Gesichter, wie ich sie auch in alten Jahrbüchern der SED vermute. Einige haben eine rote Nelke in der Hand, andere einen roten Luftballon. Alle tragen Allwetterjacken. Ein Touristenpaar aus Japan hat sich hierher verirrt und knipst wirklich alles. Was werden sie, zurück in Tokio, zu diesen Bildern erzählen?

Der Bezug zu den politischen Zusammenhängen bleibt diffus. Wut ist nicht zu spüren, nicht einmal Resignation. Beim »Politiktalk« geht es um den Mindestlohn. »Wir haben was geschafft«, sagt der Mann von der SPD. »Der Fallschirm hat viele Löcher«, widerspricht die Frau von der Gewerkschaft. »Es gibt noch einiges zu tun. Wir schaffen das!«, ergänzt der Mann von der Linken. Offensichtlich hat er die meiste Erfahrung mit Parolen. Mein Nachbar auf der Bierbank sagt: »Ordnung muss sein«, und zieht ein Käsebrot aus seinem Beutel. Der Moderator auf der Bühne will Wogen glätten, wo keine sind.

Ich gehe weiter und verlaufe mich kurz darauf zum ersten Mal, als ich der knappen Wegbeschreibung einer Frau vertraue und zu spät realisiere, dass sie vor einer Einrichtung für geistig Behinderte gestanden hat.

Berlin und Potsdam liegen hinter mir, als ich erstmals einen Wald betrete und eine Wandlung spüre: Der Weg, auf dem ich gehe, nimmt mich auf. Reisen, so kenne ich es, bringt Abstand zum Alltag, schärft den Blick auf das eigene Leben und zwingt, sich seiner selbst bewusst zu werden. Schließlich wirft das Fremde mich auf mich selbst zurück. Diese Reise widme ich der Frage nach der Heimat, meiner Heimat. Ich werde die kommenden Wochen unterwegs sein – allein und zu Fuß. Ich habe ein Ziel, aber keine feste Route. Ich bleibe stehen, drehe mich um meine Achse, juchze.

Mein Kopf schmerzt. Im Rucksack finde ich noch ein Aspirin. Wann und wie habe ich es von Frankys Party hierhergeschafft? Genau kann ich es nicht sagen. Im Bad denke ich an den Witz von dem Mann, der morgens verkatert in den Spiegel schaut und »kenne ich nicht, wasche ich nicht!« sagt. Ich dusche kalt, aber nur ganz kurz, weil sonst in meinem Hirn ein Hammer tobt. Lieber zurück ins Bett.

Erinnerung an einen alten Peter-Horten-Song: »Solang du in dir selber nicht zu Hause bist, bist du nirgendwo zu Hause«. Keine gute Musik, aber meine Mutter hörte so etwas eine Zeitlang gern. Heimat, habe ich gelesen, ist der Gegensatz zu sich fremd fühlen. Aber fühle ich mich im Grunde nicht immer mehr oder weniger fremd? Der Gedanke, dass es immer irgendwo noch ein anderes mögliches Leben gibt, ist mir so vertraut wie die Frage, inwieweit dies jetzt wirklich *mein* Leben ist. Mein Grundgefühl lautet: Vielleicht ist alles anders. Der Wunsch, dem nachzugehen, hatte mich erst aus Hohenlimburg und später noch weiter in die Welt geführt. Einmal reiste ich mit Leuten, die ich kaum kannte, in Colorado, als einer unvermittelt stehen blieb, die Arme ausbreitete und voller Enthusiasmus »Woanders ist es immer besser!« brüllte. Auch wenn ich wusste, was er meinte: So weit würde ich nicht gehen. Bin ich vielleicht gar nicht heimatfähig? Was ist mit meiner Sorge, so viel zu besitzen, dass ein Umzug kompliziert werden könnte? Ich denke, dass ich jetzt besser aufstehe.

Eine knappe Stunde später habe ich gefrühstückt und starre unten an der Lenne auf einen Brandfleck im Asphalt. Hier stand gestern Frankys Feuerschale. Ich will mich für das schöne Fest bedanken. Aber abgesehen von dem Fleck gibt es keine Spuren von dem herrlichen Gelage. Vermutlich hat seine Mutter, an die ich mich vage erinnere, für die tadellose Ordnung hier gesorgt. Die Türen sind verschlossen, ich weiß keinen Namen, bei dem ich klingeln könnte, und ich will Franky auch nicht durch lautes Rufen wecken. Und dann sehe ich, dass vor dem Haus tatsächlich ein Mast mit Deutschlandfahne steht und dazu gleich noch ein Gartenzwerg, was meine sorgsam gehegten Vorurteile durcheinanderbringt. In Altena, scheint mir, gibt es das richtige Leben auch im falschen. Verwirrt mache ich mich auf meinen Weg, schließlich muss ich noch über den Berg. In einem Fenster steht ein kleines Schild, darauf der Satz: »Wenn eine Sache nicht funktioniert, tue IRGENDETWAS anderes ...«

Still wünsche ich all meinen neuen Freunden hier ein schönes Schützenfest.

Südlich von Potsdam liegt ein Wald fast wie der, durch den ich in meiner Kindheit mit meinen Freunden streifte, in dem wir Hütten bauten und den Weltkrieg nachspielten, den unsere Väter erleben mussten, als sie so alt waren wie wir damals, und von dem die Großväter erzählten, wenn sie denn wollten. Doch die meisten wollten nicht. Oder konnten nicht. Der Vater meiner Mutter war Angestellter eines Elektrizitätswerks und damit befreit vom Kriegsdienst, der Vater meines Vaters war als SA-Mann in ihm verschwunden. Auch das passierte in einem Wald, hundert Kilometer östlich von Hohenlimburg. In den letzten Wochen des Krieges war er in eine Schießerei mit amerikanischen Soldaten verwickelt und wurde seither nie wiedergesehen.

Dieser Krieg war in den Wald meiner Kindheit eingezeichnet. Eine alte Wunde an der Rinde einer Buche, die an meinem Lieblingsweg stand, stammte, so hieß es, von einem detonierten Panzer, eine kleine Kuhle, in der wir oft lagen, mutmaßlich von einer explodierten Handgranate, und Held unter uns

Jungen war, wer die Hülse einer alten Patrone oder dergleichen fand. Wir, die zwanzig Jahre nach der Kapitulation auf die Welt kamen, waren von alldem fasziniert, viel stärker als von Cowboys und Indianern. Wir bauten Stellungen für Maschinengewehre nach, schlichen uns mit imaginären Granaten an imaginäre Feinde an, wir retteten unsere Verwundeten und waren die Helden, die es in unseren Familien nicht geben durfte. Und wenn wir nicht im Wald spielen konnten oder wollten, stellten wir den Krieg mit unseren Armeen aus Plastiksoldaten in Sandkästen oder Wohn- und Kinderzimmern nach. Erst viel später erfuhren wir von den Gräueltaten des Naziregimes. Beim Abendbrot oder bei Spaziergängen am Sonntag wurde darüber nicht gesprochen. Tatsächlich war es das Fernsehen, das mir erstmals plastisch von den Konzentrationslagern und der Vernichtung der Juden erzählte. Jener Fernseher, vor dem die Familie jeden Abend saß, zeigte 1979 die US-amerikanische Miniserie *Holocaust – Die Geschichte der Familie Weiß*, die am Schicksal einer jüdischen Arztfamilie in Berlin die Schrecken der NS-Zeit nacherzählt. Ich war bereits vierzehn Jahre alt, als mich dieser Vierteiler im Stile einer Seifenoper auf den Abgrund der deutschen Geschichte stieß. Das änderte vieles – nicht aber die Tatsache, dass meine 1934 und 1936 geborenen Eltern zu diesem Thema meist weiter hilflos schwiegen.

Bei Einbruch der Dunkelheit erreiche ich Wilhelmshorst, eine Siedlung im Wald mit alten Villen und neuen Einfamilienhäusern, dazwischen viele Geländelimousinen und auch mal ein Porsche. Mitten in dieser Speckgürtelatmosphäre ein Haus, in dem der Dichter Peter Huchel lebte, man kann es besuchen, doch ich komme – Schicksal des freien Wanderers – zu spät.

Zu Abend esse ich in einem Restaurant, auf dessen Fensterbänken sich pflegeleichte Grünpflanzen und kleine Porzellanfiguren drängen. Die nicht mehr ganz junge Bedienung trägt enge schwarze Leggings, was ich mutig finde. Drei Männer sitzen am Tresen, ich schätze sie auf Ende dreißig oder Anfang vierzig. Zwei haben die Haare kurz, einer trägt sie lang. Sie machen Witze über einen Kumpel, der »zum Steinewerfen nach Berlin gefahren« ist. Es ist der Abend des ersten Mai. Ihr Verhältnis zur nahen Hauptstadt ist offenbar gespalten. Eine gewisse Anziehungskraft hat Berlin auf sie wohl schon, aber schließlich ist das hier ja Brandenburg, und Brandenburger lassen sich nicht so leicht beeindrucken, was sie mir erst einmal sympathisch macht. Nachdem ich mit meinem Schnitzel fertig bin, geselle ich mich noch für ein Bier zu ihnen an die Theke. Allerdings ist das mit dem Gesellen schwierig. Ich sage »'n Abend«, einer sagt »Mhm«, und die andern sagen nichts. Dann sprechen sie untereinander über ihre Autos, die Jugendweihe einer Nichte, den Lebenswandel eines Kumpels mit »Hartz IV, keine Kohle und Trallala«, was die Männer nicht besonders schätzen. Hin und wieder klopfen sie Kümmerling-Fläschchen auf die Theke, um sie danach in einem Zug zu leeren. »Kein Geld ham wir och nich«, sagt der mit den langen Haaren aus heiterem Himmel, die anderen nicken. Dann schweigen sie erneut. Das können sie sehr gut. Im Radio singt eine Frau von Lust, die auf ihrer Haut pulsiert. »Helene Fischer«, sagt die Bedienung. Warum, ist mir nicht klar. Die Männer zeigen keine Reaktion. Im Allgemeinen habe ich großen Respekt vor Menschen, die gemeinsam schweigen können. Doch von diesem Schweigen bin ich ausgeschlossen. Ich sitze stumm dabei und spüre eine Fremdheit der unangenehmen Art. Wenn die Männer doch wieder miteinander sprechen, tun sie dies sehr leise. Vielleicht, denke ich, sind sie ja einfach nur diskret. Als ein neuer Gast kommt, sagt die Kellnerin »Ach, du Scheiße«, doch das ist nicht böse gemeint. Sie sprechen über den Tag, und der Neue will wissen, was hier los ist. »Nüscht«, sagt die Frau. Während ich meine Rechnung zahle, sagt einer noch »Sterben kann och auf'm Klo passieren«.

Auf dem Weg zu meinem Bett in Biggis Waldpension frage ich mich, ob die Männer sich ohne mich nun mehr erzählen, vermute aber, dass sie einfach nur einen Tick anders schweigen. Ich muss an einen Besuch in der Berliner Volksbühne in den Jahren nach der Wende denken. Es wurde *Othello* gespielt, es ging in der Inszenierung aber nicht um Eifersucht, sondern vor allem um Spannungen des Individuums mit einem Kollektiv, gespickt mit vielen Anspielungen auf DDR-Befindlichkeiten. Ich besuchte die Aufführung mit einer im Osten aufgewachsenen Schauspielerin. Nach dem Schlussapplaus fragte sie mich nach meiner Meinung, worauf ich ehrlich zugab, dass ich kaum etwas verstanden hätte, was sie mir zu meiner Überraschung hoch anrechnete. Eine andere Freundin, die wie ich aus dem Westen stammte, hatte die Inszenierung dagegen kurz zuvor als »großen Mist« beschrieben. Dies kränkte meine Freundin aus dem Osten, weil es bei diesem »großen Mist« doch um die Auseinandersetzung mit ihrer Welt, ihren Erfahrungen, ihrem Leben ging. Ich lernte: Das Nichtverstehen des Ostens ist schon okay. Wer jedoch nichts versteht und trotzdem urteilt, macht sich unbeliebt.

Kurz vorm Einschlafen erlebe ich noch eine Art Gegenprogramm zu meiner Feldforschung am Tresen: Der Fernseher bietet, warum auch immer, kein Bild, sondern nur Ton.

»Du kannst jetzt nicht einfach gehen«, sagt ein Mann.

»Ich muss«, sagt eine Frau.

»Du willst alles zurücklassen, was wir uns hier aufgebaut haben? Das Haus, die Firma, alles aufgeben?«

»Es geht nicht anders. Bitte verzeih mir. Aber ... das ... das ist einfach nicht mein Leben.«

Die Frau ist sicher blond, stelle ich mir vor, und der Mann etwas älter und jetzt gerade sehr enttäuscht. Ich schalte aus, und meine Gedanken reisen noch einmal durch den Tag, kommen ins Stolpern, bleiben einfach liegen, und ich schlafe ein.

In Altena komme ich an den Wohnwagen der Schausteller vorbei. Ein großer Mann mit knollenartiger Nase, ich schätze ihn auf etwa sechzig Jahre, hantiert mit irgendwelchen Wasserschläuchen und geht, wenn er denn muss, mit kleinen, schweren Schritten. Ich sage: »Guten Morgen«, er nickt, und wir kommen ins Gespräch. In seinem ersten Leben war er Artist. Wegen seiner kräftigen Statur tippe ich auf irgendwas mit Frauen stemmen, Frauen werfen oder Frauen fangen. Jetzt ist er wie viele ehemalige Zirkuskollegen eben Schausteller, was besser klingt als Losverkäufer. Zehn Monate im Jahr reist er, meist hier in Nordrhein-Westfalen, von Kirmes zu Kirmes. Die nächsten Stationen heißen Emmerich und Neheim-Hüsten. Nur von Weihnachten bis zum Karneval ist Pause. Für diese Zeit hat er eine kleine Wohnung in Köln. Er richtet sich ächzend auf, die »goldenen Zeiten«, sagt er, »waren in den Achtzigern. Jetzt ist es vor allem Knochenarbeit.«

Meine Rummel-Zeit lag in den Siebzigern. Auch in Hohenlimburg gab es ein-, vielleicht auch zweimal im Jahr eine Kirmes. Das Standardprogramm: Kettenkarussell, Geisterbahn, noch ein Karussell, »Raupe« genannt, bei dem sich in voller Fahrt ein Verdeck über die Gäste legte, Schieß-, Los- und diverse Fressbuden und, als Teenagermagnet, der Autoscooter. Nur waren die Helden dort leider nicht ich und meine Freunde, sondern die jungen Männer vom Personal. Sie trugen die Hemden weit aufgeknöpft, hatten richtige Muskeln und durften fahren, so oft sie wollten, sogar im Stehen, während unser Taschengeld nie lange reichte und wir immer sitzen mussten. In ihrer Nähe würdigten uns die Hohenlimburger Kleinstadt-Schönheiten mit ihren Apfelshampoohaaren und engen Jeans, aus deren Potaschen bunte Plastikkämme ragten, keines Blickes. Das wurmte uns, wir hätten ihnen doch so gerne imponiert. An der Autoscooter-Kasse hing jedes Mal das Schild: »Junger Mann zum Mitreisen gesucht«. Es klang wie das Ticket für unser Fernweh.

Zum Abschied frage ich den Kirmes-Mann in Altena nach seiner Heimat. »Wir sind fahrendes Volk«, sagt der Ex-Frauenwerfer, »unsere Heimat ist der Rummel.« Na, denn viel Spaß, denke ich, wünsche aber nur schlicht eine »Gute Reise!«.

Am Morgen des dritten Tages meiner Wanderung erzählt Klaus-Peter Anders einen Witz. Es geht um die Mangelwirtschaft in der DDR. Ein Mann fragt in einem Fischgeschäft nach Aal. »Mann, was haben die Leute für ein Gedächtnis!«, sagt darauf die Verkäuferin. Aal, so erkläre ich mir das selbst, gab es in der DDR wohl nicht so oft.

Anders ist ein kleiner, eher rundlicher Mann von gut siebzig Jahren mit weißgrauem Schnauzbart und sehr wachen Augen. Wir sitzen in seinem großen Wilhelmshorster Wohn- und Arbeitszimmer. In einem Schaukasten vor seinem Haus

aus den dreißiger Jahren habe ich am Abend zuvor seine Telefonnummer gelesen und notiert. In dem Kasten stehen Publikationen des Märkischen Verlags, regionale und historische Sachbücher, kleine Lyrikreihen – *Aus der Mark – Für die Mark*. Was sich nicht auf eine abgelöste Währung, sondern auf den jahrhundertealten Namen einer ehemaligen Grafschaft bezieht.

Klaus-Peter Anders *ist* der Märkische Verlag. Er hat ihn mit gegründet, besitzt und leitet ihn ohne feste Mitarbeiter. Ich rief ihn an, als er beim Frühstück saß, entschuldigte die Störung, stellte mich kurz vor … die Frage nach meiner Heimat, mein Interesse an der seinigen, führte ich weiter entschuldigend aus, mir sei durchaus bewusst, dass das jetzt sehr kurzfristig, fast schon überfallartig … da unterbrach er mich mit einem »Dann kommen Se doch vorbei! Bei Ossis geht das ja«.

Ich möchte mit Anders über seine Heimat Brandenburg sprechen, allerdings ist er bis zum zwölften Lebensjahr in Dresden aufgewachsen und fühlt sich eher als »Rucksack-Berliner« und auch Sachse. Dann führt er mich selbstbewusst und reflektiert, witzig und wohl auch ehrlich durch einige Etappen seiner mir grundsätzlich unvertrauten, weil DDR-geprägten Biographie.

Kurz muss ich an Heiner Müller denken, den ich einmal sagen hörte, dass für den Bürger der BRD Leipzig »exotischer als die Fidschi-Inseln« sei, was ich sehr gut nachvollziehen konnte und es heute auch noch kann. Freunde von mir hatten Müller kurz nach der Wende in das Haus eingeladen, das sie in Berlin-Mitte besetzt hatten. Es waren Freunde aus dem Westen, neue Freunde aus dem Osten und auch ein paar US-Amerikaner. Wir wollten über Sinn und Zweck der DDR und ähnlich große Fragen reden, die uns damals trieben. Müller kam am späten Abend und ging am frühen Morgen. Whisky hatten wir besorgt, Zigarren hatte er selbst dabei. Ihr Aroma war so intensiv wie das Gespräch. Ich hatte ihn, den großen deutschen Dichter, schon vor diesem Treffen bewundert, hielt ihm im Stillen aber auch sein schwer durchschaubares Arrangement mit Honeckers Regierung vor. In jener Nacht riet Müller meinen Freunden zu einem fadenscheinigen Vertrag, der es ihnen ermöglichen sollte, in dem Haus zu bleiben und begonnene Projekte fortzusetzen. Die Alternative wäre eine Fundamentalopposition gewesen, die absehbar zu einer Räumung geführt hätte. Auf Müllers Vorschlag hin warf ich ein, dass solche Deals kompromittieren könnten und dass dies doch sehr gefährlich sei. Müller saß im Kerzenschein auf einem Sperrmüllsessel, trank von seinem Whisky, zündete die nächste Zigarre an und sagte: »Ja, das ist gefährlich.« Mehr nicht. Und ich verstand erst ihn und dann auch noch viel mehr von der Möglichkeit abenteuerlicher Gratwanderungen, wenn die innere Haltung klar ist. Das hat mir seither oft geholfen.

Anders trinkt starken schwarzen Tee. Als leitender Ingenieur und Forschungsleiter bei der DEFA wurde er vor fünfundzwanzig Jahren »abgewickelt«, obwohl die Arbeit, die er und seine Kollegen geleistet hatten, gut und auch international gefragt war. Davor hatte er auch mal an der Humboldt-Universität gearbeitet und war technischer Berater am Deutschen Theater und Friedrichstadt-Palast gewesen. Doch in der neuen Ordnung nach der Wende galten seine Leistungen nichts, sein Leben »brach zusammen«, wie er sagt. Das war wohl alles andere als leicht, aber er hat sich wieder aufgerappelt. Das mit dem Verlag, er zählt kurz nach, ist ungefähr sein siebter Beruf. Er beschreibt ihn als eine Herausforderung, die ihm »Freude und nicht Spaß« bereite. Diese Abgrenzung zu einer »allgemeinen Oberflächlichkeit« ist Anders wichtig. Und die DDR?

»Jeder, der nicht völlig bekloppt war, ist irgendwo angeeckt und hat gedacht: Bloß weg hier. Aber letztlich haben wir dann eigentlich immer gesagt: Wir können nicht alle weg. Dann bleibt ja nur noch der dumme Rest übrig.« Ich muss an den jungen Karl-Heinz Kube denken, an das Kreuz, das in Kleinmachnow an ihn erinnert, an den Satz »Auf dem Weg in die Freiheit erschossen«.

»Wir haben bei jedem, der dann doch gegangen ist, geweint und gesagt: ›Wieder einer weg von den Guten.‹« Anders nimmt die Tasse mit dem Tee. Der Deutschen Demokratischen Republik trauert er nicht nach, vermisst aber die Hilfsbereitschaft und auch die soziale Gerechtigkeit. Verwundert ist er, dass ausgerechnet die ehemalige »FDJ-Sekretärin an der Spitze der aktuellen Regierung« da nicht gegensteuern kann. Ja, Anders kann herrlich schimpfen, ohne larmoyant zu sein. Wir kommen auf Wilhelmshorst zu sprechen, und er erzählt von den »Nazibonzen«, die in »null Komma nichts« verschwunden waren, als 1945 die Sowjets kamen, und von der Angst der Menschen, die während der Wendezeit in dem Ort lebten. »Wende« klingt wie ein Versprechen, doch als Kanzler Kohl die Rückübertragung der Immobilien versprach, war das für die, »die hier zwanzig, dreißig, vierzig Jahre ihr Leben aufgebaut hatten, die absolute Katastrophe«. Viele von ihnen waren Kriegsflüchtlinge aus dem Osten oder deren Nachkommen, die in Wilhelmshorst eine neue Heimat gefunden hatten. Die sogenannten Altbesitzer aus dem Westen machten ihnen meist schnell und deutlich klar, dass nun sie das Sagen haben.

Anders selbst lebt in dem Haus, das sein Großvater gebaut hat, und war damit auf der sicheren Seite. Doch um ihn herum gab es viel »böses Blut«, Kleinkriege am Gartenzaun und schließlich den Austausch eines Großteils der Wilhelmshorster Bevölkerung. Heute weiß er nicht, was sein direkter Nachbar, auch er kam aus dem Westen, eigentlich macht. Fast zwei Drittel der Immobilien in ostdeutschen Großstädten gehören Westdeutschen, die diese meist als Kapitalanlage nutzen. Demnächst wird ein Großteil des Ostens im Westen vererbt.

Noch etwas will er mir sagen, bevor ich mich verabschiede. Es geht um die vergessenen Lyriker der DDR, die auch später im Westen so gut wie nie gehört oder gelesen wurden. Erst am Tag zuvor ist er auf einen dieser Dichter gestoßen. Er hieß Manfred Streubel und starb 1992 mit neunundfünfzig Jahren, weil er es so wollte. Seine Lyrik ist humanistisch und in seiner Beschäftigung mit den Abgründen des Menschen existentiell. Dem Politbüro des Arbeiter- und Bauernstaats galt er schon in jungen Jahren, als er gerade seinen ersten Band veröffentlicht hatte, als Zersetzer und Konterrevolutionär, den man zu observieren hatte. Er war weder Mitläufer noch Dissident, sondern einer jener Einzelgänger, die nicht offen opponierten und dennoch ungebrochen ihren eigenen Weg gingen. Zwar wurden seine Gedichte noch veröffentlicht, doch er blieb immer ein Außenseiter. Sein Brot verdiente er als Redakteur der Kinderzeitschrift *Fröhlich sein und singen*. Schon dieser Titel, denke ich, ist eine harte Strafe. »Viele solche Systemkritiker, die Schwierigkeiten hatten, hier zu leben«, sagt Anders, »fanden auch im System des Westens keine Heimat.« Sie waren und sind die deutschen Heimatlosen beider Staaten. Ein Zitat von Hannah Arendt kommt mir in den Sinn: »[...] ich will verstehen. Und wenn andere Menschen verstehen, im selben Sinne, wie ich verstanden habe – dann gibt mir das [...] ein Heimatgefühl.«[6] Ich vermute, dass das, was dem Dichter Streubel fehlte, in diese Richtung ging. Anders will nun in der von ihm wiederbelebten Reihe *Poesiealbum* ein bearbeitetes Heft von 1986 mit Gedichten Streubels herausbringen. Zum Abschied zeigt er mir das Gedicht *Zugewiesener Wohnraum*, in dem es heißt: »Kann diese Unterkunft mir Heimstatt sein?«, und weiter:

»Doch bin ich fremd. Und fremd ist das Gehäuse,
in dem ich sitze: dieser Zufallsort –
der mich gefangen hält. So manches Jahr.«[7]

Das Bild von dem Zufallsort als unmöglicher Heimstatt kreist später noch in meinem Kopf, als ich zwischen Fichten in eintönigen Spalieren, die ich einen Wald nicht nennen mag, weiter Richtung Westen gehe. Fast stoße ich mit zwei Männern zusammen, die auf das Display ihres Navigationsgerätes starren. Sie scheinen einen Schatz zu suchen.

Ich muss raus aus dem Lenne-Tal, auf der anderen Seite den Berg hinauf. Der Weg ist steil, der Restalkohol in meinem Blut macht ihn noch steiler. Ich freue mich auf meine kleine Stadt und habe doch auch Angst, dort anzukommen. Der Weg ist der Weg, und jetzt kommt bald das Ziel. Als das anstrengendste Stück des Anstiegs geschafft ist, begegne ich an der Gabelung einer schmalen Straße zwei Radfahrern, deren Trikots mir bekannt vorkommen. Als ich vor ihnen stehe, weiß ich wieso: Es sind Hemden der Hohenlimburger Windschattenkumpels. Eine Gruppe ehrgeiziger Hobby-Radsportler, mit denen meine Eltern über Jahre durchs Sauerland und andere Gebirge strampelten. Auch ich durfte mal mit diesen Kumpels Windschatten fahren. Hochkonzentriert, eng beisammen, eine zwölfköpfige und vierundzwanzigrädrige Maschine und ein Tempo, das ich allein unmöglich hätte halten können. Eine Gemeinschaftsmeditation mit knapp fünfzig Kilometern pro Stunde – eine herrliche Erinnerung. Ich spreche die Männer an, ihre Namen kommen mir bekannt vor, aber für konkrete Erinnerungen ist zu viel Zeit vergangen. Wir tauschen Anekdoten aus – schlimme Stürze in Italien, lange Anstiege im Schwarzwald. Ich erzähle kurz von meinen Eltern, von der Demenz meiner Mutter, ihrem Tod, der unglückseligen Operation meines Vaters, seit der er von der Brust abwärts gelähmt in einem Heim lebt. Dann schauen wir gemeinsam in die geschwungenen Hügel, die saftig grünen Wiesen, die Wälder. »Andere zahlen für so was Kurtaxe«, sagt einer der beiden. Ja, er hat recht, es ist sehr schön hier. Vertraut und doch auch nicht.

In Caputh an der Havel lese ich Hinweisschilder zu einem Heimathaus, ich folge ihnen, bis ich vor einem kleinen, älteren Häuschen stehe. Es ist liebevoll restauriert, doch bei meiner Frage nach der Heimat kann es mir nicht helfen, weil es geschlossen ist. An der Uferpromenade fällt einem kleinen Mädchen das Eis aus der Hand. Es wird, als wäre das nicht schon Katastrophe genug, dafür noch ausgeschimpft und weint noch lauter, was ich verstehen kann. Ein Plakat kündigt einen Auftritt der Band Hasenscheisse an. Vor der Seilfähre Tussy II, die über die hier sehr schmale Havel führt, warten vor allem Motorradfahrer auf die Überfahrt von einem Speckgürtel-Idyll ins nächste. Sie sind komplett in schwarzes Leder eingehüllt und fahren Harley Davidson oder Maschinen ähnlichen Kalibers. Einige nehmen ihre Helme ab, zum Vorschein kommen Versicherungsvertretergesichter oder »Zahnwälte«, wie ein Freund von mir sie einmal nannte, mit gestutzten Vollbärten, die meist ein Doppelkinn kaschieren sollen. Keine Spur von *Easy Rider*, die Straßenverkehrsordnung ist ihr Gesetz.

An einer Hauswand prangt als gepinseltes Unikat ein babyblaues Motorrad der Motorenwerke Zschopau, eine alte, noch existente Marke der DDR. Dieses Bild ist liebevolle und handgemalte Ostalgie. DDR-Beschwörung mit Hilfe ihrer Produktpalette, obwohl doch in den Zeiten vor und auch noch lange nach dem Mauerfall die Warenwelt des Westens verehrt, wenn nicht vergöttert wurde. Dahinter, so vermute ich, steckt wohl auch so etwas wie die Sehnsucht nach alter Heimat als Reaktion auf Desillusionierung und vielleicht auch Orientierungslosigkeit. Die weniger ausgeprägte, »Westalgie« genannte Parallele in der alten BRD liegt in der Renaissance des Bonanza-Fahrrads, einem Comic namens *Yps* oder einem Eis namens Brauner Bär, ganz zu schweigen von Radiodauerschleifen mit den Hits vergangener Jahrzehnte.

Weiter geht es zwischen Fichten, Fichten und Fichten stur geradeaus. Einmal läuft ein Hase über meinen Weg, einmal liegt eine tote Blindschleiche an dessen Rand. Andere, vielleicht sogar größere Tiere sehe ich nicht. Eine Autobahn schallt tief in den Wald und zerstört auch in mehr als tausend Metern Entfernung noch die Ruhe, die hier hingehört. Irgendwann muss ich die Fahrbahnen kreuzen, doch der Weg zur nächsten Brücke oder Unterführung ist zu weit. Was bleibt, ist ein Balanceakt über rasenden Autos auf den Schienen einer Eisenbahnbrücke. Vor meinen Augen plötzlich ein Klassiker meiner Jugend: Jack London, *Abenteuer des Schienenstranges*. Das düstere Amerika, der tägliche Kampf der Landstreicher, die Sehnsucht nach einem anderen Leben als Motor für immer neue Aufbrüche ... alles darin war anders als Hohenlimburg und faszinierte mich. Hier und jetzt aber immer wieder der Blick vor und zurück, die Angst, dass mich auf der engen Stahlkonstruktion ein Zug erwischt.

Die Pausenfrage ist ein Dauerthema. Viele kleine oder wenige große? Aus Bequemlichkeit bevorzuge ich die zweite Variante, so muss ich mich seltener überwinden, aufs Neue aufzustehen. Je später der Tag, desto mühsamer das Weitergehen, desto länger dauert es, bis die Monotonie der Schritte den Schmerz und die Erschöpfung der Knochen, Gelenke, Muskeln und Sehnen aufs Neue verdrängt hat.

Später schlüpfe ich durch ein Loch in einem Zaun und stehe vor prächtigen Ruinen. Beelitz-Heilstätten, errichtet als Reaktion auf die häufig grassierende Tuberkulose am Ende des 19. Jahrhunderts. Vor allem die düsteren Hinterhöfe der Berliner Arbeiterviertel waren davon betroffen. Fast jeder dritte Bewohner der Stadt fiel ihr zum Opfer. Im Ersten und später auch Zweiten Weltkrieg diente die gigantische Heilanlage als Lazarett. Ende 1916 erholte sich hier für ein paar Wochen der von einem Granatsplitter verletzte Gefreite Adolf Hitler, der darüber in *Mein Kampf* ausführlich referierte. Auch der an Leberkrebs erkrankte Erich Honecker war für ein paar Monate Gast, bevor er Anfang 1991 nach Moskau ausgeflogen wurde.

Durch die Bäume sehe ich grobschlächtige Wachschützer mit großen Hunden. Ich bleibe in Deckung, schlüpfe durch eine Tür und stehe in einem langen, imposanten Gang. Das Licht der schon tiefstehenden Sonne strahlt durch zerschlagene Fenster auf bröckelnden Putz und Türen, die, wenn überhaupt, nur noch halb in ihren Angeln hängen. Eine märchenhaft morbide Szenerie, an der ich mich kaum sattsehen kann. Plötzlich steht ein Mann vor mir, der ansatzlos erklärt, dass ich hier nichts zu suchen, zu gucken und zu staunen habe. »Betreten streng verboten! Und wer erwischt wird, bekommt eine Anzeige!« Doch er will nicht strafen, nur seinen Status klären. Er gehört zu einer Firma, die Hobbyfotografen für fünfzig Euro »exklusiv« Besuche dieses »geheimen Ortes« anbietet. Jetzt ist er auf Patrouille, schaut, dass niemand verlorengeht, schleust mich an den Männern mit den Hunden vorbei und erzählt noch von den Amerikanern, die enttäuscht sind, wenn er ihnen das Bett nicht zeigen kann, in dem einst »The Führer« höchstpersönlich lag. Jenes Bett stand damals jedoch in einem ganz anderen Areal des riesigen Geländes. Und dieses Areal ist längst saniert, weil in ganz Beelitz-Heilstätten eine Immobiliengesellschaft regiert. Die Ruinen, zwischen denen wir stehen, sind die letzten ihrer Art. Bald werden auch sie zu Eigentumswohnungen und Künstlerateliers.

Am Ende dieses Wandertages humple ich mit schmerzenden Füßen in die sehr aufgeräumte Spargelstadt Beelitz. Mittendrin ein Ehrenfriedhof für gefallene Rotarmisten, sowjetische Zwangsarbeiter und Zwangsarbeiterinnen. In die niedrigen Eingangstore sind Stern, Hammer und Sichel eingeschmiedet. Vor einem Gedenkstein mit kyrillischer Inschrift liegen frische rote Nelken. Über allem hängt das mir so fremde wie faszinierende Pathos der Sowjetunion, dem Relativierung als Verrat und Zurückhaltung als Schwäche gilt.

Auf einer Bank sitzt eine kräftige Frau mit schlecht gefärbten blonden Haaren. Sie schaut misstrauisch, als ich mich zu ihr setze. Ich schätze sie auf Ende dreißig. Ihr Blick fokussiert meinen Wanderstab, ich sage, dass ich aus Berlin hierher gelaufen bin. Sie zieht die Augenbrauen hoch. »Aus Berlin?« Sie muss lachen, es klingt ehrlich. »Es gibt doch Bahnhof. Ganz nah von hier.« Sie spricht mit einem starken polnischen Akzent. Ich antworte, dass ich meine Heimat suche und lieber zu

Fuß gehe. Ihr Blick, als wäre ich von einer anderen Welt, mindestens aber total bescheuert. Dann schaut sie geradeaus, schließlich zu Boden. »Meine Heimat Polen. Gegend von Leszno. Kennst du?« Ich schüttele den Kopf, sie sagt, dass es dort sehr schön ist, ich sage, dass ich das glaube, und frage, was sie hier macht. »Szparagi!« Sie lacht über mein verdutztes Gesicht. »Spargel! Szparagi! Ich steche Spargel.« Sie zeigt mir die Schwielen an ihren Händen.

Seit 2003 kommt sie jedes Jahr um diese Zeit nach Beelitz und arbeitet immer für denselben Bauern, der auf seinem Hof Wohncontainer für die Gastarbeiter stehen hat. Jeden Tag zwölf Stunden zieht sie mit vielen anderen das edle Gemüse aus dem sandigen Boden. Ich denke an das Gewerkschaftsfest in Potsdam und frage nach dem Mindestlohn. Ein neues Lachen, es klingt ein wenig bitter. Ja, sie bekommen den Mindestlohn. Dafür hat der Bauer aber die Miete in den Containern erhöht. »Ende immer alles gleich.«

An einigen Tagen, und so auch heute, organisiert der Chef einen Bus, der die Arbeiter nach Beelitz bringt, wo sie einen Teil ihres Lohns zu den Lidl-Kassen tragen. Die Frau zeigt auf den großen Kunststoffbeutel zu ihren Füßen. Viel Plastik mit billigen Keksen, Shampoo, Pralinen mit Likör, einer großen Tafel Schokolade. Sie bricht sie auf, bietet mir ein Stück an. Ihr Name, sagt sie, ist Krystyna. »Wie Krystyna Wituska, polnische Widerstandskämpferin. Die Deutschen haben geköpft Krystyna. Kennst du Krystyna Wituska?« Ich schüttele den Kopf, den Namen habe ich noch nie gehört, was mir peinlich ist, ich bitte sie, ihn zu buchstabieren. Sie sieht mein Gesicht und lacht erneut. »Nicht du. Andere Deutsche. Auch schon tot.« Aus ihrer Jeans zieht sie ein Smartphone, wischt darauf herum und hält mir das Bild einer älteren, ebenfalls blondierten Frau entgegen, die ihr ähnlich sieht: »Mama auch arbeiten hier, aber jetzt zu alt. Ihr Name Halina. Wie Halina Szymańska, auch Widerstandskämpferin. Aber hat überlebt.« Eine neue Wischbewegung, das Bild eines noch nicht blondierten Teenagers vor einer polnischen Eisdiele, das Mädchen presst die Lippen aufeinander, ich vermute, dass es eine Zahnspange verbergen will. »Meine Tochter, Spargelstecherin in Zukunft. Ihr Name auch Halina.« Wieder klingt ihr Lachen bitter. Krystynas Mutter passt jetzt auf Krystynas Tochter auf. Vermisst sie ihr Kind? Sofort bereue ich die Frage, als ich den Glanz in ihren Augen sehe. »Meine Heimat Polen. Mein Heimatdorf bei Leszno. Meine Heimat Familie.« Sie starrt auf das Foto, schaut dann auf mich. »Aber in Heimat kein Geld. Mann schon lange weg.« Sie deutet eine Flasche an, die sie sich an den Mund setzt. »Deswegen ich bin hier.« Schneiderin hat sie gelernt, kann davon aber nicht leben.

In der Nähe hupt ein Bus. Das Zeichen für Krystyna, es geht zurück zum Hof. Sie stopft ihr Handy in die Hosentasche, greift nach ihrem Beutel, sagt noch einmal lachend: »Auf Wiedersehen! In sechs Wochen ich bin Heimat.« Und geht wie andere Spargelstecher und Spargelstecherinnen, die im Park geruht haben und mir nicht aufgefallen sind, zum Bus. Als er wenig später an mir vorbeifährt, winken wir uns zu.

Auf der Kuppe meines letzten Berges vor Hohenlimburg liegt Wiblingwerde, ein Dorf mit 1500 Einwohnern und vielen Einfamilienhäusern. Bauern gibt es keine mehr, zumindest nicht im eigentlichen Dorf. Dafür aber sehr viel gute Luft und sehr viel Ruhe. Als Kind war ich oft zu Besuch, mein Onkel lebte hier. Bald schon komme ich an dem Haus vorbei, das er für seine Frau, seinen Sohn und sich gebaut hat. Es ist groß und nur wenig verändert, doch den Garten erkenne ich kaum wieder. Knapp dreißig Jahre ist es wohl her, dass ich zum letzten Mal hier stand. Kurz zuvor hatte sich mein Onkel in dem Keller dieses Hauses aufgehängt. Er war geschäftlich angeschlagen und hatte angedeutet, dass ihm das Weiterleben schwerfiele. Doch niemand hatte es ernst genommen oder nicht ernst genug oder hatte es ernst genommen und wusste nicht, damit umzugehen. Vielleicht war ihm auch einfach nicht zu helfen. Ich weiß es nicht. Ich mochte ihn, war aber zu jung, um seine Vertrauensperson sein zu können. Zudem lebte ich schon in Berlin. Die Nachricht von seinem Freitod war ein Schock. Ein offenes Gespräch in der Familie blieb aus. Bindungen, die zuvor lange in einer vermeintlich heilen Welt funktioniert hatten, zerbrachen wenig später.

Auch mein Cousin, wenig jünger nur als ich, ist mittlerweile schon verstorben, wie ich irgendwann durch Zufall erfahren habe. Was ich von seinem Leben mitbekommen habe, klingt nicht glücklich. Vielleicht hätte ich ihm helfen können. Ich war zu weit weg, vor allem aber zu sehr mit mir selbst und meinem Leben in der neuen großen Stadt beschäftigt. Bedrückende Gedanken. Weiter zum nahen Friedhof. Die Erinnerungen an die Beerdigung meines Onkels liegen hinter einem Schleier, den ich nicht aufzureißen weiß. Wo ist sein Grab? Ich gehe alle Wege, lese alle Namen. Gibt es überhaupt einen Grabstein? War es nicht so, dass der Pastor zögerte, hier jemanden zu beerdigen, der aus eigenem Entschluss gestorben ist? Noch einmal suche ich vergeblich alle Reihen ab.

In der Pension in Beelitz frühstücke ich mit vier fremden Männern an einem kleinen Tisch. Wir schweigen uns entschieden in eine absurde Stimmung hinein. Nachdem drei gegangen sind, spreche ich den letzten an. Ein Rentner mit wenigen weißen Haaren, Brille, blauem Hemd und grauer Hose. Seine Frau hat eine Demenz, schon einen Schlaganfall hinter sich und seit neuestem Parkinson. Er pflegt sie allein und wirkt froh, darüber sprechen zu können. Sein Blick ist unruhig, erschöpft, traurig und verloren. Am Vortag hat er sie in eine Spezialklinik gebracht. Jetzt kämpft er mit seinem Gewissen. Es ist das erste Mal, dass er sie in die Obhut fremder Menschen gibt. »Ich bin kein Verräter«, sagt er, und ich lege meine Hand auf seine, was sich falsch anfühlt. Ich ziehe sie zurück und weiß nicht, ob er es überhaupt gemerkt hat. »Ich will nicht in den Urlaub«, er spricht mehr zu sich, »nur nach Hause. Es kann ja immer was passieren, und dann muss ich schnell bei ihr sein.« Er überlegt, noch einmal bei ihr vorbeizufahren. Ich rate ihm ab. Sein Blick ist erst dankbar, dann misstrauisch. Als er vom Hof abbiegt, fährt er nicht in Richtung Klinik.

Eine Stunde später gehe ich zwischen Wiesen und Feldern an einem Bewässerungskanal entlang und höre, wie eine Frau einem Mann auf einer Flöte vorspielt. Die Situation wirkt zerbrechlich, ich halte Abstand. Einen Steinwurf entfernt studieren zwei Reiher, von der Musik offensichtlich unberührt, die Wasseroberfläche. Die Kühe auf der Weide nebenan lassen mich nicht aus den Augen, mein Tempo scheint ihnen zu gefallen. Ein leichter Wind, ich krempele die Ärmel hoch, um ihn besser auf der Haut zu spüren.

Mit großen Schritten gehe ich durch weites Land, bis ich unvermutet in einer Eigenheimsiedlung stehe. Sie wirkt neu. Die Träume, Hoffnungen und Ängste der Menschen haben sich noch nicht gesetzt. Jeder Hausbesitzer ist um einen eigenen Stil bemüht, vieles wirkt gewollt und manches falsch. Die

Form des Daches, die Art der Dachziegel, die Farbe der Fassade, die Größe der Fenster, die Lage der Terrasse, die Bepflanzung des Gartens ... alles variiert und strahlt genormte Leere aus. »Vorsicht! Hier wache ich – was immer du versuchst, ich bin schneller!«, warnt ein Schild vor einem Köter, »Vorsicht! Ich könnte heute schlecht drauf sein. Betreten auf eigene Gefahr!«, droht ein anderes. Doch vor dem gesamten Missmut hier warnen nichts und niemand, und echte Hunde sehe ich keine.

Der Geruch von Rosenkohl, Kartoffeln, Schweinefleisch und Soße mischt sich mit dem einer Lasagne. Auf einer der Terrassen mit Rosenstaude und Tulpenarrangement sitzt eine Familie – Mutter, Vater und zwei Kinder. Der Junge will seinen Teller nicht leer essen, wird ausgeschimpft und weint. In jedem Fernseh-*Tatort* nistet in solchen Häusern das Unglück, aus dem Tragödien entstehen. Ein verwaister Spiel- und Bolzplatz, ein großes Schild »Die Mittagsruhe von 13.00 Uhr bis 15.00 Uhr ist einzuhalten!«. An einer Tafel hängt die Broschüre eines Bauunternehmers, sie verspricht, dass sich der »Traum vom Eigenheim erfüllen« könnte. Sollte ich einen Vertrag abschließen, bekäme ich einen 1000-Euro-Gutschein für eine Einbauküche. Dazu ein Foto mit einer furchtbar glücklichen Familie.

Ich erschrecke über meine Wut auf all das hier. Soll doch hier leben, wer hier glücklich ist oder glaubt, es zu sein, oder wem Glück nicht wichtig ist. Es ist eine falsche Idylle, und ich suche eine wahre. Ich denke an die »heile Welt« von Hohenlimburg. Sie war weniger geleckt, doch auch ihr habe ich irgendwann nicht mehr getraut und bin weg bis nach Berlin, das tatsächlich eher Wahrheit als Idylle bietet. Und jetzt? Was wird Hohenlimburg mir bieten, oder was wird Hohenlimburg sein? Ich gehe weiter Richtung Westen. Und weil da schon die

Sonne steht, verfolgt mich mit meinen Fragen auch mein Schatten.

Zwei Wanderstunden später klebt auf einer privaten Bank am Rand eines Örtchens ein Schild mit der Aufschrift »Deutsche Schutzzone«. Ich kann nicht erkennen, was hier vor wem geschützt werden muss, und denke an eine andere Begegnung auf einer anderen Reise im deutschen Osten. An einen Skinhead, der mit seinem Fitnessbudenkörper auf der harten Bank einer Bushaltestelle hockte, an der ich auf einen Anschluss wartete. Oben pumpten kleine Kopfhörer harte Bässe in den rasierten Schädel, unten zuckte der rechte Fuß im Rhythmus mit. Mir war nicht klar, ob er wartet, ob er lauert, ob bei ihm beides eins ist. Weit oben am Hals, dort wo kein Kragen etwas verbergen kann, stand tätowiert »Meine Ehre ist meine Heimat«, die Abwandlung eines Leitspruchs der SS. Er bemerkte meinen starren Blick und gab ihn mir zurück. Ganz ruhig, ganz klar und sehr direkt. Seine Kraft berührte mich. Dann sagte er: »Verpiss dich!« Was ich auf der Stelle tat. Allzu gern hätte ich mit ihm über die Ehre geredet, die seine Heimat ist.

Der Dönerladen im Ort scheint gut zu laufen, was der Koch mir auch bestätigt. Sein Deutsch ist leicht gebrochen. Den »Turbospezial Döner Hawaii mit Ananas und Käse« bietet er für 7,50 Euro an. Vor drei Monaten ist er hierhergekommen. Natürlich wegen der Arbeit. Vorher lebte er in Berlin-Marzahn, davor in der Türkei. Ich frage, ob er Heimweh habe.

»Ja.«

»Wonach?«

»Marzahn.«

An der nächsten Ecke hat jemand fachmännisch das lebensgroße Porträt einer Stute mit Fohlen in einer Blumenwiese auf ein Trafohäuschen gemalt. Ein paar Hunde rennen mit gefletschten Zähnen auf mich zu, knurren, kläffen, geifern. Zum Glück ist zwischen uns ein hoher Zaun.

Am Abend, ein kleines Hotel in einem kleinen Dorf, ich bin der einzige Gast und sitze noch lange mit dem Wirt zusammen. Er stammt aus der Gegend, ist Mitte sechzig, vollschlank und ein Schlitzohr der sympathischen Art. »Ich bin eben anders. Das haben damals schon alle gesagt: ›Der ist anders.‹ Und damit kann man gut leben.« Auch zu DDR-Zeiten hatte er ein eigenes Restaurant und schon immer »eine große Schnauze«. Der Renner damals waren seine Pommes frites, weil es so was sonst nicht gab. Sogar aus Berlin reisten die Gäste an. Das mit dem Kapitalismus hatte er also kapiert, bevor die Mauer fiel.

Die Goldgräberstimmung Mitte der neunziger Jahre erlebte er als die geschäftlich beste Zeit. Das Hotel lief gut, als hier vor allem Bauarbeiter und Vertreter wohnten. Mittlerweile ist das Geschäft hart, und es wird immer härter. Er muss kämpfen. Früher, sagt er, war seine Zielgruppe die Generation »fünfzig plus«, die kamen mit Bussen aus Berlin, pflückten ein paar Blumen und fanden alles toll. Mittlerweile sind die aber »achtzig minus«, haben keine Lust zu laufen, auch nicht so viel Geld und wollen trotzdem was erleben. Am besten funktionieren noch die Rundfahrten durch den heimatlichen Fläming. Meist kutschiert er »alte Weiber, die ihre Männer totgearbeitet haben«, zu Freilandschweinen, einer Forellenzuchtanlage, einer alten Mühle, dem Denkmal einer Schlacht im 19. Jahrhundert und mehr dergleichen.

Ich frage ihn, was Heimat für ihn ist, und seiner Antwort ist schwer zu widersprechen: »Heimat ist für mich da, wo ich zu

Hause bin.« Vor Monaten hätte ich das noch für einen weißen Schimmel gehalten, mittlerweile weiß ich ja, dass der Ort, an dem man gerne lebt, nicht der Ort sein muss, dem man sich mit seiner eigenen Geschichte verbunden fühlt. Bei diesem Mann ist beides eins. Das kann Glück sein, denke ich, wohl wissend, dass auch eine verkürzte Wahrnehmung »Glück« bedeuten kann. Doch darüber will ich mit ihm nicht streiten und frage lieber nach der DDR. Die will auch er nicht wiederhaben, doch: »Dett war ja dett, watt die Deutschen sich immer gesagt haben: Ordnung! Schon beim Kaiser. Und wenn man das heute sieht, da ist keine Ordnung mehr.« Und die neue Freiheit? Da schüttelt er den Kopf. »Die Leute, die damals geschrien haben: ›Wir wollen reisen!‹, die sitzen jetzt beim Arbeitsamt und reisen auch nicht mehr.«

Eine lange Weile sitze ich noch auf dem Friedhof von Wiblingwerde. In den hohen Bäumen rauscht der Wind. Ein schöner, friedlicher Ort. Heute Abend werde ich in Hohenlimburg sein. Ich habe es nicht eilig. Ich muss an Lachse denken, die mühsam zurück in jene Flüsse schwimmen, in denen ihr Leben einst begann. Es ist der Geruch der Heimatgewässer, der sie leitet, und wenn ein Lachs an seinem Geburtsort gelaicht hat, stirbt er. Doch das ist nicht mein Ziel. Ich denke an den Geruch der Lenne und an Alaska. Dort erlebte ich einmal, wie ein Schwarm oder auch viele Schwärme, auf jeden Fall eine riesig große Zahl an Lachsen, plötzlich einen Fluss hinaufgeschwommen kam. Die Angler am Ufer waren außer sich. Biologen erklären die Evolution dieser Wanderung mit den guten Erfahrungen, welche die Fische an ihrem Ursprungsort gemacht haben. Wenn sie dort überleben konnten, kann es auch ihrem Nachwuchs gelingen. Ich wollte meine Töchter nie in Hohenlimburg großziehen, auch wenn es mir letztlich eine gute Heimat war. Aber ich bin ja auch kein Lachs.

Früher Aufbruch am fünften Tag meiner Wanderung. Es dauert eine Weile, bis ich einen passenden Weg finde. Schritt für Schritt erobere ich sattgrüne Anhöhen, passiere leuchtend gelbe Rapsfelder, freue mich an einzelnen blühenden Obstbäumen und dem tiefen Blau, das über alldem strahlt. »Allein unter dem Himmel, das heißt zwei Wanderer«, lautet ein Haiku des japanischen Dichters Matsuo Bash.[8] Der Rhythmus des täglichen Gehens verdrängt den Takt meines Berliner Alltags. Ich liebe es, unterwegs zu sein. Die äußere Unruhe gleicht die innere Unrast aus. Ich genieße diese Balance und frage mich, ob sie nicht auch ein Gefühl von Heimat ist, denn vom Ursprung her sind wir Nomaden. Die Sehnsucht nach Aus- und Aufbruch steckt tief in uns, die Sesshaftigkeit kam erst später. Und jetzt bin ich – ein schönes Paradox – unterwegs auf der Suche nach Heimat. Ein Zitat von Nietzsche kommt mir in den Sinn, das mich auf mancher Reise schon begleitet hat. Als Ideal und nicht als Selbstbeschreibung:

> »Wer nur einigermaßen zur Freiheit der Vernunft gekommen ist, kann sich auf Erden nicht anders fühlen denn als Wanderer, – wenn auch nicht als Reisender nach einem letzten Ziele: denn dieses gibt es nicht. Wohl aber will er zusehen und die Augen dafür offen haben, was alles in der Welt eigentlich vorgeht; deshalb darf er sein Herz nicht allzufest an alles einzelne anhän-

gen; es muß in ihm selber etwas Wanderndes sein, das seine Freude an dem Wechsel und der Vergänglichkeit habe.«[9]

Auf meinen Reisen bin ich immer wieder Nomaden begegnet: Ureinwohner in Nord- und Südamerika, in Asien und auch in Afrika. Am meisten beeindruckt haben mich die Lakota im US-Bundesstaat South Dakota. Die Nachfahren berühmter Männer wie Sitting Bull und Crazy Horse leben unter anderem im Pine Ridge Reservat und können schon seit Generationen nicht mehr den Büffeln über die Prärie des Mittleren Westens folgen. Ihre Lebenserwartung ist mit fünfzig Jahren so niedrig wie nirgendwo sonst in den USA. In einem hässlichen Trailer-Park, dessen Bewohner meist das wenige versaufen, was ihnen der Staat an finanzieller Unterstützung bietet, traf ich einen alten Mann mit langen grauen Haaren, der mich zu einer Talsenke in der Mitte des Reservats führte. Ihr Name: Wounded Knee. 1890 massakrierte die US-Kavallerie dort über dreihundert Menschen, vorwiegend Frauen, Kinder und Greise. »Für uns war dies der Beginn der Sesshaftigkeit«, sagte mir der alte Mann und zog an seiner gürtellosen Jeans. »Und das endgültige Ende unserer Freiheit.« Er schaute sich um, und ich folgte seinem Blick. Leicht gewellte Hügel, dichtes Gras, in dem der Wind spielte, ein paar Nadelbäume und der betörend weite Himmel der Prärie. Eine fast liebliche Landschaft, und doch spürte ich in ihr vor allem bodenlose Traurigkeit. Unsere Blicke trafen sich, wir wichen ihnen aus. Er, dessen Vorfahren stolze Nomaden waren, musste an einem Ort leben, der ihm nicht Heimat sein konnte. Seine Unruhe war zu einem Unglück verkommen.

Hinein in die heile Kleinstadtwelt von Bad Belzig. Die Straße der Einheit bietet ganz unaufgeregt auf gut hundert Metern alles, was man für den Alltag braucht: Bäckerei, Friseur, Papierwaren, Zeitungen, eine Post, frisches Obst und Miederwaren. Ich kaufe eine Zeitung, lese vom »Frühlingsfest im Gewerbegebiet Seedoche mit zahlreichen Angeboten für alle Sinne«, mit Hüpfburg und hundertachtzig Litern Erbsensuppe. Weiter hinten geht es auf einer ganzen Seite unter »Heimatgeschichte« um die letzten Tage des Zweiten Weltkriegs und einen strammen Nazi, der auch nach dem Krieg politische Karriere machte.

Hinter der schönen St.-Marien-Kirche, die Martin Luther einmal besuchte, treffen sich Gymnasiasten einer nahen Schule auf eine Pausenzigarette. Ihre Kapuzenshirts sind sauber und vermutlich auch gebügelt. Einer trägt sein Basecap mit dem Schirm im Nacken, und ich weiß nicht, ist das nun falsch oder schon wieder richtig rum.

»Wie ist das Leben in Bad Belzig?«

Sie grinsen schief. »Ruhig«, sagt einer dann und lacht.

»Sehr ruhig«, sagt ein anderer.

Und »Manchmal auch zu ruhig« eine andere, woraufhin alle noch mal gemeinsam lachen.

»Wollt ihr hier weg?«, frage ich als Nächstes und bekomme ein »Vielleicht«, ein »Klar, so weit wie möglich« und ein »Nein« zurück.

Das Mädchen mit dem »Nein« hofft auf einen Ausbildungsplatz in der örtlichen Sparkasse. »Berlin ist geil, aber viel zu groß«, sagt sie, »gut für Party. Aber dort leben? Nee.«

»Das Leben ist ja keine Party«, ergänzt ihre Freundin. Es klingt wie ein Zitat.

»Und Heimat? Was ist für euch Heimat?«, will ich von ihnen wissen.

Schweigen, dann als Antwort erst »Freunde«, dann »Familie« und schließlich: »Dass man alle kennt. Und alle kennen einen.«

»Oh Gott«, sagt dazu das Sparkassen-Mädchen, als fiele ihr plötzlich etwas auf.

Es klingelt, die Pause ist zu Ende. Am Rand der Innenstadt sehe ich dann doch ein leerstehendes Haus und auch ein paar Graffiti.

Der TV Wiblingwerde 1912 ist Tabellendritter in der elftklassigen Kreisliga C 1 und hat heute ein Heimspiel. Das will ich sehen, weil Heimspiel ja ein Spiel in der und für die Heimat ist. Bei Kapuzineraffen haben Wissenschaftler festgestellt, dass Gruppen, deren Identität stark mit einem Ort verankert ist, diesen Ort besonders engagiert verteidigen, was Nicht-Wissenschaftler auch an der Tabelle einer jeden Fußballliga erkennen können. Hier oben auf dem Berg gibt es keinen geeigneten Sportplatz, der Verein spielt in Nachrodt, das liegt unten im Lenne-Tal. Also gehe ich wieder bergab. Vor einem Mehrfamilienhaus sitzen zwei Mädchen mit Zahnspangen. Ich frage sie nach dem Weg, sie fragen mich, wo ich herkomme. Ich erzähle, dass ich Hohenlimburg mal verlassen habe und jetzt zu Fuß dorthin zurückkehre. Sie wollen wissen, ob ich berühmt bin. Zumindest eine von beiden will später weg von hier, vielleicht nach Iserlohn oder Altena. Und Berlin? »Viel zu weit«, sagen beide.

Noch in den Wäldern des Hohen Flämings lese ich auf einem Schild:

»Es regnete am 27. 8. 1813 seit dem Mittag. Die Franzosen hatten hier 4 Bataillone und 4 Geschütze in Stellung. Die Landwehr näherte sich unbemerkt durch den Steindorfer Wald.«

Die Jahreszahl verweist auf die Befreiungskriege gegen Napoleon. Was aber genau dahintersteckt, erfahre ich erst ein paar Kilometer weiter, als ich an einem Hügel mit ein paar Häusern und einem großen Baum eine ähnliche Tafel sehe:

»Hier fand am 27. 8. 1813 nach 17.00 Uhr das letzte Gefecht, die blutige Kolbenschlacht, statt.«

Noch einige Schritte rauf zum »Gipfel« des genau zweihundert Meter hohen Hagelbergs, der höchsten Erhebung des Flämings, einem der Eiszeit geschuldeten Höhenzug. Ein friedlicher, idyllischer Ort mit einer großen Informationstafel. Im Vorfeld der Völkerschlacht bei Leipzig, die Napoleon endgültig zurück nach Frankreich zwang, kam es hier an besagtem Tag zu einem fürchterlichen Gefecht mit Tausenden Toten.

Auf der einen Seite ein verhältnismäßig kleines, reguläres preußisches Kontingent, unterstützt von Freiwilligen der Landwehr und russischen Kosaken, auf der anderen Seite ein eigentlich überlegenes französisches Korps, an dessen Seite zumindest anfangs auch sächsische Soldaten standen. Zum blutigen Finale kam es spätnachmittags an einer langen Mauer des kleinen Dorfes. Den ganzen Tag hatte es geregnet, das Pulver der Gewehre war nicht mehr zu gebrauchen, und die Feinde gingen mit ihren Kolben und Bajonetten aufeinander los, wie ein Landwehrmann später berichtete:

»An dieser Gartenmauer wurde den Franzosen die Quittung für alle die Bedrückungen, Misshandlungen und Plackereien, die wir sechs Jahre lang hatten aushalten müssen, ausgestellt. Ihr könnt es euch nicht vorstellen, was damals ein jeder von uns für eine Wut auf die Franzosen hatte! Ich habe gesehen, dass einer von uns weinte und sich vor Wut in den Arm biss, weil er vor den anderen nicht mit heran zum Totschlagen kommen konnte. Es war aber auch ein fürchterliches Gedränge. [...] Als die vordersten sahen, dass sie an ihren Hintermännern keinen Rückhalt hatten, verloren sie sichtbar den Mut, viele sanken in die Knie und riefen: ›Pardon! Pardon!‹ Ja, du lieber Gott! Wenn sie es eine halbe Stunde früher gerufen hätten; aber jetzt kannten weder die Kurmärker noch Neumärker ein Erbarmen; auch die auf den Knien lagen und um Gnade baten, wurden niedergeschlagen und sonderbarerweise ganz ohne Lärm und Geschrei. Schießen hörte man gar nicht, hier und da ein Fluch, Todesgestöhn und Röcheln, sonst ging die grässliche Blutarbeit ganz still, aber desto ingrimmiger vor sich. Der Mensch ist doch stellenweise eine bestialische Kreatur.«[10]

Drei Jahre zuvor hatte Friedrich Ludwig Jahn, dessen Turnbewegung von Anfang an als eine Art Wehrsport gedacht war, seine *Vaterländischen Wanderungen* als Dienst an der »Heimath« propagiert. Es war die Zeit der eher blutigen denn friedlichen Hochromantik, die unseren Begriff von Heimat als »Wunschort der Geborgenheit« bis heute prägt. Ausgelöst wurde diese Entwicklung von den revolutionären Ereignissen in Frankreich, die Europa entscheidende Reformideen und zahlreiche Kriege bescherten. Die politischen und ökonomischen, aber auch die kulturellen und sozialen Veränderungen waren massiv. Sie zerstörten über Generationen hinweg gelebte Strukturen oder stellten sie zumindest radikal in Frage. Als sich im Jahr 1806 das jahrhundertelang weitgehend stabile Heilige Römische Reich Deutscher Nation auflöste, verschwanden zweihundertsechzig von dreihundert »Vaterländern«. Die neuen uneinheitlichen Territorialstaaten bestimmten sich nicht mehr über die Zugehörigkeit zu einem Stamm und wurden meist als beliebig und willkürlich wahrgenommen. Die Sehnsucht nach Überschaubarkeit und Vertrautheit wuchs auf vielen Ebenen. Das Ideal hieß Heimat.

Auf dem Kunstrasenplatz des Wilhelm-Mestekämper-Stadions in Nachrodt begrüßen sich die Mannschaften beim Heimspiel des TV Wiblingwerde am Mittelkreis. Gegner ist TuS Stöckern-Dahlerbrück II. Eine Mannschaft ruft zur Begrüßung: »Fair Play!«, die andere: »Guter Lauf, guter Lauf – wir sind heute super drauf!« Danach bilden die Männer aus Wiblingwerde noch mal einen eigenen Kreis und brüllen: »Sieg.« Der Schiedsrichter pfeift das Spiel an. Er ist sehr dick und trägt ein neongelbes Sporthemd. Auch einige Spieler aus Wiblingwerde wirken nicht wirklich austrainiert. Ihre schwarzen Trikots mit goldenen Nummern sind aber schicker als die grauen Hemden der Männer aus Stöckern-Dahlerbrück. Natürlich bin ich parteiisch.

Zu Spielbeginn stehen mit mir gut zwei Dutzend Zuschauer hinter einem einfachen Geländer. Die Stimmung ist etwas mau. Vielleicht liegt das an der Laufbahn, die zwischen uns und dem Platz verläuft. Keine Choreographien, keine Pyrotechnik, keine Polizei, dafür aber Bier mit Alkohol. Angekündigt ist diese letzte Partie der Saison als »Spiel um den Klassenerhalt« für die Männer aus Stöckern-Dahlerbrück. Da die das Hinspiel mit 1:6 verloren haben, benötigen sie eine »Art Wunder«, um nicht auch noch aus der elftklassigen Kreisliga C 1 abzusteigen. Ihre Gesichter wirken sehr entschlossen.

Auf dem Hagelberg, der doch nur ein Hügel ist, gibt es ein Gipfelkreuz und ein Gipfelbuch mit vielen Einträgen wie:

»Frostig ist der Morgen
Doch die Sonne wärmt das Herz
Vergessen sind die Sorgen
Und ach so mancher Schmerz«

Ich lege mich in das warme Gras, meine Füße sind dankbar für die Pause. Gedanken an die Menschen, die sich hier vor gut zweihundert Jahren niedermetzelten. Die Schreie der Wut, der Ängste, der Verzweiflung, des Triumphs und wohl noch stärker das Schweigen im Angesicht des Todes. Dazu die psychologischen, strategischen und politischen Folgen für die nächsten Kämpfe, für die Geschichte Deutschlands, Europas und der ganzen Welt. Was hier geschah, muss meine Vorfahren betroffen haben, und somit betrifft es auch mich.

Geschichte und Geschichten, ob glücklich oder nicht, prägen das kollektive Gedächtnis und damit auch das soziale Klima und Bewusstsein einer Gesellschaft, einer Stadt, einer Familie. Sie werden weitererzählt oder so lange verdrängt, bis sie ihre eigene Dynamik entwickeln und sich durch die Hintertür des Unbewussten wieder in unsere Geistes- und auch Wesensart drängen. So wie das Massaker von Wounded Knee immer noch das Leben der Lakota mitbestimmt, so wie auch die Existenz in einer kargen Gegend Menschen über Generationen anders prägt als ein sanftes, fruchtbares Klima.

Wie jeder Mensch bin auch ich auf einem Berg von Geschichten geboren. Der Zweite Weltkrieg hatte meine Großmutter zur Witwe und meinen Vater mit elf Jahren zum Halbwaisen gemacht. Natürlich hat dieser Verlust meine Kindheit und Erziehung beeinflusst. Mein Vater wollte mir und meinem Bruder ein besonders guter Vater sein, einer, der uns förderte und auch forderte, einer, der da war, wenn man ihn brauchte. Meine Großmutter, deren Mann als Mitglied der SA zu Tode kam, warnte mich eindringlich davor, mich politisch zu engagieren, da Politik in ihren Augen nur Unheil brachte. Auch wenn ich anderer Ansicht war, musste ich mich damit auseinandersetzen. Und nicht zuletzt wegen dieser Erfahrungen meiner Familie entschied ich mich gegen den Wehr- und für den Zivildienst. Und weil meine Großmutter, von der schweren Nachkriegszeit geprägt, mich ständig dazu anhielt, mindestens genug, aber besser noch zu viel zu essen, kämpfe ich zeit meines Lebens gegen ein leichtes oder auch mal weniger leichtes Übergewicht. Ein paar Zusammenhänge, die ich verstehen und nachvollziehen kann. Sicher gibt es viele mehr.

Und die Geschichten meiner Eltern und Großeltern, die mich und mein Leben mitbestimmen, sind an einen Ort gebunden: Hohenlimburg. Eine Kleinstadt, die von der Arbeit der Stahlindustrie geprägt wurde und es einschließlich aller Probleme des schwierigen Strukturwandels immer noch ist. Dort bin ich aufgewachsen, und das hat Spuren hinterlassen, allein schon weil ich Hohenlimburg spätestens nach meiner Schulzeit als einen ausgereizten Ort empfand. Ich wollte mehr und musste weg. In den Schulferien reiste ich mit einem Interrail-Ticket durch Europa, direkt nach dem Abitur ging es in die USA, mit dem Auto von New York nach Los Angeles, per Anhalter nach Mexiko, mit Bus und Bahn bis Guatemala und über New Orleans zurück an die Ostküste der Vereinigten Staaten.

Das Geld dafür hatte ich mir in ein paar Wochen in den Hohenlimburger Hoesch-Werken verdienen können, wo ich Hilfsdienste beim Verladen tonnenschwerer Blechrollen leistete, die in der Halle nebenan aus glühenden Stahlbrammen gewalzt wurden. Eine leichte, sehr gut bezahlte Arbeit. Auch mein Großvater hatte in dem Werk gearbeitet, was mir bewusst war, weil ich mal eine Ausgabe von *Mein Kampf* in den Händen hielt, die er, wie alle Arbeiter dort, in den dreißiger Jahren von der Werksleitung bekommen hatte.

Mein Vorarbeiter kannte meinen Vater, der nach dem Krieg mit vierzehn Jahren ebenfalls dort Geld für seine verwitwete Mutter und seinen noch jüngeren Bruder verdienen musste, bevor er sich später noch für einen anderen Beruf entschied. Dieser Vorarbeiter war ein alter Gewerkschaftler, und ich ein mehr oder minder ahnungsloser und wohl auch arroganter Abiturient. Sein aufrechter und ruhiger Stolz beeindruckten mich. Er sprach nicht viel mit mir, doch den Respekt vor der Arbeit der Arbeiter, den er mir allein durch seine Haltung vermittelte, habe ich bis heute nicht verloren. So wie dieses sind viele Erlebnisse, die mich prägten, eng mit Hohenlimburg verknüpft. Heimat als verortete Erinnerung. Ich war Hohenlimburg und bin es sicher noch. Was aber wird sein, wenn mir die Stadt nicht mehr gefällt? Die Frage quält mich, und es dauert eine Weile, bis ich mich von ihr befreien kann und zurückfinde zu der schönen Wiese hier.

Kurz darauf komme ich an einem Wortspiel vorbei, das ein Künstler in einen Stein geschlagen hat:

»würden die Lerchen
und die Lärchen tauschen
würden die Lärchen singen
und die Lerchen rauschen«

Ich muss mich beeilen. Mein Weg ist noch lang, das Tagesziel heißt Alte Hölle.

Der TV Wiblingwerde beginnt druckvoll, doch Stöckern-Dahlerbrück II steht gut, verteidigt geschickt und baut, wie vom Trainer verlangt, immer »mehr Dominanz« auf. Unter den knapp dreißig Zuschauern kursiert das Gerücht, dass der Trainer von Wiblingwerde verschlafen hat. Von einem Heimvorteil ist schon sehr bald nichts mehr zu spüren. Mittlerweile weiß auch ich, dass es gar nicht das erwartete »Schicksalsspiel« für Stöckern-Dahlerbrück II ist. Da ein anderer Verein der Liga zum dritten Mal nicht zu einem offiziellen Spiel angetreten ist, hat man ihn zum Zwangsabstieg verurteilt. Somit geht es hier im Nachrodter Wilhelm-Mestekämper-Stadion nur noch um die Ehre. Das könnte auch eine Erklärung für die entspannte Stimmung am Spielfeldrand sein.

Die Spieler geben alles. Bei einigen ist das aber nicht so viel, schon Mitte der ersten Halbzeit lassen sich die ersten auswechseln. Nachdem Wiblingwerde das Spiel ausgeglichener gestalten kann, kassiert die Mannschaft in der zwanzigsten Minute etwas überraschend das 0:1. Auf dem Sweatshirt einer gut vierzigjährigen Frau steht: »Viele Fans müssen ein Leben lang warten, um ihren Lieblingsspieler zu treffen, ich sehe meinen Sohn jeden Tag.«

Die Alte Hölle liegt mitten im Wald. Ein paar Häuser mit einer langen Geschichte, die jedoch nicht bis zur Erschaffung dieser Welt zurückreicht. Ursprünglich war die Alte Hölle Mitte des 18. Jahrhunderts als Forsthaus gebaut worden, in der DDR erholten sich hier, streng bewacht, Beamte der Staatssicherheit, heute ist sie ein Hotel. Der Name beruht vermutlich auf einem jahrhundertelang weitergetragenen Schreibfehler: »Hölle« statt »Helle«. Der Werbespruch lautet: »Das Tor zum Paradies«.

Ein eigenartig verwunschener Ort. Trotz einer umfangreichen Renovierung Anfang der neunziger Jahre atmet er nach wie vor den Charme des Sozialismus. Diese Eigenwilligkeit imponiert mir. Im Haupthaus hängen an den Wänden viele Köpfe toter Tiere, dazwischen Pokale, Gewehre, Urkunden und Fotos, die zeigen, wie diese Urkunden überreicht wurden. Ich esse eine große Portion köstlichen Wildschweinebraten, den eine junge Bedienung mit sehr bunten Haaren bringt. Im Nebenraum jubelt eine gesellige Rentnergruppe, als der Wirt ihr für den kommenden Abend frischen Spargel ankündigt. Danach setzt er sich zu mir.

Ein korpulenter Mann mit grauem Haar und Schnauzbart, im Ausschnitt seines weit geöffneten Hemdes blitzt ein Goldkettchen. Geboren ist er in der Nähe des oberschlesischen Oppeln, das seit 1945 polnisch ist und Opole heißt. Als Neunjähriger zog er 1964 mit seinen Eltern in die Nähe von Leverkusen, verstand sich aber nie als »Wessi«, wie er sagt. Hierher kam er der Liebe wegen. Er klagt über die »Brüder und Schwestern« aus den alten Ländern, die nach der Wende der neuen Verwandtschaft mit überteuerten Versicherungen und schrottreifen Autos das Geld aus der Tasche zog. Der Andrang damals war so groß, dass die Glücksritter aus dem Westen bisweilen zu viert im Doppelzimmer schliefen. Mittlerweile laufen auch seine Geschäfte weniger gut. Vor allem der Winter ist hart.

Ich frage ihn nach seiner Heimat, und er sagt, dass die für ihn auch nach mehr als fünfzig deutschen Jahren in Polen liegt, und dass dieses Gefühl sogar noch stärker wird. Im Rheinland haben die Menschen seine Familie hofiert, als diese dort Einfluss hatte, und ignoriert, als es diesen nicht mehr gab. Seine Eltern liegen trotz der vielen deutschen Jahre in Polen begraben, und er selbst wünscht sich, dort alt zu werden. So sitzen wir beide fern von dem, was uns Heimat ist oder sein könnte, und trinken Bier und Schnaps.

Später spielt er mir noch Szenen aus einem Film vor – *Der Untergang* mit Bruno Ganz als Adolf Hitler, in dessen letzten Tagen im Berliner »Führerbunker«. Wie Hitler/Ganz in diesem Film brüllt jetzt auch der Wirt mit heiserer Stimme immer wieder »Wenck!« und »Wo bleibt Wenck???«. Er, der Wirt, weiß die Antwort, denn General Walter Wenck, Befehlshaber der 12. Armee, saß, als Hitler ihn vermisste, in der Alten Hölle. Vom 22. bis 26. April 1945 hatte er hier seinen Gefechtsstand. Obwohl der Krieg längst verloren war, wollte Hitler, dass Wenck sich gegen die Russen stellt, um Berlin und damit auch Adolf Hitler zu befreien. In der Nacht zum 23. April schickte er seinen Generalfeldmarschall Keitel hierher, es kam zum Streit, Wenck weigerte sich, dem aussichtslosen Unterfangen weitere Leben zu opfern. Stattdessen führte er seine oftmals minderjährigen Soldaten noch einmal gegen die Sowjets, um Zigtausenden Soldaten der 9. Armee, Tausenden Verwundeten und unzähligen Flüchtlingen bis zum letzten Kriegstag die Überquerung der Elbe zu ermöglichen, an dessen westlichem Ufer die US-Amerikaner standen. Mit hier im Haus soll damals auch der achtzehnjährige Pionier Hans-Dietrich Genscher gewesen sein.

Am nächsten Morgen, es ist der sechste Tag meiner Wanderung, nennt mich die Wirtin einen »mutigen Mann«, weil ich allein durch den Wald wandere. Sie fragt, ob ich wenigstens ein Messer hätte. Ich zeige ihr meinen großen Wanderstab und frage, wofür ich denn ein Messer bräuchte. Der Wölfe wegen? Nein, sagt sie, Wölfe hätte sie schon hier am Haus gehabt, die seien vorsichtig. »Husch, husch! Und die trollen sich.« Gefährlich sind die Wildschweine, weil sie jetzt Frischlinge haben. Doch ich habe nur ein kleines Taschenmesser und bin alles andere als erpicht auf einen Kampf mit einem wilden Schwein. Dann solle ich am besten Ausschau nach Bäumen halten, auf die ich klettern könnte, rät mir die Frau zum Abschied. Ich danke ihr und laufe durch einen schönen Buchenwald mit unerreichbar hohen Ästen.

Später treffe ich auf einen kräftigen Mann mit einem kleinen Hund. Kappe, Jacke, Hose, Schuhe sind grüngrau, braungrau und einfach nur grau. Sein Gesicht sieht teigig aus. Ich schätze ihn auf Anfang vierzig. Wir kommen ins Gespräch. Metzger hat er gelernt, direkt nach der Wende ging er in den Westen, arbeitete fünfundzwanzig Jahre lang in Stuttgart, zuletzt als Disponent in einem Großbetrieb, der schließen musste. Danach fand er keine Stelle mehr, die ihm passte. Und da ein Wohnortwechsel schwierig ist, wenn man Hartz IV bezieht – er bevorzugt die Bezeichnung Arbeitslosengeld II –, ist er, kurz bevor es so weit kam, hierher zurückgezogen. Seit zwei Jahren lebt er wieder in der »alten Heimat«, das heißt, mit seinem Bruder im Haus der verstorbenen Eltern.

Er wirkt nicht glücklich, und ich frage, ob er noch mal wegziehen würde. »Nur für einen guten Job«, sagt er, macht aber nicht den Eindruck, als würde er daran glauben. Kurz nur huscht ein Strahlen über sein Gesicht, als er sich an seine Arbeit erinnert und von dem Lob spricht, das er für sie bekam. Er denkt wohl oft daran. Weg aus Stuttgart ist er auch, weil sein ganzes soziales Leben an der Arbeitsstelle hing. Wir schweigen eine kurze Weile, dann zieht sein Hund an der Leine, und die beiden gehen die Runde, die sie immer gehen.

Regenwolken ziehen auf mich zu. Schon sind sie da, der erste Tropfen trifft meine Nase, ich hole tief Luft und bin kurz darauf klatschnass. Die Regenjacke kommt zu spät. Das Wetter ist mein ständiger, mein treuester Begleiter. Ich bemühe mich, es als Freund zu sehen, der es gut mit mir meint, mich bisweilen aber auch herausfordern will. Der Schauer ist nur kurz, wenig später dampft der Boden, es riecht nach feuchter Erde. Die Bäume, zwischen denen ich gehe, gehören abermals zu einer Plantage und ergeben keinen Wald. Einmal sehe ich eine Art Baumfällmaschine, auf deren Sitz ein Forstarbeiter einsam zwischen Bäumen kurvt. Setzt er den langen Greifarm mit der Säge an einen Stamm, fällt dieser innerhalb weniger Sekunden um, und ein paar Augenblicke später liegt er von seinen Ästen getrennt in Stücken da. Ein gespenstischer Anblick und das kreischende Gegenteil von Waldverklärung und Romantik.

Bei Deetz treffe ich ein Rentnerpaar auf einer Bank im Sonnenschein. Jeden Tag fahren sie mit dem Fahrrad eine sechs Kilometer lange Runde. Zwischendurch sitzen sie hier und schauen über die Felder auf ihr Dorf. Sie sind zufrieden, sagen sie. Das hier ist ihre Heimat. Seine ist es nicht. Er stammt aus einem fünf Kilometer entfernten Dorf, hat sich aber »arrangiert«, wie er mir ganz ernst erklärt. Sie steigen auf ihre Räder und sagen zum Abschied: »Man muss in Bewegung bleiben.« Ich humple weiter. An der nächsten Wegkreuzung lasse ich mich ins Gras fallen. Aus dem Westen kommt ein leichter Wind, eine Fliege summt vorbei ... oder eine Biene? Eine Hummel? Eine Wespe? Die Sonne ... zwanzig Minuten später bin ich wieder wach. Das Aufstehen fällt mir schwer.

In der vierundzwanzigsten Minute kassiert der TV Wiblingwerde nach einem Konter von Stöckern-Dahlerbrück II das 0:2. Es kommt zu gegenseitigen Schuldzuweisungen innerhalb der Mannschaft auf dem Platz und einem »Oh nö!« auf den Stufen diesseits der Tartanbahn. Wer sich im Fußball auskennt, ahnt, für den TV könnte es heute eine Packung geben. Wenig später wird ein Spieler namens Mace eingewechselt, genauer gesagt wechselt er sich selbst ein. »Starker Rechtsfuß«, sagt der Mann neben mir zu seinem Nachbarn. Beide rauchen. Tatsächlich bringt Mace neuen Schwung, doch keine Tore. Die Zuschauerzahl hat sich mittlerweile verdoppelt. Es gibt selbstgebackenen Rhabarberkuchen für einen Euro das Stück, wobei ich vermutlich der Einzige bin, der bezahlen muss.

In der Halbzeitpause gehe ich zum Schwimmbad nebenan. Im Eingangsbereich wird ein »Afrikafest« gefeiert. Knapp hundert Menschen, darunter viele Kinder, und insgesamt etwa zwanzig Personen mit augenscheinlich afrikanischen Wurzeln. Es gibt afrikanische Musik, deutschen Kuchen und irgendetwas Warmes mit Curry. Ein älterer Mann verkauft aus einer kleinen Stahlkassette heraus Wertmarken. Die hellhäutigen Gäste gucken gutmütig, die dunkelhäutigen ein wenig irritiert.

Am späten Nachmittag erreiche ich nach zähen letzten Kilometern das Städtchen Lindau. In Anne's Bahnhofsgaststätte bekomme ich ein großes, helles Zimmer. Der Blick hinaus verliert sich über stillgelegte Gleise hinweg in einem Feld. Im hohen Gastraum des Altbaus hängt ein riesiger Bildschirm. Es läuft eine Reportage über eine Flucht aus dem Libanon. An zwei Tischen spielen jeweils drei Männer Skat, an einem anderen Tisch vier Frauen Rommé. Konzentrierte Stimmung, bis der Wirt den Männern Schweinshaxen serviert, und sie widerwillig, vor allem aber hungrig, ihre Karten niederlegen. Die Frauen zünden sich neue Zigaretten an. Anne's Bahnhofsgaststätte ist ein Raucherrestaurant mit untereinander sehr vertrauten Gästen.

Als im Fernseher die Flucht stockt, bringt der Wirt ein Räubersteak mit vielen Zwiebeln und noch mehr Ketchup an meinen Einzeltisch. An der Wand ein kleines Schild: »Wer spart, hungert bloß für die Erben.« Die anderen Gäste trinken ein »Schnäpschen zur Verdauung«, während meine Gedanken um ein gerahmtes Foto kreisen, das mit einem Trauerflor versehen am Fenster hängt. Das Porträt eines gut vierzig Jahre alten Mannes mit ernstem Blick. Darunter steht »Manni«. Alles wirkt hier wie ein erweitertes Wohnzimmer. Oder wie Heimat. Ich genieße es, hier zu sitzen.

Der Wirt heißt Horst, er und Anne sind ein Paar. So viel habe ich schon verstanden. War Manni sein Vorgänger? Anne, die ich auf Ende fünfzig schätze, sitzt mit am Rommé-Tisch, hält in einer Hand routiniert die Karten, in der anderen eine neue Kippe. Die Luft wird dicker, Horst öffnet ein ganz klein wenig ein Fenster. Anne mag den Luftzug nicht, ein knapper Blick, schon ist das Fenster wieder zu.

Bei einem Gang zur Toilette sehe ich, dass unter dem Foto von dem Mann mit den ernsten Augen nicht »Manni«, sondern »Mausi« steht. Die Geschichte dahinter scheint noch tragischer, als ich vermutet habe. Gern würde ich mit Anne reden – über ihre schöne Kneipe, das Leben im Allgemeinen, die

Heimat im Besonderen, vor allem aber über den toten Mann, den sie hier »Mausi« nennen. Aber Anne spielt Rommé, obwohl spielen es nicht richtig trifft. Es wirkt ernster, eher wie eine Passion. Im Fernseher statt Flucht jetzt Werbung für Slipeinlagen. Als ich einen »schönen Abend« wünsche, guckt keiner von seinen Karten auf, nur Horst am Tresen schenkt mir einen Kugelschreiber mit einem Werbeaufdruck der Gaststätte. Ich gehe auf mein Zimmer und steche die Blasen an meinen Füßen auf.

In der Nacht liege ich lange wach, was vielleicht an den Zwiebeln in meinem Magen, vielleicht aber auch am fast vollen Mond oder auch an beidem liegt. Was, frage ich mich, mache ich mit wunden Füßen in Lindau bei Zerbst, hundertfünfzig Kilometer von Berlin und ein paar hundert Kilometer mehr bis zu der Stadt, die einst meine Heimat war? Ich wälze mich und kann mir keine Antwort geben. Die Nacht, auch wenn ich mich bisweilen nach ihr sehne, war nie mein Freund. Sie bringt meist Zweifel und nur selten eine Klarheit, die auch noch am nächsten Morgen gilt. Ich schiebe gespeicherte Kartenausschnitte auf meinem Smartphone hin und her. Doch die Technik, die ich nicht beherrsche, verweigert mir einen Blick auf das Ganze, das noch vor mir liegt. Sie bietet nur einzelne Details der bereits gegangenen Strecken. Eine App so wie das Leben.

Zum Frühstück meines siebten Tages kocht mir Annes Aushilfe ungefragt drei Eier, auch sonst ist das Frühstück mehr als reichlich. Radio Muckefuck liefert »Superhits« und »Superwetter«, spricht dabei allerdings von Regen. Die Nachrichten drehen sich um den Ärger über das Eintrittsgeld zu einem großen Kirschfest, einen Lokführerstreik und die Champions

League. Danach Staumeldungen und ein Lied der Gruppe Silly, dessen Text mir gut gefällt:

»Die Ferne ist ein schöner Ort,
doch wenn ich da bin, ist sie fort.
Die Ferne ist, wo ich nicht bin,
ich geh und geh und komm nicht hin.«[11]

In der Apotheke frage ich nach einer Salbe für meine wunden Füße, die Verkäuferin verkauft mir Pyolysin, »eine gute alte Ostsalbe«, die sie »eigentlich unbezahlbar« nennt. Leicht humpelnd gehe ich auf langen, geraden Wegen durch Rapsfelder Richtung Elbe. Ich komme an einem Hühnerstall vorbei, um den ein Zaun gezogen ist. Ein Huhn ist jedoch auf die andere Seite der Absperrung gelangt und sucht panisch den Weg zurück in seinen Stall. Die Freiheit ist ihm nicht geheuer.

Gegen Mittag ruhe ich mich am Friedhof eines Dorfes namens Moritz aus. Es gibt ein paar Dutzend gepflegte Gräber und viel Platz für weitere. Ich studiere, was ich an einem solchen Ort gern tue, die Jahreszahlen auf den Grabsteinen, kalkuliere Lebensspannen und verknüpfe sie mit historischen Daten, um mir vorzustellen, was für ein Leben das gewesen sein könnte. Eine Frau ist 1963 geboren und 1980 noch vor ihrem 17. Geburtstag gestorben. Ein Leben komplett in der DDR. Welche Träume und Sehnsüchte steckten darin? Warum endete es so früh? Ein Unfall? So viele mögliche und doch nicht gelebte Jahre. Und wie schafften es die Eltern, damit umzugehen? Haben sie es überhaupt geschafft?

Eine andere Frau mit Namen Gertrud ist 1913 geboren und 2006 verstorben. Kaiserreich, der Erste Weltkrieg, die Weimarer Republik, die Nazizeit, der nächste Krieg, die DDR, die Wende ... Was hat sie über all das gedacht? War sie am Ende verbittert oder froh? Auf demselben Stein die Daten ihres Mannes Fritz, vier Jahre älter als sie. Der Zusatz »in memoriam« – sein Leichnam liegt also nicht hier, es gibt auch kein Datum für seinen Tod, nur den Hinweis »vermisst« und die Jahreszahl 1944. Der Krieg hatte ihn verschluckt, als seine Frau einunddreißig Jahre alt war und noch drei Mal so lange zu leben hatte ohne einen Mann an ihrer Seite. Oder hatte es doch einen oder mehrere gegeben, ohne dass es zu einer neuen Trauung kam? Wie lange hat sie gehofft, Fritz käme doch noch zurück, wäre vielleicht irgendwo gefangen in Sibirien? Wie lange hat sie getrauert und ihn vermisst?

Jahrelang, so weiß ich, hat meine Großmutter gewartet und gehofft, mein Großvater würde aus irgendeiner Gefangenschaft doch noch wieder auftauchen. Zusammen mit meinem damals elfjährigen Vater suchte sie selbst an jener Stelle nach seinem Leichnam, an der ihn seine vermeintlichen Kameraden zuletzt gesehen hatten, bevor sie auf feindliche Soldaten stießen. So viel Leid, so nah in meiner Familie und doch fern von meinem eigenen Leben. Ich spüre Dankbarkeit und weiß nicht, an wen ich sie richten soll.

Der Weg zieht sich, meine Motivation leidet. Mein Heimweg ist eine mehr als sechshundert Kilometer lange Wanderung. Das sind über eine Million Schritte. Es geht darum, einen Fuß vor den anderen zu setzen, und noch einen und noch einen und noch einen ... Doch diese Wanderung ist keine monotone Leibesübung, sondern auch eine Gedankenreise in die eigene Geschichte. Der Rhythmus der Schritte wird zu einer Meditation zum Thema Heimat und macht den Weg nach Hause zu meiner ganz persönlichen Pilgerstrecke. Im geistigen Gepäck die großen Themen: meine Bindungen ans Leben und der Blick darauf. Und damit unweigerlich immer wieder auch Fragen, Konflikte und vermeintlich längst Verdrängtes. So wandere ich gleichsam durch einen Wald und durch mein Leben. Drei Fragen reihen sich zu einem Mantra:

Wer bin ich?
Wer will ich sein?
Was mache ich mit der Lücke?

Die Lücke zwischen den Antworten der ersten beiden Fragen ist mit den Jahren kleiner geworden. Immerhin. Hin und wieder habe ich mir die Abweichung zwischen Sein und Ideal auch schöngeredet. Hin und wieder tue ich das auch heute noch. Hilfreich ist es, die Antworten auf die ersten beiden Fragen schon mal ein wenig abzugleichen. Ein Trick? Eine Korrektur? Selbstbetrug? Sind Modifizierungen Selbstbetrug? Es dreht sich so einiges in meinem Kopf, während meine Füße tapfer ihre Schritte tun. Ich habe Spaß daran und beginne zu improvisieren:

Wo komme ich her?
Wo gehe ich hin?
Was liegt dazwischen?

Schulschluss in Güterglück. Kinder und Jugendliche warten auf die Busse, die sie in ihre Dörfer bringen. Die Jüngsten sind wohl acht, die Ältesten sechzehn Jahre alt. Ein großer Trubel mit unbeholfenen Flirtversuchen und koketten Verweigerungen. Auch ich habe den Mädchen früher gerne ihre Schultaschen versteckt, und selbst als sich das schon ziemlich blöd anfühlte, konnte ich noch eine lange Weile nicht damit aufhören. Ich wusste mir nicht zu helfen. Pubertät – herrlich, vor allem für den, der sie hinter sich hat. Zumindest bis die eigenen Kinder in ihr Chaos stürzen.

Ein Plakat lädt zum 24. Trecker-Treffen in Medewitz, und im Schaukasten eines Sportvereins werden Fußballer und Fußballerinnen im Alter von sechs bis acht Jahren gesucht. Der Zettel ist bereits von der Sonne ausgeblichen. Wie so oft fehlt einem Verein der Nachwuchs. Etwas weiter lädt die Ortsgruppe der Volkssolidarität Güterglück zum gemütlichen Nachmittag in Ossi's Lokschuppen. Eine Akustikerin wird Hörtests anbieten.

Neben einem einfachen Mietshaus parkt ein kleiner Fiat mit Münchner Kennzeichen. Gehört er einem Sohn oder einer Tochter auf Heimatbesuch? Was haben sie zu erzählen? Bei meinen Auftritten in Hohenlimburg war ich in der Zeit nach meinem Umzug vermutlich ein wenig überheblich. Schließlich kam ich ja von der Groß- in eine Kleinstadt. Und doch genoss ich damals auch die Überschaubarkeit, die kurzen Wege, das noch vertraute Miteinander mit den alten Freunden. Ich musste nicht behaupten, etwas zu sein, was ich nicht war. Selbst wenn ich es gewollt hätte, die alten Freunde hätten mich durchschaut. Sie fragten allerdings auch nie nach meinem neuen Leben. Anderswo konnte ich es durchaus erleben, dass man allein wegen einer Adresse in Berlin als »interessant« galt. Eine Absurdität, die ich mir durchaus gern gefallen ließ. In Hohenlimburg gab es jedoch keine Boni für ein Zimmer in Berlin. War es wirklich Desinteresse? Oder eine Sorge, dass das eigene Leben durch den möglichen Vergleich anders oder zumindest neu bewertet werden müsste? War es gerade diese fehlende Neugier, die den Unterschied ausmachte? Mit der Enttäuschung über das mangelnde Interesse begann die Entfremdung zu den Dagebliebenen, wie ich sie im Stillen nannte. Ein Austausch über die unterschiedlichen Lebensentwürfe fand nicht statt. Ich nehme mir vor, dies zu versuchen, wenn ich nach Hohenlimburg komme. Es sind noch weit über vierhundert Kilometer.

Auf den drei grasbewachsenen Stufen am Fußballplatz in Nachrodt verlagert sich mit der zweiten Halbzeit die Aufmerksamkeit vom Sport auf das soziale Miteinander. Ein Mann fragt einen anderen: »Was macht ihr am Wochenende, wenn die Spielzeit jetzt vorbei ist?« Frauen und Männer halten sich zahlenmäßig die Waage, und es gibt auch ein paar versteckte Flirts, während auf dem Platz weiterhin leidenschaftlich und fair gespielt wird.

Der TV Wiblingwerde gibt sich nicht auf. Was der Mannschaft fehlt, ist »ein Knipser, einer, der die Dinger auch mal reinmacht«, wie ein schätzungsweise Zwölfjähriger seinem nickenden Kumpel erklärt. Als in der sechzigsten Minute das 0:3 für Stöckern-Dahlerbrück II fällt, wird das am Rand des Spielfelds kaum noch registriert. Dort geht es mittlerweile um alles Mögliche – Gärten, Urlaube, neue Autos und alte Krankheiten ... nur wenn zwischenzeitlich ein Thema ausgeht, wird über einen Pass genörgelt oder »Sauber, Micha!« gerufen. Doch die unermüdlichen Wiblingwerder belohnen sich eine Viertelstunde vor Schluss mit dem Ehrentreffer zum 1:3 durch den zur Halbzeit eingewechselten »Super Jens«.

Die Rhabarberkuchenbäckerin geht mit ihrem Blech noch einmal durch die beiden Zuschauerreihen und verteilt die Reste an verdiente Vereinsmitglieder, was ihr ein »Wirklich sehr lecker, Beate!« einbringt. Kurz nachdem Stöckern-Dahlerbrück II noch das 1:4 schießt, ist Schluss. Die Mannschaft kommt zu ihren Fans, applaudiert dankbar für die Unterstützung einer ganzen Spielzeit und krönt die Geste noch mit einer improvisierten Welle. Aus der Tartanbahn wird eine Mixed-Zone, und ich gehe weiter.

Bald schon komme ich im Dörfchen Rennerde an einem schönen Natursteinhaus vorbei. Ich stelle mir vor, es wäre meines und meine Familie würde mich darin erwarten. Ein schöner Gedanke.

Auf einem riesigen Feld etwa sechs Kilometer vor der Elbe versprüht ein Bauer oder wohl eher Lohnarbeiter eines Agrargroßbetriebes irgendeine Flüssigkeit. Seine Spur sieht aus wie mit dem Lineal gezogen und ist sicherlich von einem GPS gesteuert. Ich versuche zu vermeiden, dass die Brühe meine Haut berührt. Das ist schwierig, da der Wind heftig weht und ständig dreht. Am Ende des Feldes steht ein schönes Jagdschloss, in dem offensichtlich niemand wohnt. Eine sicher weit über achtzig Jahre alte Frau schlurft mit kleinen Schritten auf mich zu und fragt, ob ich das Schloss nicht kaufen will. Der Besitzer sitzt in Bayern und lässt das Gebäude verkommen, das einst Büros und die Kantine einer Landwirtschaftlichen Produktionsgenossenschaft (LPG) beherbergte. Ein anderer Rentner kommt dazu. Er trägt eine Trainingshose, Pantoffeln und geht an einem Krückstock. An einer Leine führt er einen alten Schäferhund, vielleicht führt der Hund aber auch ihn. Der Mann zeigt auf zwei junge Frauen, die mit zwei Pferden auf einer Wiese stehen. »Die arbeiten auch nicht.« Noch einmal fragt die alte Frau, ob ich das Schloss nicht kaufen will.

Als ich weitergehe, fällt mir auf, dass ein leichter Schmerz in meiner rechten Hüfte, der mich am Anfang meiner Wanderung beunruhigte, verschwunden ist. Und während ich mich frage, was das wohl gewesen sein könnte, ist er auch schon wieder da. Denken schadet, denke ich. Eigentlich bevorzuge ich Wald- und Feldwege, doch jetzt verspricht mir eine schmale Straße den kürzesten Weg von A nach B. Ich muss nicht überlegen, welche Abzweigungen oder Abkürzungen ich nehmen müsste oder könnte. Ich genieße es, meinen Kopf einfach leer zu laufen.

In Walternienburg wirbt ein Café mit dem Wandspruch »Wenn Sie uns hier besuchen, gibt es Kaffee und Kuchen«. Davor steht der erste Trabi, den ich auf dieser Wanderung sehe. Er ist quietschorange. Die Burg, die dem Dorf ihren Namen gab, ist eine liebevoll restaurierte Ruine aus dem achten Jahrhundert. Im Besucherraum komme ich mit Klaus Kunze ins Gespräch. Er trägt Jeans, eine Art Trachtenhemd und kurze, graue Haare. 1998 hat er hier einen Heimatverein gegründet und ist seitdem auch dessen Erster Vorsitzender. Vor allem um die Restaurierung der Burg hat er sich verdient gemacht. Er lebt gern hier, kommt aber ganz woanders her. Sein Geburtsort liegt im heute polnischen Teil des Riesengebirges. Die längste Zeit verbrachte er im niedersächsischen Königslutter, als Rentner hat er dann mit seiner Frau ein Haus nahe der Elbe gesucht, weil er begeisterter Wassersportler ist. So ist Walternienburg seine dritte Heimat, in der er auch noch die örtliche Volkstanzgruppe entwickelte und deren Trachten entwarf.

Kunze ist kein Angeber, er ist einfach nur sehr engagiert und nachvollziehbar stolz auf das, was er aufgebaut hat. Andere, die bereits vor ihm neu nach Walternienburg gezogen sind, haben ihn schon mal gefragt, wie er es geschafft hat, »hier anzukommen«, weil es doch heißt, dass hier nur zählt, wer mit dem Wasser der nahen Nuthe getauft wurde. Ich notiere Kunzes Rat: »Du musst aus dem Haus gehen. Wenn du zu Hause sitzen bleibst, da kommt keiner. Also raus in einen Verein oder Ähnliches. Dann kommst du auch an.« Und nach einer kleinen Pause sagt er einen wunderbaren Satz, den ich mehrmals unterstreiche: »Heimat muss man sich schaffen!«

Einen Steinwurf vor der Elbe liegt noch eine Handvoll Häuser. Im Gasthaus zum Fährmann gibt es keinen Fährmann, aber einen Biergarten. Ich bin der einzige Gast. Ich denke noch an Kunze, bisher habe ich unter Heimat etwas verstanden, was da ist oder eben nicht. »Heimat schaffen« – das ist so banal wie neu für mich. Ich werde es mir merken.

Einatmen – ausatmen. Die Ruhe, die Luft, das Bier, der Storch, der ein paar Meter weiter in seinem Nest landet, die Dankbarkeit der Beine, die nicht mehr laufen müssen: Mir geht es gut. Ein Frieden wie eine Droge, so etwas habe ich schon lange nicht mehr gespürt. Das einfache und stille Glück treibt mir die Tränen in die Augen. Vor einer Woche bin ich durch Berlin gegangen. Es kommt mir länger vor. Mein Zeitempfinden folgt schon dem Takt der Wandertage. Ich bin endgültig angekommen auf diesem Weg und ein Stückchen auch bei mir.

Zum Essen gehe ich in die kleine Gaststube, wo zwei so freundliche wie fleißige Frauen Gläser putzen. Eine kommt aus Walternienburg und ist stolz auf ihre Burg. Die andere ist die Chefin, Mitte vierzig und eine starke Frau. Sie stammt aus Thüringen und kam 1999 mit ihrem Mann hierher in seine

Heimat. Nach sieben Jahren trennte sich das Paar, seitdem führt sie den Laden allein und erzieht dazu noch einen Teenager-Sohn. Das kostet Kraft.

»Wo ist Heimat?«, frage ich.

»Hier«, antwortet sie, ohne zu zögern. Zehn Jahre hat es gedauert, bis sie von den Menschen angenommen wurde. Ich frage nach dem Hochwasser, sie sagt, dass sie darüber nicht sprechen will, tut es dann aber doch. 2002 kam die Elbe bis ins Wohnhaus, nicht aber in die Gaststätte. 2013 wurde es dann richtig schlimm. »In einer knappen Woche kommt das Wasser«, hatte man ihr angekündigt. Doch schon zwei Tage später schwappte die Brühe heran und stieg schnell bis an die Fenster. Die Feuerwehr hatte da schon längst alle Menschen weggeschafft. Als die Wirtin zurückkam und die Zerstörung sah, fiel sie in Ohnmacht, man brachte sie zurück ins Dorf, sie fragte sich, was sie hier überhaupt noch soll. Zwanzig Männer gaben ihr die Antwort, sie legten einfach los. »Du kannst die Leute ja nicht arbeiten lassen und nach vier Wochen kommen und sagen: Ach nee, jetzt haue ich doch von hier ab.« Sie schaut sich um. »Wo soll ich denn auch hin? Ich wohne hier und ich arbeite hier. Was bleibt mir denn, wenn ich von hier abhaue? Ich kann die Gaststätte doch nicht mitnehmen.«

Viele in der Branche kämpfen ums Überleben, sie aber hat fast mehr zu tun, als sie schaffen kann. Ihre Heimat liegt, sie weiß es ja, in einem Überflutungsgebiet. Vorrang hat der Schutz der Städte. Niemand kann sagen, wann die nächste Flut kommt und wie hoch sie steigen wird. Wie geht man damit um?

»Man verdrängt es.« Sie holt tief Luft. »Man verdrängt es, und man hofft.«

Im Bett liege ich noch lange wach. Der Mond ist endgültig voll, mein Magen ist es auch, vor allem aber mein Kopf. Auch wenn ich ihn am Tag leer laufe, nachts holt mich vieles wieder ein. Sigmund Freud hat davon gesprochen, dass eine Rückkehr in die Geborgenheit des Mutterschoßes ein tiefer Wunsch des Menschen ist. So wäre unsere allererste Heimat der Mutterleib, grundsätzliche Heimatlosigkeit unser Schicksal und Heimweh unser aller Schmerz. Ein Gedanke, den ich lange kaue. Meine Mutter ist tot. Was bleibt, ist Hohenlimburg.

Ich gehe noch einmal vor die Tür. Am Horizont glüht ein letzter schmaler Streifen Licht, davor die Silhouette eines fernen Kirchturms. Durch immer dunkler werdendes Blau ziehen Wolken. Ich lausche in die Ruhe hinein. Sie ist nicht das, was sie zu sein vorgibt, keine Stille, sondern ein großes Bäumerauschen mit Vogelstimmen. Morgen werde ich die Elbe überqueren.

Zwei, vielleicht drei Stunden, schätze ich, sind es noch bis Hohenlimburg. Es nieselt, und ich schlendere eher, als dass ich gehe. Ein Pilger erhofft sich das Paradies als Lohn für seine Mühen. Aber worauf hoffe ich am nahen Ende dieser Wanderung? Wie Blei kriecht mir die Melancholie von den Füßen in den Hals. Ich will nicht ankommen. Die Wege, Wiesen, Wälder, sogar einzelne Bäume kommen mir bekannt vor. Eine Erinnerung löst die nächste aus, sie überfluten mich. Vor allem die Familie, meine Kindheit, glückliche Tage. Erinnerungen sind Geschichten, die wir uns erzählen wollen. Auf sie ist kein Verlass. Das weiß ich und denke dennoch: Es lebe die Verklärung! Doch all das ist vorbei, vergangen, war einmal ... kommt nicht wieder. Nie wieder. Ich fühle mich mindestens so alt, wie ich jetzt bin. Einige der Menschen, die damals meine Welt waren, sind schon gestorben. Meine Großeltern, mein Onkel, mein Cousin, meine Mutter. Andere sind aus anderen Gründen aus meinem Leben verschwunden. Damals wusste ich noch nicht, was Tod bedeutet, er spielte keine Rolle. Heute denke ich des Öfteren schon an meinen eigenen.

Ich hasste es, spazieren zu gehen. Ich war zu faul zum Laufen. Und jetzt habe ich sechshundert Kilometer in den Füßen. Ich muss lachen und gleich auch schlucken. Das war ihr Leben, denke ich. Der Wunsch, die Zeit zurückzudrehen.

Auf meinen Fernreisen hatte ich anfangs regelmäßig einen Traum: Ich habe Heimweh und springe mit Zauberkräften von Indien, Mexiko oder sonst wo in Sekundenbruchteilen nach Hohenlimburg. Ich sehe alle wieder, die ganze Familie. Und alle sehen mich. Wir freuen uns. Dann aber will ich zurück auf meine Reise, doch der Sprung gelingt nicht, die Zauberkräfte sind verschwunden, und ich muss in Hohenlimburg bleiben. Kein Alptraum, aber fast.

Nach acht Tagen bewege ich mich erstmals fort, ohne selbst zu gehen. Eine kleine Fähre bringt mich über die Elbe. Sie fließt mit ruhiger Kraft und wirkt durchaus bereit, eines Tages das flache Land erneut zu überschwemmen. Am anderen Ufer wandere ich weiter die Saale hinauf und genieße dabei den frischen Wind in meinem Gesicht. Vorbei an einem leeren Spielplatz und Industrieruinen mit eingeschlagenen Fensterscheiben, komme ich in das auch schon über tausend Jahre alte, schön am Fluss gelegene Calbe.

Die Fußgängerzone ist so gut wie leer, die meisten Besitzer haben ihre Geschäfte aufgegeben. Selbst der Dönerladen verkauft nichts mehr. Ein Haus hat man halb abgerissen und die Reste einfach stehengelassen. Die Stadt sieht wie verprügelt aus. In einem Schaukasten wird eine Busfahrt zu einer Muttertagsgala in der Fläminger Musikscheune angeboten: Mittagessen, Showprogramm mit Silke & Dirk, Kaffeegedeck, ein Wildecker Herzbube als Stargast, das Duo Leuchtfeuer und schließlich »Tanz durch Alleinunterhalter«. Alles zusammen für 59,50 Euro. So ähnlich stelle ich persönlich mir die Hölle vor. Natürlich ist das ungerecht. Doch so eine Stadt habe ich noch nicht gesehen. Sie braucht dringend Trost, und ich bin überfordert.

In der Heimatstube treffe ich Uwe Klamm, Erster Vorsitzender des Heimatvereins Calbe/Saale e. V., in Jeans und einem quergestreiften Poloshirt in gedeckten Farben. Knapp sechzig Jahre ist er alt, hat Dreher gelernt, Maschinenbau studiert und auch mal in der Sowjetunion gearbeitet. Nach der Wende verdiente er sein Geld zwanzig Jahre lang als Angestellter in einem mittelständischen Betrieb, danach »wechselnd« und aktuell »leider arbeitslos«. Das scheint für ihn nicht leicht zu sein. »In der DDR«, sagt er, »konnte man nie in so ein Loch fallen.« Ich spreche das Thema Heimat an, und es sprudelt aus ihm heraus. In jedem seiner Sätze schimmert Liebe zu dieser Stadt. Und doch dreht es sich meist um Frustration über die Entwicklungen der letzten Jahre, Sorge vor dem, was kommen wird. Uwe Klamm wirkt wie ein Angehöriger auf einer Intensivstation, der verdrängt, dass es kaum noch Hoffnung gibt.

Schon in den achtziger Jahren trat er der Arbeitsgemeinschaft Heimatgeschichte beim Kulturbund der DDR bei, die alle Hobbys vom Kakteenzüchten bis zum Briefmarkensammeln dirigierte. Heimat hatte es in der DDR nicht leicht, sie stand unter dem Verdacht einer politisch unerwünschten Tümelei. »Erst mit Honecker«, sagt Klamm, »kam die Weltoffenheit.«

Diese Perspektive ist mir neu. Auf jeden Fall aber wurde Heimatliebe toleriert, und die Heimatliebenden von Calbe durften sich zusammenschließen. Klamm kann wunderbar referieren über die Geschichte seiner Stadt, ihre Besonderheiten, die Leistungen berühmter Söhne und Töchter, die Hochs und die Tiefs.

»Wieso ist Heimat wichtig?«, frage ich.

Er braucht nicht zu überlegen: »Weil man in ihr Kraft und Ruhe findet.«

Nach der Wende wurde vor allem die seit 1950 angesiedelte Schwerindustrie zum allergrößten Teil liquidiert. Sechstausend Arbeitsplätze verschwanden von einem auf den anderen Tag, und von einst 16 000 Calbensern zog bereits ein Großteil fort, weitere werden folgen. Vor allem die Jungen gehen und nehmen auch die letzten Perspektiven mit. Klamm sitzt als Parteiloser mit Unterstützung der SPD im Stadtrat. Er weiß um die Schulden und all die Möglichkeiten, die es hier nicht gibt. Und er weiß, dass sich die Entwicklungen vielleicht mildern und begleiten, aber nicht stoppen lassen. Die Angst ist, dass Calbe so weit schrumpft, dass sich das Leben hier »nicht mehr lohnt«.

»Was braucht Heimat?«, frage ich.

»Engagement«, sagt er. »Man muss diesen Begriff mit Leben füllen und sich engagieren.« Bei der letzten Bürgermeisterwahl in der Nachbargemeinde lag die Beteiligung bei siebzehn Prozent. »Ohne Heimat«, sagt er auf meine letzte Frage, »wäre es ein bisschen so, also würde ich ziellos durch die Unendlichkeit kreisen.«

Ich irre noch ein wenig in der Stadt herum, in der es nur wenig Werbung gibt. Als würde es sich nicht mehr lohnen. Auf einer

Bank hat jemand »Lass dich nicht hänseln, du Stinker!« geschrieben. Ein paar Jugendliche kommen, die Bank ist ihr Treffpunkt. Sie sind zwischen fünfzehn und neunzehn Jahre alt, tragen Jeans, Kapuzenpullis oder T-Shirts. Sie lachen viel und gehen freundlich miteinander um. Einer hat ein Portemonnaie gefunden, mit einem Smartphone suchen sie im Internet den Namen der Besitzerin und schicken ihr eine Nachricht. Das Geld fasst keiner an.

In ihren Scherzen geht es darum, »eine« oder »einen« zu rauchen. Sie schauen auf meinen Rucksack und meinen Wanderstab, und ich erzähle von meinem Heimweg. Sie finden das »krass«, ein Mädchen fragt mich, ob ich »besonders christlich« bin. Ein neuer Junge kommt dazu, die anderen stellen mich vor, er begrüßt mich per Handschlag, ich frage, ob sie hier wegwollen. »Das ist nicht einfach«, sagt einer, und die anderen stimmen zu. Die meisten würden gern woanders leben. Schon wegen der Ausbildung. Das Ticket für den Bus in den nächstgrößeren Ort kostet 4,70 Euro, spätabends kommt man mit dem aber nicht mehr zurück.

Sie überlegen noch, was sie an diesem Abend unternehmen könnten, außer *Germany's Next Topmodel* fällt ihnen nichts ein. Jeder wird es allein zu Hause gucken. Dann gehen sie, und ich muss noch einmal an Uwe Klamm denken, an die Begeisterung, mit der er von seiner eigenen Jugend sprach, dem selbst organisierten Jugendtanz, der Disco im Gerichtsgebäude, den Biermann-Liedern, die sie verschlungen haben, dem Gefühl von Revolution mit Jeans und langen Haaren, den Frauen, die sie damals kennenlernten und mit denen sich »auch heute noch Pferde stehlen« ließen. Eine »geile Zeit« in einem »manchmal ungerechten und problemhaften Staat«.

Ich renne eher, als dass ich gehe. Ich muss weg aus Calbe. »Auf Wiedersehen« steht auf einem Schild am Ortsausgang und »Good Bye« und »1078 Jahre«. Als wolle sich Calbe von seiner Geschichte, dem Leben als Stadt verabschieden. Weit draußen in den Feldern beruhigt sich mein Schritt, doch das Gefühl, auf der Flucht zu sein, hält noch eine Weile an. Die Sonne steht tief, der Wind weht sanft, meine Bedrückung lässt nach, und ich denke: Freiheit.

Der junge Pensionswirt, bei dem ich in Calbe ein Zimmer reserviert hatte, war dankbar, dass ich ihm wenigstens abgesagt habe und nicht, wie andere, einfach nicht erschienen bin. »Dann muss ich wieder allein im großen Haus schlafen«, sagte er. Er klang verständnisvoll und klug. Vielleicht hätte ich mit ihm lang und aufschlussreich über Heimat reden können. Vielleicht hätten wir Ideen entwickelt für diese sterbende Stadt. Vielleicht auch so etwas wie Lösungen. Ich träume. Vermutlich hätten wir einfach nur geweint.

Einer der Jugendlichen aus Calbe hat mir von seinem großen Bruder in Leipzig erzählt, zu dem er schon mal fährt und zu dem er vielleicht auch ziehen will. Ich muss an meinen gut vier Jahre älteren Bruder denken, der mit siebzehn Jahren zum Studium nach Düsseldorf zog und den ich in seiner Wohngemeinschaft hin und wieder besuchen durfte. Mit großen Augen saß ich als Vierzehn- oder Fünfzehnjähriger in der Küche mit dabei und sog fasziniert die Möglichkeiten auf, die Türen und Tore, die das Leben bietet. Mir wurde klar, dass ich Hohenlimburg irgendwann verlassen würde. Nur am Anfang tat mir das ein bisschen leid.

Ich frage mich, wie es wäre, nach Calbe zurückzugehen und die Jugendlichen um mich zu versammeln. Ich könnte mit meinem Wanderstab auf das Pflaster schlagen, zu großen Gesten ausholen und rufen: »Bildet Banden! Verschwindet hier! Haut ab!« Oder einfach nur: »Rettet euch!« Der Impuls ist nicht stark genug. Ich tauge nicht zum Missionar. Und Uwe Klamm würde mir das nie verzeihen.

Hinter einem Hügel taucht Veserde auf. Das letzte Dorf vor Hohenlimburg. Der Gasthof Holzrichter, das oft von mir ersehnte Ziel der endlos scheinenden Sonntagnachmittags-Spaziergänge meiner Kindheit. Endlich angekommen, bekam ich meist Schnitzel mit Pommes, vielleicht sogar eine Cola oder gar auch noch ein Eis. Aber es hat hier so etwas wie eine Mutation gegeben. In meinen Erinnerungen war Holzrichter immer eher ein Dorflokal als ein Restaurant. Jetzt heißt es Schlosshotel, was mir ein Rätsel ist, bis ich hinter dem bekannten Alt- auch noch den Neubau sehe. Tatsächlich hat er zwei Türmchen, die mit viel Phantasie und Wohlwollen die Assoziation zu einem Adelssitz erlauben. Er scheint mir jedoch mehr ins Disney- denn ins Sauerland zu passen.

Der alte Gastraum ist verschwunden. Mit viel Geld hat man viel gutes Holz hineingezimmert, um eine Art von österreichischer Gastlichkeit zu vermitteln. Vieles wirkt neureich, aber altreich hat es hier auch nie gegeben. Der Plan ist offensichtlich aufgegangen, das Restaurant ist gut besucht, die Gäste kommen den Nummernschildern der Autos auf dem Parkplatz nach aus dem Ruhrgebiet und dem Rheinland. Die Bedienung in einem eigenartigen Trachtenkleid ist auch zu mir, dem verschlammten und verschwitzten Wanderer, freundlich.

Ich setze mich an den Tisch am Eingang, und dort hängt tatsächlich immer noch der Spruch, den ich schon als Kind als wunderbaren Witz begriffen habe: »Der schönste Fleck auf dieser Erde ist Veserde bei Wiblingwerde.« Aus gut versteckten Lautsprechern säuselt Elton John »Some things lookin' better, baby – Just passin' through«. Ich bestelle ein großes Bier.

Am neunten Tag meiner Wanderung wecken mich in einer Pension in Neugatterselben um fünf Uhr früh Monteure, die auf ihrem Weg zur Arbeit lärmen. Mir ist übel, ich weiß nicht wieso, das irritiert mich. Die nächsten Stunden bleibe ich im Bett. Frühstück gibt es ohnehin nicht, weil es sich »für einen nicht lohnt«, wie man mir gestern sagte. Dieses diffuse Unwohlsein greift mich stärker an als die Blasen an meinen Füßen. Die Schmerzen, die diese mir bereiten, sind konkret und lokal begrenzt. Dagegen kann ich mich wappnen. Doch diese allgemeine Schwäche weiß ich nicht zu packen. Ich liege ruhig und sehne mich nach meiner Familie in Berlin. Ich sehe mich auf dem kleinen Sofa in der Küche liegen, alle anderen sitzen am Tisch, auf dem gleich ein Frühstück stehen wird. Sie machen ein paar Scherze über meine Erschöpfung, und ich lache mit. »Geliebt wirst du einzig, wo du schwach dich zeigen darfst, ohne Stärke zu provozieren«, heißt es bei Adorno.[12] Heimweh nach einem Ort, wo ich sein kann, ohne irgendetwas sein zu müssen. Ich tue mir noch ein wenig leid, merke, dass das nicht weiterhilft, und raffe mich auf. Als ich die Bänder meiner Schuhe binde, geht es mir schon besser. Ich werde weitergehen. Was sonst.

Während ich zwei Brötchen aus einer nahen Bäckerei esse, lese ich in einem Schaukasten eine alte Warnung vor der afrikanischen Schweinepest, die von Russland und Litauen schon bis Polen vorgedrungen und »nur sechshundert Kilometer von der deutschen Grenze entfernt« sei. Daneben widmet sich ein Artikel den veränderten gesellschaftlichen Rahmenbedingungen der Rassegeflügelzucht: »Mit zunehmendem Wohlstand unserer Gesellschaft hat eine deutliche Entfremdung zu Tieren stattgefunden.«

An einer Kreuzung bepflanzt eine alte Frau mit vom Wind zerzausten, weißen Haaren einen Blumenkübel auf dem Bürgersteig. »Fast vierzig Jahre lang«, sagt sie, »ist die Pflege des Blumenkübels die Aufgabe des Geflügelvereins gewesen.« Sie erledigt das jetzt privat, weil in einen solchen Kübel eben Blumen gehörten und es sonst niemand macht. Mit zehn Jahren ist sie 1944 in dieses Dorf gekommen, weil die Alliierten ihre Heimat Magdeburg immer stärker bombardierten. Sie blieb, denn »Heimat ist, wo man sich wohl fühlt und Frieden ist«.

Nur hat zumindest ein Teil der Dorfjugend ihrem Blumenkübel eine Art Krieg erklärt. An Silvester wurden sogar ein paar Pflanzen in die Luft gesprengt. Als neulich wieder ein paar von den Jugendlichen auf den Blumen herumtrampelten, hat sie sich die alte Frau vorgeknöpft. »Da wurden sie ganz still.« Sie wischt ihre Hände an der Küchenschürze ab, ihre Augen schauen fassungslos. Aber deutet ihr Mund nicht auch ein Lächeln an? Früher, sagt sie noch, war die Jugend auch schwierig. Dazu die FDJ und dieser ganze »Quark«.

Am späten Nachmittag im Salzlandtheater von Staßfurt. 1200 Jahre Geschichte, 25 000 Einwohner und an diesem Tag genau eine kulturelle Veranstaltung. Es geht um Inklusion. Hundertfünfzig Besucher, von denen die meisten wohl in irgendeiner Beziehung zu den Auftretenden stehen, verteilen sich auf Klappsitzen für die doppelte oder dreifache Besucherzahl. Die Stimmung ist ein wenig aufgeregt.

Vor mir sitzt eine dicke, junge Frau mit eigenwilliger Frisur, die ständig eines der kleinen Kinder neben ihr anraunzt oder anschreit. Zwei Jugendliche zischen einem blondierten, jungen Mann beim Hereinkommen »schwule Sau« entgegen, was er aber nicht hört oder nicht hören will. Der Nachmittag beginnt mit dem Gastspiel des Theater Tonlos der Lebenshilfe Harzkreis Quedlinburg. Vier Frauen und ein Mann tanzen voller Hingabe mit Puppen aus Pappe. Vom Band singt Adel Tawil – tatsächlich – »Zuhause«. Der Text wird von einem Teil des Publikums mitgesungen und für den andern auf der Bühne in Gebärdensprache übersetzt.

»Ich weiß genau, dass alles besser werden kann
Wenn ich ganz fest dran glaube
Dann schaff ich es irgendwann«

Und im Refrain:

»Komm wir bring' die Welt zum Leuchten
Egal woher du kommst
Zu Hause ist da, wo deine Freunde sind
Hier ist die Liebe umsonst«[13]

Ich merke, wie sich zwei Tränen meine Wangen runterschleichen, was mir ein wenig peinlich ist. Ich habe das Gefühl, unter meinem Niveau zu weinen. Aber hatte Adorno nicht etwas ganz Ähnliches gesagt? In der Pause gibt es für jeden eine Bratwurst umsonst. Die Schlange ist sehr lang. »Wie früher bei den Bananen«, sagt eine Frau.

Ich schlendere durch die Stadt. Das Viet-Thai-Restaurant kündigt an, ab sofort auch montags zu öffnen, ist aber selbst an diesem Freitagabend dunkel. An einer Tankstelle kaufe ich ein Bier und geselle mich zu zwei etwa sechzehnjährigen Jungen in bunten T-Shirts, die mir meine Flasche netterweise mit den Zähnen öffnen. Ich bin beeindruckt und hole auch für die beiden noch was zu trinken. Einer spricht von einer Klinik im Ort, die bald schließen soll. Seine Mutter arbeitet dort. Sie sagen, dass sie gern woanders leben würden. Halle soll interessant sein. »Hier ist nichts los«, sagen sie. Ich frage sie nach Skinheads, Faschos und dergleichen. Die, sagen sie, gibt es schon, wären eigentlich aber kein Problem. Der etwas Stämmigere mit dem kindlichen Gesicht erzählt von einem Kinderschänder »da vorn im Park«. Das überrascht mich dann doch: »Wirklich jetzt?«

»Ganz sicher!« Seine zwölfjährige Schwester sollte schon mal seinen »Schwanz anfassen«. Da hat er, sagte der Junge, den Kinderschänder »vermöbelt«. Abgesehen davon liegt zu Hause unter seinem Bett auch ein Kampfmesser. »Wenn mal ein Einbrecher kommt.« Er meint das offensichtlich alles ernst.

Währenddessen kommen immer mehr junge Männer an den Nachtschalter der Tankstelle, um Bier und Zigaretten zu kaufen. Sie sehen sehr sportlich aus, sind tätowiert und tragen ihre Haare, wenn sie nicht ohnehin geschoren sind, sehr, sehr kurz. In Berlin sehen so die Skinheads aus oder die, die welche sein wollen. Vielleicht ist der Dresscode in Staßfurt ja auch ein ganz anderer.

Plötzlich und ungefragt sagt der andere Junge, der etwas schmaler ist und viele Pickel hat, dass das Problem hier die Ausländer sind. In ihrem »Ghetto« würden die den Müll in den Wohnungen anzünden. Ich hole tief Luft, atme langsam aus und denke, dass die Grenze zwischen rechts und radikal hier etwas fließend ist.

Ich gehe noch ins Roxx, »weil im Roxx immer was los ist«,

wie mir die hübsche Bedienung in einer Eisdiele am Nachmittag verraten hat. Am Eingang prüft mich ein hundertfünfzig Kilo schwerer und zwei Meter großer Mann mit dem Gesicht eines Fünfzehnjährigen. Auf seinem dunklen Poloshirt steht »Sicherheit« in weißer Sütterlinschrift. Die beiden Frauen hinter dem Tresen sehen aus wie ehemalige Klassen- oder Schulschönheiten, denen man nicht erklärt hat, dass man auch woanders leben kann. Als ich versuche, sie anzusprechen, spüre ich in meinem Nacken den Blick des Türstehers. Ich zahle, danke und verschwinde.

Nach zwei Bier bei Holzrichter gehe ich an großen wummernden Windkrafträdern vorbei über eine Wiese, auf der ich als Kind oft Schlitten fuhr. In meiner Erinnerung war sie viel, viel steiler. Der Weg führt bergab. Es hat gerade aufgehört zu nieseln, die Luft ist voller Energie. Ich atme davon so viel wie möglich.

»Heimat ist das, wovon man ausgeht. Wenn wir älter werden,
Wird die Welt immer fremder, verworrener das Gefüge
Von Totem und Lebendigem«,

schrieb T. S. Eliot.[14] Ja, von hier bin ich fortgegangen, hier war die Welt einfach, oder zumindest dachte ich es so. Seitdem habe ich von Feuerland bis Alaska, von Hawaii bis Afghanistan viel Fremdes gesehen, erlebt, genossen und erduldet. Die Erinnerungen an diese Reisen zählen zu meinen Schätzen. Sie stehen für den Reichtum dieser Welt, dafür, dass ich mich ihr verbunden fühle und dass sie mir in ihrem großen Ganzen durchaus auch Heimat ist. Nur hätte ich dieses große Gefühl inzwischen gerne kleiner, auf einen Ort bezogen, an dem ich es konkret leben kann. In Hohenlimburg früher, weiß ich, konnte ich das. Habe ich seitdem vielleicht zu viel von der Welt gesehen? Ist so etwas möglich?

Unten im Tal, schon fast an der Lenne, sehe ich Oege. So heißt der Stadtteil von Hohenlimburg, in dem ich aufgewachsen bin. Er liegt auf der anderen Talseite. Die Dramaturgie ist im Laufe der nächsten Schritte filmreif. Nur ruft keiner »Cut!«. Immer wieder verhindert ein anderer Baum den Blick auf das Haus, das mein Vater gebaut hat und das mein Zuhause war. Plötzlich aber freie Sicht, in knapp tausend Metern Entfernung sehe ich das Dach und darin das Fenster meines alten Kinder- und Jugendzimmers. Aber ist das nicht der falsche Film? Auf jeden Fall fehlt Musik. Vielleicht ein Soundtrack aus einer vergangenen Zeit mit Geigen, Kontrabass und Klarinette. Melancholie pur und dazu noch etwas anderes, Bitteres. Und wäre schwarz-weiß nicht passender als diese allzu realistische Farbe?

Ich wünsche mir, dass die Wanderung genau jetzt und genau hier zu Ende ist und nur noch der Abspann kommt. Die Musik wird immer lauter, die Leinwand dunkel und dann nur noch: »Dank an alle!«

Ich stehe neben mir, ohne mich zu sehen. Es beginnt abermals zu regnen, und ich will nicht weitergehen.

Am Morgen meines zehnten Wandertages sehe ich einen Obdachlosen, der wieder und wieder eine Frisbeescheibe in die Richtung eines Mülleimers wirft. Er trifft, freut sich, tanzt einmal um den Eimer herum und beginnt von vorn. Ich betrete eine Buchhandlung und begegne der liebenswürdigen

Besitzerin in beiger Jeans und schwarzem T-Shirt, die ich auf Ende vierzig oder Anfang fünfzig schätze. Mit sechzehn Jahren lernte sie im Volksbuchhandel, kurz nach der Wende übernahm sie mit ihrem Mann diesen schönen Laden hier.

Wir sprechen über die Herausforderung, Bücher zu verkaufen. »Man soll dabei«, sagt sie, »nicht an Geld denken, weil es eine der schönsten Arbeiten der Welt ist.« Sie spricht ohne Pathos, und ihr Lächeln ist sehr zart. Auch wenn es oft schwierig und »manchmal zum Verzweifeln« ist, kommt sie mit ihrem Geschäft schon klar. Sie lacht. Ihre schönsten Tage im Jahr verbringt sie in Leipzig, die Buchmesse ist ihr ein Muss. Und Staßfurt? Wie sieht es wohl in zwanzig Jahren aus? Sie schaut ernst und sagt, dass sie keine Prognose wagen will, weil die »vielleicht zu düster« ist.

Und die Kultur in dieser Stadt? Auch ein schwieriges Thema, zu schwierig, sie kann und will dazu nichts sagen. Ihre Kinder leben in Dresden und Berlin. Sie hat nicht versucht, sie hierzuhalten, weil sie selbst einst von zu Hause wegging, um ein eigenes Leben zu leben, »fern von den Fesseln, die auch Heimat sein können«. So gibt sie mir das Stichwort zu der Frage, was Heimat für sie ist. »Kein Ort, sondern da, wo gute Menschen sind«, sagt sie und meint vor allem ihre Familie, die verstreut in Deutschland lebt. Sie rückt ihre Brille zurecht, als neue Kunden in den Laden kommen. Ich verabschiede mich. Heute Abend will ich in eine Disco namens Wilde Zicke.

Zwei Stunden später ein Gewitter, rein ins Regenzeug, schon hört der Regen wieder auf, und ich stelle fest, dass ich mich verlaufen habe. Es dauert eine Weile, bis ich den richtigen Weg finde. Auf einen grauen Stromverteilerkasten hat jemand

»Adolf Hitler« geschrieben, dazu ein Hakenkreuz gemalt und eine Unterschrift geleistet. Sie ist, hoffe ich, gefälscht.

In Tarthun begegne ich einem fast achtzigjährigen Mann in blauem Poloshirt zur blauen Trainingshose. Seine Haltung ist aufrecht, seine Haut gebräunt. Wir sitzen im gepflegten Garten eines Einfamilienhauses. Er hat sich verdient gemacht um die Wasserburg im nahen Egeln und die Pflege seiner Heimat.

Heimat ist für ihn »alles«, sagt er und wird mit »ein Ort, wo wir uns ein Leben lang wohl fühlen« doch noch genauer. Für ihn ist das hier, wo er aufgewachsen ist. Am Ende einer langen Karriere leitete er ganz in der Nähe einen Betrieb. Er will die DDR nicht kritisieren. Im Gegenteil. Schließlich haben sie vor der Wende hier ja nicht in Erdlöchern gelebt, wie er sagt. »Wir sind auch bloß normale Menschen.« Normale Menschen, die zumindest hier im Dorf und im Betrieb zusammenhielten wie Pech und Schwefel. Natürlich hätte man nicht alles kaufen können, was man sich wünschte, räumt er ein, doch sie hätten stets versucht, das Beste daraus zu machen, und das dann auch geschafft. »Und wir haben gefeiert«, sagt er und zeigt ein Lächeln, das nach »heute feiern wir nicht mehr« wieder weg ist. »Und das ist das Schlimme. Heute ist jeder für sich allein.«

Sein Leben in der DDR war schön, das finde ich interessant. »Und das tut mir so weh, wenn ich hören muss: ›Die Zonenbewohner, die Zonenbewohner, die Zonenbewohner‹ ... und was in der DDR alles im Prinzip Mist war.« Dass die Stasi Mist war, das hätten sie zum Teil schon selbst gewusst, in welchem Ausmaß sie ausgespäht wurden, erfuhren sie erst später. »Das war aber nicht die DDR«, sagt er. Er spricht ruhig und engagiert, ein Plädoyer für den Staat, der seine Heimat war. Dort hatte, das ist ihm besonders wichtig, jeder seinen Arbeitsplatz. Nach der Wende galt das nicht mehr, alle Leistungen wurden abgewertet. Eine schwere Zeit war das. Er holt tief Luft. »Der Mensch ist für mich gesehen der größte Schatz, den wir haben. Der schafft die Werte und niemand anderes. Und er leistet diese Arbeit für die Gesellschaft.«

Für mich klingt das nach Parolen, er scheint sie gelebt zu haben. Als Betriebsleiter delegierte er, wer studieren durfte, er setzte sich ein, wenn einer eine Wohnung brauchte, und beschaffte auch die Möbel. Das galt, so erzählt er, auch für einen jungen Mann, der bei einem Fluchtversuch an der Grenze erwischt wurde und nach Verbüßung der Haftstrafe bei ihm arbeitete. »Der junge Bengel hat nachher nie mehr daran gedacht, abzuhauen.« Menschlichkeit, sagt Wegerich, gehört zur Heimat. Und der Fluchtversuch sei nur ein dummer Jungenstreich gewesen.

Es klingt gut und auch zu schön, denn da waren ja auch noch Karl-Heinz Kube und viele mehr, die es anders wollten und dafür leiden oder sterben mussten. Die DDR, denke ich, ist eine Geschichte mit vielen Wahrheiten. Ich trinke den letzten Schluck Wasser aus meinem Glas, da kommt er noch einmal auf mein Thema.

»Der Mensch braucht Heimat. Sonst weiß er nicht, wo er eigentlich ist, wo er herkommt und wohin er geht. Und Heimat kann nur sein, wenn wir gemeinsam miteinander das Leben gestalten und das Leben auch genießen.« Noch so ein schöner Satz. Ich nicke, er bringt mich zum Gartentor. Ost und West sind sich noch zu fremd, sagt er. »Wir wissen zu wenig voneinander.« Ich muss an Turnvater Jahn denken.

Mit schwerem Schritt nach Egeln, das erstmals 941 urkundlich erwähnt wurde. Wie alt doch all diese oftmals unscheinbaren Orte sind. Wie viele Generationen gelebter Leben in ihren Mauern, ihren Böden stecken. Wie sieht es hier wohl in tausend Jahren aus?

Jetzt ist früher Samstagabend und nichts los. Auf zwanzig Metern passiere ich mit Pimp your Nail's und Caro's Nagelzauber zwei Nagelstudios mit staubigen Schaufenstern. Wer war wohl zuerst da? Und wie gehen die Besitzerinnen miteinander um? Grüßen sie sich? Tauschen sie sich aus? Haben sie gemeinsame Freundinnen oder Bekannte, die sich entscheiden müssen, wer ihre Nägel pimpen oder verzaubern darf? Verläuft durch Egeln vielleicht ein unsichtbarer Nagelgraben?

An einem der zwei Fenster der Stadtbibliothek steht »Lesen macht schlau«, sechs Stunden in der Woche ist geöffnet. Im einzigen Hotel gibt es kein freies Zimmer mehr. Vor einer Pension leidige zwei Kilometer weiter erschreckt mich ein großer Hund, und in der Gemeinschaftsküche irritiert mich das Schild »Kameraden, haltet die Küche sauber!«.

Acht Euro kostet, inklusive Gutschein für einen Jägermeister, der Eintritt in die Wilde Zicke. Umsonst war hingegen meine Sorge, ob ich an den Türstehern vorbeikomme. Wer zahlt, darf rein – egal wie alt. Menschen mit dunkler Hautfarbe sehe ich, wie überhaupt in den letzten Tagen, nirgendwo. An den Wänden hängen gut fünfundsiebzig Jahre alte Aufnahmen, sie zeigen Festsäle aus der Gegend hier. Einige sind mit Hakenkreuzfahnen dekoriert.

Die Musik ist laut, ein Hämmern, das wie der Jägermeister auf Betäubung abzielt. »Seid ihr bereit für eine geile Party?«, ruft der DJ von seiner Kanzel. »Yeah«, schreit die Gemeinde und wird dafür in nervöses Licht und künstlichen Nebel getaucht.

Die meisten Gäste tragen Jeans, T-Shirt, Basecap und ein Smartphone in der Hand. Die Posen, mit denen sie ihre Unsicherheit zu verstecken suchen, sind nicht gut einstudiert. Ich sehe viel mehr dicke Menschen als vor den Nachtclubs in Berlin und mehr dämliche Frisuren. Doch das ist nur die Qualität der Maskerade, für ein Gespräch ist es zu laut. Die Jugendlichen in Calbe erzählten, dass die Wilde Zicke bekannt für Anschläge mit K.-o.-Tropfen sei. Nach meinem langen Wandertag fühle ich mich ohnehin halbtot.

Die Disco-Erlebnisse meines Lebens waren ganz selten nur aufregend, schön oder sogar glücklich. Sie begannen meist mit mehr oder weniger definierten Sehnsüchten, die mehr oder weniger schnell in lauter Musik erstickten. So auch hier. Erst fühle ich mich fremd, dann verloren, schließlich einsam.

Auf der Tanzfläche wieder Nebel, wieder Gekreische und ein Bass, der schmerzt. Viele zusammengekniffene Ärsche, aber keine einzige lockere Hüfte. Einige deuten an, dass sie gute Tänzer wären, sie trauen sich aber nur, Bewegungen zu zitieren, und brechen ab, wenn sie sich freitanzen müssten. Wieder brüllt der DJ, wieder schreit die Menge »Yeah«.

Ich verlasse den Wald. Lange habe ich im Regen gestanden und rüber nach Oege geschaut. Als mir das Wasser in die Schuhe lief, hatte ich genug. Am gelben Ortsschild von Hohenlimburg mache ich ein Foto. Dann geht es weiter bergab.

Gleich muss meine alte Grundschule kommen. Ich bin

überrascht, dass sie einen neuen Namen trägt: Regenbogenschule. Schöner ist der zweistöckige Flachbau deswegen nicht geworden. Obwohl, so bunt war er früher nicht. Oder doch? Mein Blick streift über den Schulhof, Erinnerungen an die eine oder andere Rauferei, das eine oder andere Mädchen, das ich gern geärgert habe. Heute frage ich mich, ob die das auch witzig fanden. Dann sehe ich, dass in meiner alten Schule an einem Sonntagabend viele Menschen sind. Ein Elternabend? Nein. Denn es gibt auch Sicherheitskräfte und ein Hinweisschild. Wo ich lesen, schreiben, rechnen lernte, wohnen jetzt Menschen, die auf Asyl hoffen. Ich bin baff. Meine Kindheitserinnerungen geraten in den Sog von Weltpolitik und Globalisierung.

Ein junger Mann kommt an den Zaun, an dem ich stehe, denn betreten darf ich das Gelände nicht. Er arbeitet ehrenamtlich hier. Die, um die er sich hier kümmert, sind Albaner aus dem Kosovo, die sich, um hierherzukommen, meist bei Leuten hoch verschuldet haben, bei denen man eigentlich keine Schulden haben will. So gut wie alle werden wohl zurückgeschickt in eine Heimat, aus der sie geflohen sind. Sie werden erneut auf jene Typen treffen, die ihr Geld zurückverlangen werden. Die Menschen dort drüben in meiner alten Schule wollten einer Trostlosigkeit entkommen und werden in ein noch größeres Elend zurückkehren. Wie, frage ich den jungen Mann, haben die Hohenlimburger auf dieses Heim reagiert? Begeistert waren sie nicht, sagt er, doch Proteste gab es wohl keine.

Weit nach Mitternacht humple ich zu meinem Egelner Quartier. Ich summe »Ich steh' ja so auf Disco« von Udo Lindenberg:

»Und nachts um vier im Morgengrauen
Geh' ich nach Haus' und wieder nix mit Frauen
Aber trotzdem war es mal wieder ganz schön, ja
Doch nächsten Samstag klappt's bestimmt
Dann reiß' ich mir so 'n Glitzerkind!«[15]

Erinnerungen an mein erstes großes Konzert. Mein vierzehnter Geburtstag, Udo in der Westfalenhalle, ich allein mit meinem besten Freund. So viele Menschen auf einem Haufen hatte ich noch nie gesehen. Sogar jede Menge echte Rocker! Wir fürchteten in eine Schlägerei zu geraten, aber schon weil uns keiner wahrnahm, wollte uns auch niemand aufmischen. Doch wir waren da und mittendrin und vor allem sehr, sehr aufgeregt. Am nächsten Schultag waren wir so etwas wie Helden.

Egeln bei Nacht ist auch nicht schöner als Egeln bei Tag. Ich muss an eine Frau denken, der ich vor ein paar Tagen begegnet bin. Sie ist dreißig Jahre alt und mit siebzehn in den Westen gegangen, weil die Liebe sie enttäuscht hatte und sie in Hessen eine Ausbildung machen konnte. Erst vor kurzem ist sie zurückgekehrt nach Sachsen-Anhalt und lebt nun wieder bei ihren Eltern im Dorf. »Warum?«, fragte ich.

»Heimweh«, sagte sie. Heimweh nach der Familie und der noch winzig kleinen Nichte. Die junge Frau ist schön, aber auch sehr dick. Vieles hat sie dafür einstecken müssen und muss es noch. Ihre Schulzeit war die »Hölle«. Sie könne mittlerweile besser mit »fette Sau« als mit Komplimenten umgehen, sagte sie. Und »wenn ich schon schlecht behandelt werde, dann kann ich auch zurück in den Osten ziehen«. Sie hatte gelesen, dass in Sachsen-Anhalt auf eine junge Frau drei junge Männer kommen. Liebe ist ihr noch wichtiger als Heimat. Sie sprach offen und wirkte verletzlich. Eine Mischung, die nicht oft glücklich macht. Für einen guten Mann würde sie auch wieder fortziehen. Ihre Ansprüche sind überschaubar: Gepflegt soll er sein, und zu ihrem Kater muss er passen, denn der Kater ist ihr bester Freund. Auch Arbeit ist ihr wichtig. Wer arbeiten will, sagte sie, der findet auch Arbeit. Im Westen fand sie die Leute lockerer. Die gingen auch mal ohne Anlass einen Kaffee trinken. »Hier können sich das nur wenige leisten, hier muss jeder rechnen.«

Weiter durch Hohenlimburg. Unten im Tal rieche ich wieder die Lenne. Um sie zu sehen, müsste ich einen Umweg machen, doch dafür bin ich zu müde. Meine Kleidung ist feucht, mir ist kalt. Ich habe verdrängt, dass Hohenlimburg keine schöne Stadt ist. Aber das ist nicht der Maßstab für mein Gefühl von Heimat. Hier bin ich aufgewachsen. Wieder der Gedanke, dass ich auch Hohenlimburg bin. Ich gehe auf Wegen, die ich zuletzt vor über dreißig Jahren ging.

»Du bist mir unheimlich fremd
Und ich bin so komisch berührt
Es ist wie im Nostalgiekino
Und der Film wird noch mal vorgeführt.«

»Meine erste Liebe« von Udo Lindenberg. Ich kenne das Lied immer noch auswendig. Es geht darin aber nicht um Hohenlimburg, auch nicht um Heimat. Udo trifft nach langer Zeit seine alte große Flamme auf der »Schnöseldorfer Plastikallee« – »Wir reden ein paar Takte, doch du hast nur noch Smalltalk drauf.« Schließlich: »Ich seh', dein Gesicht ist von Spießertran gezeichnet.«[16]

Dass ich mal so ein Gesicht haben könnte, war früher meine größte Angst. Ich hoffe, zumindest das ist mir gelungen. Als Vater einer pubertierenden Tochter ist das auch eine Frage der Perspektive.

Dann ein Schock: Das Gebäude meines Gymnasiums ist eine Ruine.

Am Sonntagmorgen meines elften Tages erzählt mir meine junge Wirtin in Egeln die Geschichte von einem Griechen, der sich nicht hat unterkriegen lassen, obwohl sie ihm schon mal »den Imbisswagen abgefackelt« haben. In ihrer Geschichte klingt der Brandanschlag wie eine Art Initiationsritual. Mittlerweile hat er seine Familie nachgeholt, gilt als integriert und kocht in einer kleinen Bude am Busbahnhof. Die ist, als ich dort vorbeikomme, leider geschlossen. Gern hätte ich mir die Geschichte aus seiner Perspektive angehört.

Ein Mann mit tätowiertem Schädel nimmt seine Sporttasche vom Fahrrad und geht in eine Muckibude. An der schönen Burg von Egeln treffe ich auf eine Gruppe Bogenschützen. Ein eher kleiner, zarter Mann mit wachen, freundlichen Augen bietet mir an, auch einmal zu schießen. So komme ich mit ihm ins Gespräch, das ich ziemlich direkt auf Pegida bringe. Ich würde gern ein paar durch die Griechen-Geschichte frischgenährte Vorurteile abarbeiten.

Der kleine Mann hat mit denen aber nichts am Hut, zumal er selbst mal ein »Ausländer« war. Geboren ist er während des Zweiten Weltkriegs in Ostpreußen, seine Eltern flohen mit ihm und fünf älteren Schwestern in das Gebiet der späteren DDR. Obwohl er so gut wie keine eigenen Erinnerungen hat, fühlt er sich Masuren bis heute tief verbunden. Die Flucht war dramatisch und sein Schicksal hart, doch er spricht ohne Verbitterung. Er hat auch nie daran gedacht, etwas von all dem zurückzufordern, was der Familie einst gehörte, weil es »Hitler war, der den Krieg begonnen hat«. Mit den »neuen Flüchtlingen« fühlt er sich solidarisch. Dann will er weiter ein paar Pfeile schießen.

Noch in Egeln führt mein Weg zu einer angeblich sehr schönen Klosterkirche, die man aber, wie ich an ihrer verschlossenen Tür erfahre, nur nach Voranmeldung besichtigen kann. Vor dieser Tür steht ein Pilger, an dessen Rucksack eine große Jakobsmuschel hängt. Er will in das etwa zweitausendvierhundert Kilometer entfernte Santiago de Compostela. Seine Enttäuschung darüber, nicht in die Klosterkirche reinzukommen, ist eindeutig größer als meine. Sechsundfünfzig Jahre ist er alt, erst drei Tage unterwegs und verwundert, dass ich »nur nach Hause« will.

Ich erkläre, mir sei nicht klar, was und wo für mich Heimat ist, und frage nach seiner Meinung zu der Frage. Da schweigt er erst mal, schaut zu Boden und dann ganz ernst in mein Gesicht. »Ich suche sie in Gott, er hat mich schwer geprüft.«

»Und ... gefunden?«

»Ich weiß es nicht«, sagt er, »aber ich glaube, ja.« Sein Lächeln ist zart und alles andere als sicher. Er hat ja auch noch einen langen Weg zu gehen.

Vorsichtig versuche ich zu erfahren, was für eine Art Prüfung es gewesen ist. Doch er will davon nicht sprechen. So wünschen wir uns schon bald gegenseitig einen guten Weg, und ich zurre meinen Rucksack fest. In den Füßen spüre ich die Kilometer vom Vortag und in den Beinen die zu kurze Nacht. Doch meine Blasen sind hart geworden, immerhin.

Über Hakeborn zieht sich der Weg unter einem schweren, gleichgültigen Himmel nach Heteborn. Ich finde keine Gaststätte oder dergleichen und esse meine letzten Nüsse im Wartehäuschen einer Bushaltestelle. Der Wind ist kühl, ich fröstele, auch wegen des gefühlten Missmuts hier. Die Gardinen hinter den Fenstern sind zugezogen, die Vorgärten gepflegt, die Zäune frisch gestrichen. Auf privatem Rasen stehen private Bänke, auf denen niemand sitzt. Alles in Ordnung hier!, sagt mir dieses Dorf und: Lass mich in Ruhe! Es geht stur geradeaus und beständig leicht bergan. Das ist neu. Auf einer Kuppe angekommen, sehe ich in der Ferne überrascht zum ersten Mal den Harz mit seinem Brocken. Heute werde ich es dorthin nicht schaffen und auch morgen nicht. Bei einigen hohen, nicht ganz so weit entfernten Kirchtürmen vermute ich Halberstadt. Zurück geht der Blick weit in die Magdeburger Börde. Wie viele Windräder es dort gibt. Erstmals auf meinem Weg sehe ich einen richtigen Horizont. Berlin liegt irgendwo dahinter, und ich bin ein wenig stolz auf mich.

Erinnerungen an eine Begegnung in dieser Ebene: Ein Mann, der in meinem Kopf noch mit mir geht. Er ist alt und klein, trug zerschlissene Arbeitskleidung und eine Brille mit großen, dicken Gläsern. Mit seinem Damenrad fuhr er mich auf einem engen Weg fast um. Er bat um Entschuldigung, und ich fragte, ob er aus der Gegend stamme. Da schob er seine Schiebermütze in den Nacken und legte los mit einem Monolog, der ihm wohl schon lange nicht nur auf der Zunge lag.

Es war die Geschichte seines Lebens. In den dreißiger Jahren wurde er in einer Großfamilie in Thüringen geboren, sein Vater – »Auf den konnte man sich verlassen, das war ein Guter!« – arbeitete als Schmied. Schuhe für alle konnte sich die Familie nicht leisten, so ging er eine gute Stunde meist barfuß zur Schule. Auf dem Weg begegnete er schrecklich ausgezehrten Männern; sie gingen in Dreierreihen und kamen aus dem KZ, an ihrer Seite SS-Männer mit scharfen Hunden. Am Ende des Zugs schlurften die Alten und Schwachen.

»Oft konnten die nicht mehr ... da wurde die Pistole rausgenommen und ... Genickschuss. Ich habe mich geekelt.« Ganz nah stand er dabei, und manchmal, so sagte er, steckte er den Männern Essen zu. Und, wenn der Wind entsprechend stand, hatte er auch im Wald, in dem er spielte, diesen Geschmack im Mund, den er nicht vergessen kann. Er stammte von den im Lager verbrannten Leichen. Zwei seiner großen Brüder – »große Kerle, Stiefel hatten die, die glänzten« – gehörten zur Totenkopf-Division der SS. Über das, was sie dort taten, durften sie nicht sprechen. Ein Zimmer in der kleinen Wohnung vermieteten die Eltern an Wehrmachtsoffiziere, die sich dort mit »ihren Damen« trafen und der Familie neben Geld abends auch Kommissbrot brachten. Es machte satt, das war gut und keine Selbstverständlichkeit.

Er sprach fast wie in einem Rausch. »Seit Ende der fünfziger Jahre bin ich nun hier. Mein Lebtag habe ich hart gearbeitet.« Er zeigte auf die nahen Reste einer LPG. Fünfundzwanzig Jahre lang war er dort Melker, fünfundvierzig Kühe jeden Tag, anfangs mit der Hand, später mit Maschinen. Zehn Jahre schuftete er danach im Schweinestall, schließlich noch neun Jahre in einer Mühle. Immer wieder sagte er: »Ich kann arbeiten. Mich braucht keiner arbeiten lernen.«

Mittlerweile hat er Probleme mit der Lunge, und Krebs hat er auch. Seine Frau ist vor zehn Jahren verstorben – »Auch dieser verdammte Krebs«. Leibliche Kinder hatten sie nicht bekommen, aber ein Mädchen aus dem Heim zu sich geholt, als es noch klein war. Eine gute Schülerin. »Alles Einsen. Apothekenhelferin hat sie gelernt. Und wo ist sie jetzt? Weg!« Mit ihrem Mann lebt sie in Niedersachsen.

Er nestelte an seiner Brille und zeigte auf sein kleines, sehr einfaches Haus. Nach der Wende bekam er einen Acker, den er seit der Bodenreform von 1945 offiziell besessen hatte, aus der aufgelösten LPG zurück und verkaufte ihn, um mit dem Geld ein neues Dach zu zahlen. Von den Dachdeckern fühlte er sich betrogen, er war enttäuscht und sicher auch verbittert. »Da ist der Goldene Westen gekommen und hat gesagt: Meins! Alles hat er sich unter den Fingernagel gerissen. Gar nichts taugt der Staat hier.«

Das Haus hatte er der Tochter geschenkt, da wusste er noch nicht, dass die nicht mehr hier leben wollte. Er schüttelte den Kopf. Sie habe, sagte er, schon einen »westdeutschen Stil angenommen«. Kurz konnte ich fragen, was er damit meint. Er schaute irritiert. »Das merkt man doch. Am Körper. Und an der Elternliebe.« Er schaute mich an und sagte gar nichts mehr, weil er erschöpft war vom Reden, den Erinnerungen und noch vielem mehr.

Ich fragte ihn nach der Heimat, und er brauste wieder auf. »Heimat ist der Osten. Bei Honecker war es besser. Und auch bei Hitler. Das sage ich Ihnen ins Gesicht hinein.« Ich konnte ihm nicht böse sein. Ein Melker, der, seinem Gefühl nach, zeit seines Lebens selbst gemolken worden war. Ich wollte weiter, doch eine Frage hatte ich noch. Hatte er mit der Wende seine Heimat verloren?

»Ja«, sagte er. »Durch den Westen. Der Westen war bankrott. Bei Nacht und Nebel haben sie uns das ganze Viehzeug weggeholt. Die sind reich geworden durch uns.«

Ich ging einfach los. Noch einmal rief er: »Mein Lebtag habe ich hart gearbeitet.«

In Heteborn frage ich ein Kind nach einem Gasthof. Das Mädchen nickt, erklärt mir ausführlich den Weg und sagt zum Abschied: »Der ist schon lange zu.«

Ich habe Hunger, aber keinen Proviant, setze mich ins Gras und lasse mich im Windschatten einer kleinen Mauer von der Sonne wärmen. Eine Katze trägt eine Maus im Maul an mir vorbei, ein Mann kommt aus seinem Gartentor und sieht mich vor dem Zaun des Nachbarn sitzen. Das scheint ihm nicht zu passen, sein Mund bleibt stumm. Mit einem schwarzen Pick-up fährt er kurz darauf sehr dicht an mir vorbei. Es ist ein amerikanisches Modell, und ich muss an Filme mit solchen Autos denken. Filme, in denen »Fremde« nicht erwünscht sind. Ich mache, dass ich weiterkomme.

Noch zehn Kilometer, die ich nicht mehr gehen will. Ich zerlege sie in zwei mal fünf, fünf mal zwei, zehn mal eins, zwanzig mal ein halb ... So werden aus langen Strecken kleine Etappen. Ein alter Trick, der hilft. Am Ende bin ich dann bei Schritt für Schritt, und jeder einzelne ist ein Erfolg. Die Landschaft wirkt so leer, wie ich mich fühle.

Dann endlich Wegeleben. Welch ein Name für das Etappenziel einer Wanderung! Martin Bormann ist hier geboren, der Privatsekretär des »Führers« und inoffiziell mächtigste Mann nach Hitler. Doch deswegen bin ich nicht hier.

Ich sehe so gut wie keine Menschen, vor allem aber auch kein geöffnetes Lokal, und fürchte um mein Abendessen. Die Vermieterin meines Zimmers beschreibt ein Restaurant, das einzige im Ort, in dem ich, »wenn überhaupt«, noch etwas bekommen könnte.

Ich humple los, doch vor Ort ist alles dunkel. Mein Hunger treibt mich um das Haus herum, ich finde eine Tür, drücke die Klinke, gelange in einen dunklen Flur, sehe hinter einer Glastür ein Licht flackern, drücke auch diese Klinke und stehe in einem Gastraum. Das Licht kommt von einem großen Fernseher, davor sitzt eine Frau, die mich mit großen Augen anstarrt.

Ich schätze sie auf etwa fünfzig Jahre. Sie ist, wie ich bald merke, die Kellnerin, Thekenkraft, Köchin und vermutlich auch Besitzerin des Ladens. Ihre Aufmerksamkeit gilt der Folge einer Doku-Soap, in der ein preisgekrönter Fernsehsuperheldenkoch ein Restaurant mit bedauernswerten Menschen vor dem Ruin bewahrt. Die Frau, die wohl ebenfalls auf Rettung hofft, lächelt mir, dem Gast des Tages, nach der ersten Überraschung freundlich zu. Ich frage nach der Speisekarte. Sie sagt: »Schnitzel mit Ei«, ich wiederhole freundlich meine Frage, sie wiederholt: »Schnitzel mit Ei!«, und ich verstehe.

»Beilagen?«

»Bratkartoffeln?«

»Ja, wunderbar!«

Beides bringt sie mir kurz darauf mit einer geschnittenen Tomate, eine anständige Portion, und das Bier ist gut gezapft. Schweigend schauen wir gemeinsam, wie der tolle Mann im Fernsehen alle glücklich macht.

Mein altes Gymnasium sieht so aus wie einige Ecken in Kreuzberg vor der Wende: eingeschlagene Scheiben, Graffiti – ein Spielplatz für Vandalen. Durch eine eingeschlagene Tür steige ich hinauf zum ehemaligen Lehrerzimmer. Es ist leergeräumt, auf dem Boden liegen überall Papier, Scherben und ein paar Bierdosen. Das hier war zu meiner Zeit Schülersperrgebiet, jetzt stehe ich mittendrin. Erneut das Gefühl, unterwegs in einem vertrauten und völlig falschen Film zu sein, etwa so, als säße ich im Schlafanzug in der Berliner U-Bahn.

Schule war okay. Ich musste mich nicht allzu sehr anstrengen und habe es meist auch nicht getan. Es blieb genug Zeit für anderes. Zwischendurch lernte ich von Herrn Hattig Geschichte, von Herrn Schwaiger Biologie und von Frau Svoboda Deutsch. Das waren gute Lehrer, ich denke heute noch gern an sie. Schlechte Lehrer waren faul und ungerecht und wurden allgemein verachtet.

Mein Blick fällt durch zersprungene Scheiben auf den Schulhof. Das Beet in seiner Mitte wuchert wohl schon lange vor sich hin. Dort unten habe ich erste vermeintlich coole Posen ausprobiert. In meinem alten Klassenraum stehen noch ein paar Tische und Stühle, jemand hat versucht, sie anzuzünden. Vom Waschbecken gibt es nur noch Trümmer, auf dem Boden liegen herausgerissene Schulbuchseiten. Die binomischen Formeln habe ich vor kurzem mit meiner Tochter wieder neu gelernt. Im Treppenhaus hängt eine vergilbte Schulordnung: »Zur Sicherung eines geordneten Schullebens …« An die Wand hat jemand das mittlerweile wohl obligatorische »Fick dich!« geschrieben.

Am Morgen meines zwölften Wandertags besuche ich eine Bäckerei in einer Netto-Filiale. Alles hier ist »Aktion« und »Im Doppelpack billiger«. Die Bäckereifachverkäuferin hat keinen schwarzen Tee, »nur Apfel oder Früchte«. Ich wähle »Früchte« und bekomme ein knallrotes, aromatisiertes Heißgetränk.

Sie fragt, ob ich »garantiert sehr leckeren Roggenspitz« wünsche, wünsche ich aber nicht. Oder Kipferl, »nur heute nur 2,90 Euro«? Wünsche ich auch nicht. Sicher kommt sie gerade aus einer Verkaufsschulung und muss das genau so machen. Eine Kundin an der Netto-Kasse ruft: »Kann mich mal jemand abkassieren?!«

Am Rand von Halberstadt begegnen mir so viele Menschen aus anderen Ländern, wie ich es selbst aus Berlin nicht kenne, geschweige denn von meinem Weg der letzten Tage. Offensichtlich stammen sie aus afrikanischen und arabischen Staaten oder auch aus Regionen, die noch weiter östlich liegen. Sie sind allein unterwegs, zu zweit, in kleinen und in großen Gruppen, nur Männer oder Männer mit Frauen und Kindern. Viele tragen Discounter-Plastiktüten. Ich folge ihnen auf einer Straße einen Hügel hinauf und wieder hinunter zu einer Reihe großer Plattenbauten, die auf einer öden Fläche stehen.

Einst war dies eine Kaserne, wie mir ein uniformierter Pförtner sagt, jetzt ist es die ZASt, die Zentrale Anlaufstelle für Flüchtlinge in Sachsen-Anhalt. Den fremden Menschen folgend, will ich hinein, was mir der Mann verwehrt. Er fragt nach meinem Anliegen. Reden, sage ich und krame ohne große Hoffnung einen Journalistenausweis aus der Tasche. Behörden dieser Art öffnen, so habe ich es oft erlebt, ihre Türen nur nach schriftlicher Anmeldung und vielleicht noch dem Segen irgendeines Ministeriums. Der Pförtner greift zum Telefon, ich klopfe mir, so gut es geht, den Staub aus den Klamotten.

Hinter dem Drehkreuz treffe ich auf den Chef des Ganzen, und dieser Mann ist eine Überraschung, weil er sehr freundlich und entgegenkommend ist. Er nickt, als ich kurz von meiner Wanderung erzähle und dem Wunsch, mit Menschen zu sprechen, die ihre Heimat verlassen mussten. Er greift seinerseits zum Telefon, spricht mit einer der Sozialarbeiterinnen im selben Haus, erklärt mein Anliegen und führt mich zu ihr.

Auch sie ist ausgesprochen hilfsbereit. Ist das vielleicht ein von langer Hand geprobtes Stück, um Vorurteile gegenüber Behörden und ihrem Umgang mit Asylbewerbern abzubauen? Wenn ja – der Plan geht auf. Vielleicht sind die, die ich hier treffe, aber einfach nur engagiert und selbstbewusst. Ich darf neben der Sozialarbeiterin sitzen, gucken, was passiert, und jeden fragen, ob ich mit ihm darüber sprechen darf, von wo er warum und wie er an diesen Ort gekommen ist.

So lerne ich Murat kennen. Er ist kräftig, hat eine große Nase, kaum Haare, dafür aber eine schwarze Mütze. Murat spricht perfekt Deutsch, er ist in der Türkei geboren und in Kreuzberg aufgewachsen, in der Straße meines Lieblingsbuchladens, keine zehn Minuten Fußweg von meiner Wohnung entfernt. Er übersetzt hier für einen entfernten Verwandten. »Was ist Heimat?«, frage ich.

»Eine gute Frage«, sagt er. Die Antwort gefällt mir. Murat zitiert eine türkische Weisheit: »Heimat ist ein Schicksal, dem man nicht entkommen kann.« Er hat einen Meistertitel in Zentralheizungs- und Lüftungsbau sowie ein Diplom als Immobilienwirt. Verheiratet ist er mit einer »deutschen« Frau, seine Kinder sprechen kein Türkisch. Nach fünfundvierzig Jahren in diesem Land ist er für seine kurdische Familie in der Türkei ein »Deutschländer«. Tatsächlich fühlt er sich vor allem diesem Land verbunden. Doch den Deutschen gilt er meist als »Ausländer« oder »Kanake«. Mittlerweile lebt er in der »wunderschönen sachsen-anhaltinischen Hauptstadt Magdeburg«. Ja, Murat kann Ironie.

Und wie ist das Leben dort?

»Viele Deutsche sagen: ›Wenn alle Ausländer so wären wie

du, hätten wir nie Probleme.‹ Ich sage dann: ›Wenn jede Kartoffel wäre wie du, dann hätte ich echt jeden Tag Probleme.‹« Er lacht. Es klingt nicht wirklich frei, dafür ist sein Humor zu schwarz. Seit der Wende, sagt er, wuchs und wächst der Hass. Im Internet nannte ihn neulich jemand »Eselficker«. Noch einmal kommen wir auf die Straße in Kreuzberg zu sprechen, die er wegen seiner Kindheit dort jetzt »Heimat« nennt. Er würde die Zeit, in der er dort mit Jugoslawen, Libanesen, Griechen, Türken und Deutschen Fußball spielte, gern zurückkaufen. Einmal nahm er seine Söhne mit, sie sagten: »Oh, Papa, das sieht hier aber finster aus!« Er bietet mir eine Wette an: Wir sollten in der Türkei und auch in Deutschland an beliebige Türen klopfen, um nach einem Stück Brot zu fragen. Hier, so seine Prognose, bekämen wir bei jedem dritten Versuch etwas wie »Verpiss dich, du dummes Schwein!« zu hören, während wir in der Türkei wohl fast an jeder Tür etwas zu essen bekämen. Weil sich das mit meinen Erfahrungen deckt, kann und will ich ihm nicht widersprechen. Er muss los. Zum Abschied drückt er meine Hand sehr fest und sagt grinsend: »Wir sind doch alle hier nur zu Besuch.«

Die Sozialarbeiterin verteilt weiter Essensmarken an junge Männer aus fernen Ländern. Ich streune ein wenig über den langen Flur. Bis zu sechs einfache Metallbetten in jedem kleinen Zimmer, manchmal noch ein Schrank und sonst keine Möbel. In einem Raum stehen vier Afrikaner um einen schmutzigen Herd und rühren abwechselnd in einem Topf. Die Verständigung ist schwierig. Zwei von ihnen sind mit dem Boot von Libyen aus nach Italien gekommen. »Hard time«, sagen sie. An einem Brett hängen Listen mit den Namen derjenigen, die nach den obligatorischen drei oder vier Wochen der Erstaufnahme in eine andere Unterkunft verlegt werden sollen, wo sie nach einigen oder auch vielen Monaten erfahren werden, ob es sich gelohnt hat, das Leben zu riskieren. Ob das Land, das sie sich als Heimat wünschen, ihnen eine sein will. Oder ob sie alles, was sie durchlitten haben, umsonst durchlitten haben.

Schließlich treffe ich auf einen jungen Afghanen, der ein paar Brocken Englisch spricht und auch schon ein wenig Deutsch. Die Region, aus der er stammt, kenne ich von einer Reise. Vor über einem Jahr ist er dort aufgebrochen. Vorwiegend nachts wanderte er durch den Iran, wissend oder zumindest glaubend, dass dort Polizisten afghanische Flüchtlinge töten können. Für die Türkei brauchte er neun Monate, von denen er die meiste Zeit in einer Textilfabrik schuftete, um Geld für seine Weiterreise zu verdienen. Als blinder Passagier kroch er dann an der Küste unter einen Reisebus, klemmte sich fest und hing dort Tage ohne Flüssigkeit, ohne Nahrung. »It was so much difficult«, und »too much dangerous«, sagt er einmal, zweimal, dreimal und schüttelt dazu jedes Mal den Kopf. So kam er auf einer Fähre nach Italien. Deutschland erreichte er vor einem Monat, zwanzig Kilogramm leichter als in Afghanistan.

»Warum das alles?«, frage ich.

Er hebt sein T-Shirt, zeigt seine Narben, auch die von der Kugel einer Kalaschnikow. Sie stammen, sagt er, von den Schergen des Warlords, der in seiner Heimat skrupellos regiert.

Ich kenne solche selbsternannten Herrscher, war von ihnen zum Tee eingeladen worden, und sehe keinen Grund, an der Geschichte des jungen Mannes zu zweifeln. Vermisst er seine Heimat?

»Too much«, sagt er und zählt viele Namen auf – Mutter, Vater, Brüder, Schwestern, Onkel, Tanten, Cousins, Cousinen, Neffen, Nichten. Nie war er mehr als ein paar Tage von ihnen getrennt. Er hat Tränen in den Augen. Beim Abschied sagte seine Mutter: »Geh und bleib, auch wenn ich dich nie wiedersehe. Hier wirst du sterben.« So brach er auf und verließ alles, was ihm wichtig war. Er fragt mich, ob er gehen darf, um ein Büro zu suchen, in dem er ein Papier bekommen soll, dass er, so hat man ihm gesagt, für irgendetwas dringend braucht.

Ich stehe noch eine Weile auf dem Flur, denke an seine Flucht und an meine Wanderung, nehme schließlich meinen Stock und meinen Rucksack und schleiche mich hinaus.

Von der Ruine meines alten Gymnasiums zu meiner alten Lieblings-Frittenbude. Die Grillstube Bei Taki gibt es tatsächlich noch. Hier aß ich zum Ärger meiner Mutter oft lieber als daheim am Küchentisch. Angeboten werden nicht nur wie damals Gyros, Fritten, Currywürste und Buletten, sondern auch Pizza. Das ist neu. Ich bestelle trotzdem einen kleinen Gyrosteller. Schmeckte das früher nicht alles besser? Neben der Imbissbude existiert auch noch die alte Spielothek. Ich glaube, sie hieß auch schon vor mehr als dreißig Jahren Spiel Arena. Damals warf ich manche deutsche Mark in einen Flipper, um meinen bescheidenen Highscore zu verbessern. Die neuste Attraktion heißt jetzt »Next Generation Gaming im Internet«.

Am Kulturzentrum Werkhof lese ich wenig später auf einem Plakat von einem Jubiläumskonzert der Rockband Green, was insofern neu ist, dass genau die gleiche Band zum Ende meiner Jugend ständig nur Abschiedskonzerte gab. Die Fachwerkhäuser gegenüber gammeln vor sich hin, sind aber noch bewohnt. An der Bahnstrecke, die vom Ruhrgebiet ins Sauerland führt, verrottet eine Greek Art Bakery, auf deren schmutziger Scheibe eines einst schönen Jugendstilfensters der Hinweis »Neueröffnung« steht. Hier hat jemand einen kurzen Traum gelebt.

Aufs Neue fängt es an zu nieseln. Ich nehme die Unterführung der Gleise und komme zur Fußgängerzone. Rechts lag der alte Bahnhof. Es gibt ihn nicht mehr, aber immerhin halten hier überhaupt noch Züge. Auch das monströs abstoßende Parkhaus, das in meiner Kinder- oder Jugendzeit hier gebaut wurde, ist mittlerweile wieder abgerissen worden. Dafür überspannt nun eine große, hässliche Brücke die Bahnanlagen. Stadtplanung als zu lebende Tristesse. Nur leben die, die so etwas planen, meist woanders. Das Fotogeschäft Feldhege bietet alle Taschen, Rahmen, Alben und Messer mit fünfzig Prozent Rabatt an, womit klar ist, dass es dieses Geschäft, welches es in meiner Erinnerung schon immer gab, bald nicht mehr geben wird. Wo das kleine Kaufhaus Dierkes war, in dem ich als Kind einmal Spielzeug klauen wollte, was aber schrecklich schiefging, gähnen mir leere Schaufenster entgegen.

Der Weg durch die amazonisierte Fußgängerzone meiner Heimatstadt wird zu einem mentalen Spießrutenlauf. Jeder aufgegebene Laden schlägt mir aufs Gemüt. Es gibt weit mehr tote als lebende Geschäfte. Auf meiner Reise sah es nur in Calbe schlimmer aus. Aber Calbe war nie meine Heimat.

Abends in Halberstadt, ich sitze in der ZORA. Die ZORA ist ein soziokulturelles Zentrum, gegründet in der Zeit nach der Wende, deren Geist sie jetzt noch atmet. Es gibt einen schönen, halbwilden Garten mit einer kleinen Bühne und viele bunt bemalte Wände mit Slogans gegen Rassismus und Faschismus. Wer will, kann einen Kurs für Nachwuchsfeuerschlucker besuchen. Eine Stimmung wie in Kreuzberg vor zehn oder noch mehr Jahren. In einem Raum des verwinkelten Gebäudes trifft sich an einem langen Tisch die Gruppe »Internationales Kochen«, in der Mehrzahl junge Studenten der Verwaltungswissenschaften. Es geht um Flüchtlinge und darum, »mal was zu machen«. Zum Beispiel den Leuten von der ZORA zu helfen, einen Antrag an den Engagementfonds für ehrenamtliche Initiativen zur Willkommenskultur zu formulieren, um an Gelder zu gelangen, mit denen sich das Kochen finanzieren lässt. Sie sind guten Willens, doch die Aufgabe ist komplex. »Rote Linsensuppe«, sagt einer mit etwas mehr Erfahrung, »kam das letzte Mal bei den Syrern nicht gut an.« Kurze Diskussion, ob man den Trommelkreis der ZORA beim nächsten Essen auch einladen soll.

Mittendrin sitzt, erfüllt von ernster Freundlichkeit, Helge, dreißig Jahre alt, Vollbartträger und Leiter der Einrichtung. Nachdem die Gruppe einige Beschlüsse beschlossen und andere vertagt hat, kommen wir ins Gespräch. Er ist in Halberstadt geboren und mit der ZORA aufgewachsen. Zum Studium der Sozialwissenschaften zog er nach Hannover, fest entschlossen, danach zurückzukehren. Denn seine Heimat, sagt er, trägt er im Herzen. Auch während des Studiums kam er an den Wochenenden immer wieder, um die Ruhe der Wälder zu genießen. Denn »hier riecht der Wald wie unser Wald«. Wenn es sich beruflich machen lässt, würde er in Halberstadt gern alt werden. Und was genau ist für ihn Heimat? »Ein innerliches Gefühl«, sagt er, »dass man sagt: Hier ist alles das, was du wirklich brauchst und dir wünschst.« Kurz denke ich, dass dieses Kriterium für mich schwierig ist, weil ich doch manchmal gar nicht weiß, was ich mir wünsche.

Die ZORA hat, als wenn das bei einem solchen Ort sein müsste, Schwierigkeiten. Die Finanzierung reicht nicht aus, auch wenn oder obwohl oder vielleicht sogar *weil* in der Stadt Die Linke regiert. So war und ist die ZORA Monat für Monat und seit vielen Jahren schon ein Ort für Kämpfer. Auch ganz konkret, weil es in Halberstadt eine starke rechte Szene gibt und es auch schon zu Überfällen kam.

Einer seiner Kumpel kommt dazu. Der zog mit zwölf Jahren aus dem zwischen Münsterland und Ruhrgebiet gelegenen Dorsten nach Halberstadt, weil sich sein Vater als Notar hier Mitte der neunziger Jahre bessere Geschäfte versprach. Seine Rechnung ging auf, der Sohn wurde jedoch erst von anderen Jungs im Westen verprügelt, weil er in den Osten zog, wo er sogleich die nächste Dresche bekam, weil er aus dem Westen stammte. Mit vierzehn oder fünfzehn entdeckte er dann für sich die ZORA und vor allem die Musik, Heavy Metal der eher düsteren Art. Das, sagt er, hatte ihn gerettet, weswegen er die ZORA »ein großes Stück Heimat« nennt. Ansonsten beklagt er, dass in Halberstadt jeder jeden kennt. Er ist fortgezogen und in diesen Tagen nur für einen Besuch zurückgekommen. Ich denke an Hohenlimburg, wo eigentlich auch fast jeder jeden kennt, und dass ich das in Berlin schon mal vermisse.

Am späten Vormittag des dreizehnten Tages meiner Wanderung höre ich fünf Töne, die sich zu einem eigentümlichen Laut verbinden, und erlebe eine wunderbare Art von Zeitverdichtung. Ich stehe allein und überwältigt in der bald tausend Jahre alten Sankt-Burchardi-Kirche, einer 1810 säkularisierten, romanischen Basilika. Das sakrale Bauwerk ist nur in seiner Substanz gesichert, indem man Dach und Fenster erneuert und die Mauern grob ausgebessert hat. Sie haben viel gesehen. Gerade habe ich ein paar Stichworte zur Geschichte gelesen: Nonnenkloster, Hungersnöte, Plünderungen und Vergewaltigungen im Dreißigjährigen Krieg, Überschwemmungen, Choleralazarett in den Freiheitskriegen gegen Napoleon, Schnapsbrennerei, Fluchtpunkt der Überlebenden des verheerenden Bombenangriffs vom 8. April 1945, Besetzung durch US-Soldaten, Besetzung durch Sowjet-Soldaten, Volkseigenes Gut zu DDR-Zeiten, in der das Gemäuer als Schweinestall diente.

Und jetzt dieser starke, volle und befremdliche Klang. Seit dem 5. Oktober 2013 entströmt er ohne Unterbrechung einer speziell gebauten, kleinen Orgel. Erst am 5. September 2020 soll sich das ändern, wenn zu den aktuellen fünf noch zwei weitere Töne kommen sollen. Ein Projekt, das John Cage gewidmet ist, genauer gesagt, einer seiner Kompositionen für eine Orgel mit der Vorgabe, sie »so langsam zu spielen wie möglich«. In Halberstadt hat man sich dessen angenommen, die potentielle Unendlichkeit der achtseitigen Partitur jedoch mit einigen historischen Bezügen und Rechnungen begrenzt. Am 5. September 2001 begann die Aufführung mit einer in der Partitur notierten Pause, so dass fünfzehn Monate lang von der Orgel nur der Blasebalg zu hören war. Die letzten Töne sollen im Jahr 2640 erklingen. Wenn Musik tatsächlich Zeitkunst ist, dann kommt sie hier auf einen wunderbaren Punkt.

Nach einer Weile kommt Rainer Neugebauer zu mir, Professor der Sozialwissenschaften, Vorsitzender des Kuratoriums der John-Cage-Orgel-Stiftung und auch sonst vielfältig engagiert in Halberstadt. Er trägt einen schwarzen Pulli zur schwarzen Hose und dazu einen langen, schon recht weißen Bart. Ich frage ihn nach seiner Heimat, und er, 1954 in Wilhelmshaven geboren und aufgewachsen, spricht von seiner Sozialisation in Westdeutschland, seinem Selbstverständnis als linker Atheist und der Adoption durch bürgerbewegte reformierte Christen hier. So wurde Halberstadt zu seiner Heimat, selbst wenn ihm der Wind an einem norddeutschen Deich auch heute noch »direkt ins Herz weht«. Entscheidend sind für ihn die Menschen, hier hat die Chemie gestimmt und tut es immer noch.

Ein interessanter Mann, schon wegen seiner interessanten Phantasie: Er spricht von der Vorstellung, mitten in der Nacht Schutz vor einer politischen Verfolgung etwa durch die Polizei zu suchen. Für diesen Fall, da ist er sicher, gäbe es für ihn eben in Halberstadt mehr Menschen, die ihn erst einlassen und dann Fragen stellen würden, als in Westdeutschland. Heimat als Ort, der den Schwachen und Verfolgten Schutz gewährt. Eine schöne Perspektive.

Als ich auf die Uhr schaue, denn ich habe noch ein gutes Stück zu gehen, erwähnt Neugebauer noch Ernst Bloch. Der versteht Heimat als etwas, »das allen als Kindheit scheint und worin noch niemand war«. Also keine rückwärtsgewandte Bindung an einen festen Ort, sondern eine Utopie, die emotionale Geborgenheit verspricht. Eine Idee von Zukunft, in welcher der Mensch, so Bloch, »das Seine ohne Entäußerung und Entfremdung in realer Demokratie begründet«[17]. Prinzip Heimat als ein Prinzip der Hoffnung. Schließlich sind, so Neugebauer, nicht nur wir nicht zu Hause, sondern auch »die Welt selber ist es noch nicht«. Er spricht von den Flüchtlingen, aber auch von jenen, die 1990 ihren Arbeitsplatz verloren haben, ohne je einen neuen zu finden. »In der Heimat«, sagt er zum Abschied, »sollte es allen gutgehen.«

Für einen Moment stehe ich noch allein in diesem besonderen Raum mit seinem ganz besonderen Klang. Heimat, denke ich, Heimat ist so viel und kann so vieles sein. Die Idee von ihr als Utopie des Glücks oder zumindest der Zufriedenheit gefällt mir.

Auch in unserer alten Stammkneipe Alt Limburg wird schon lange kein Bier mehr gezapft. Dafür informiert dort jetzt ein Schild, dass dieses kleine Haus bereits im 17. Jahrhundert hier stand. Viel Geschichte, wenig Zukunft auch hier, denke ich und tauche für einen langen Moment in meinen Erinnerungen. Ich kam oft hierher, Verabredungen waren überflüssig, mindestens ein Kumpel oder Freund saß immer an der Theke oder an einem Tisch. Schnell kamen ein Würfelbecher oder Doppelkopf-Karten dazu. Wir spielten, tranken, lachten oder fluchten, wenn uns das Glück verließ. Mit der Wirtin standen wir auf Kriegsfuß, sie hatte kein Herz für Schüler, und wir hatten ein Gespür für die ihr fehlende Autorität. Wer es mit den Sticheleien übertrieb, erhielt Lokalverbot, was eine harte Strafe war. Und doch sind diese Erinnerungen mein Schatz, wenn es um die Rückbesinnung auf mein Kleinstadtleben geht.

Solch schöne Runden der verspielten Zeit habe ich in Berlin nie erlebt. Dass ich zufällig einem Freund auf der Straße oder in der Kneipe begegne, kenne ich dort nicht. Ja, ich bin gern hier aufgewachsen. Und ich bin auch nicht gegangen, weil Hohenlimburg mich abgestoßen hätte oder es hier nicht auszuhalten gewesen wäre. Ich bin weg, weil es sich für mich überlebt hatte. Kein Vorwurf an diese kleine Stadt. Im Gegenteil. Wenn ich sie jetzt so sehe, komme ich mir fast vor wie ein Verräter.

Ich eile mehr, als dass ich gehe, an der mittelalterlichen Pracht des Doms vorbei aus Halberstadt hinaus, es ist schon spät, und am Himmel drohen dunkle Wolken. Der Weg führt über leichte Hügel, die mir weite Blicke gönnen. Hinweisschilder entlang des Weges erzählen von Stollen, die hier vom April 1944 an gegraben wurden, um darin bombensicher Flugzeuge für den »Endsieg« zu bauen, wozu es nicht mehr kam.

So erreiche ich Langenstein-Zwieberge, wo einst ein Außenlager des KZs von Buchenwald stand. Siebentausend Häftlinge schufteten in den Stollen, der Großteil krepierte im Lager oder auf erzwungenen Todesmärschen. Die durchschnittliche Überlebenserwartung lag bei sechs Wochen. In einer Ausstellung der Gedenkstätte lese ich die Geschichten der Männer, die hier litten. Der Historiker Arno Lustiger sagte einmal, dass ihm im Vergleich zu diesem Lager Auschwitz wie »eine Sommerfrische« vorgekommen sei.[18]

Bedrückt gehe ich in das sanfte Tal hinein, in dem die Baracken standen. Ich bin allein. Ein Hase schlägt Haken im hohen Gras. Am Massengrab erinnert eine Bodenplatte an etwa achthundert Opfer, die hier verscharrt wurden. Am Himmel kommt die Wolkenjagd zu ihrem Höhepunkt, der Wind beugt knarzende Bäume, entreißt ihnen einzelne Äste, der erste Blitz, sofort ein Donner, dann Wasser ohne Maß. Ich trage mein Regenzeug, es nützt nur wenig. Neben der großen Platte liegt im Boden noch eine kleine Tafel. Sie ist viel neuer und erinnert an einen einzelnen Mann:

»Louis Bertrand 1923–2013
Er wollte im Tode und darüber hinaus
mit seinen in der Deportation gestorbenen
Kameraden vereint sein«

Louis Bertrand war ein französischer Widerstandskämpfer, der die Gefangenschaft und auch die Todesmärsche überlebte. Bevor er mit neunzig Jahren starb, hatte er den Wunsch geäußert, hier seine letzte Ruhe zu finden. Ich stehe lange an seinem Grab, trete von einem Bein aufs andere und kann mich trotz des Unwetters nicht lösen.

Das Schicksal dieser Männer und dieses einen Mannes nehmen mich gefangen. Dazu quält mich ein Gedanke: »Heimat«, hatte ich gelesen, »ist nicht da, wo wir geboren sind, sondern, wo wir begraben werden wollen.« Ich kann das nachvollziehen, doch was bedeutete es für Louis Bertrand? Hat er diesen Ort des Schreckens und des Leids als eine Art von Heimat begriffen? Warum hat er sich in den fast siebzig Jahren, in denen er nach dem Krieg sein Leben lebte, nicht von dem Bann dieses Ortes befreien können? Ist es möglich, dass er das gar nicht wollte? Er war, so habe ich in der Gedenkstätte erfahren, ein aufrechter und starker Mann. Seine Peiniger konnten ihn nicht brechen. Hat er die Erfahrung der gelebten Solidarität seiner Kameraden in all dem Leid und Elend zu der Erzählung seines Lebens gemacht, so dass er sich diesem Ort verbunden und verpflichtet fühlte wie keinem anderen sonst?

Als ich mich losreiße, bin ich bis auf die Socken nass. Zu dem Weg, den ich zu meinem Tagesziel zu gehen habe, hängt in der Ausstellung eine Skizze: Es ist der des Todesmarschs, auf den man am 9. April 1945 die letzten Häftlinge des Lagers trieb. Meine Schritte sind schwer und unbeholfen. Erinnerungen an meine Gespräche mit Zeitzeugen, die solche Märsche durchgestanden haben. Einer überlebte, weil er eine Gruppe Kameraden hatte, die sich gegenseitig unterstützten, ein anderer entkam dem Tod, weil er allein ging und andere überholte, wo er nur konnte, um das tödliche Ende des Zuges zu vermeiden. Viele, sagte er, hätten ihn dafür verflucht.

Der aufgeweichte lehmige Boden gleicht einer Rutschbahn. Meist leicht bergan wandere ich durch Wald, durch Raps- und Weizenfelder. Das nächste Gewitter schleudert Hagelkörner, meine Gedanken kreisen um die Menschen, die hier gingen. Auf einer Wiese bleibe ich stehen, der Geruch der feuchten Erde und der schwere Duft der Blüten sind voller Kraft und Leben. Ich hole tief Luft, einmal, zweimal, immer wieder. Als ich nach Blankenburg hineinkomme, sehe ich am Rand der kleinen Stadt, inmitten einer Kleingartenidylle, eine Reichskriegsflagge aus dem Jahr 1933 wehen. Sie ist schwarz und weiß und rot und zeigt ein Eisernes Kreuz. Sie ist ein beliebtes Symbol der Neonazi-Szene.

Nun stehe ich auf dem Parkplatz vor dem ehemaligen Hohenlimburger Rathaus, einem schmucklosen Bau aus den fünfziger Jahren. Es ist schon so gut wie dunkel, aus dem Niesel ist ein richtiger Regen geworden. Weit und breit kein anderer Mensch. Ich bin zurück in Hohenlimburg, meiner Heimatstadt. Und ich bin traurig und enttäuscht.

Was hatte ich mir vorgestellt? Der verlorene Sohn kommt heim, die Blaskapelle spielt? Ja, irgendwie so was. Das ist der Ort meiner Kindheit und Jugend, doch deren Zeit ist längst vergangen. Hatte ich mich vor allem danach gesehnt? War mein Heimweh vor allem ein Zeitweh?

Ich fühle mich alt und müde und tue mir ein wenig leid. Morgen will ich zu dem Haus gehen, in dem ich aufgewachsen bin. Ich hole tief Luft, weiß nicht, was ich denken soll. Im Hotel mache ich schnell das Licht aus und ziehe die Decke über meinen Kopf.

Eine nette Wirtin bietet mir in Blankenburg ein tadelloses Zimmer. Ich frage, wo ich noch etwas essen kann, und höre: »Von den Ausländern sind der Grieche und der Chinese gut.«

Der Chinese ist eine Chinesin, sie sorgt dafür, dass der Laden vorne läuft, ihr Mann steht hinten in der Küche. Ich bin der einzige Gast. Die Einrichtung entspricht voll und ganz den deutschen Erwartungen an ein chinesisches Lokal. Überall hängen oder stehen Drachen, Tiger und winkende Hauskatzen aus Porzellan, Fächer mit Darstellungen aus dem vermeintlich mittelalten China, Tuschezeichnungen mit süßen Pandabären. Die Theke erinnert an die Schnitzereien einer Holzpagode. Sicher hocken irgendwo in China Heerscharen von Chinesen, die das alles brennen, tuschen, schnitzen und sich fragen, wem so was wohl gefällt. Denn in China selbst, weiß ich von meinen Reisen, sind solche Einrichtungen unbekannt.

Ich bestelle die 15, die 17, die 114 und später auch noch die 134, und die so freundliche wie selbstbewusste Kellnerin erzählt mir auf meine Frage, dass sie schon seit über zehn Jahren in Blankenburg wohnt, seit mehreren Jahren betreiben ihr Mann und sie das Restaurant. Er lebt schon länger hier und hat sie direkt aus China in den Harz gelockt. Früher ärgerten sie auch schon mal die Gäste, sagt sie, weil ihr Deutsch noch nicht so gut gewesen sei. Einige gingen einfach, ohne zu zahlen. Das kann sie auch heute noch nicht verstehen. Der aufrichtige, offene Blick, mit dem sie davon erzählt, berührt mich. Das Verhältnis zu den Nachbarn sei gut und auch die Kinder, die jeden Abend allein oben in der Wohnung sind, haben im Alltag keine Probleme. Heimweh? Ja, manchmal schon, doch früher war es schlimmer.

»Heimat ist Heimat«, sagt sie, stutzt kurz, als schmecke sie ihren Worten noch einmal nach. Ich verstehe es so, dass Heimat für sie ganz selbstverständlich ist ... oder selbstverständlich war. Sie seufzt und sagt, dass die »Heimat im Herz natürlich immer schön« ist, womit sie China meint. Für ihre Kinder aber ist Blankenburg die Heimat. Sie weiß nicht, wohin das für sie führen soll. Mit der Rechnung bringt sie mir noch einen Schnaps »aufs Haus«.

Die erste Nacht in Hohenlimburg schlafe ich tief und fest und kann mich am nächsten Morgen an keinen Traum erinnern. Der Balkon geht nach hinten raus. Blick auf einen Parkplatz mit Garagen, das Hallenbad, die Lenne und die große Lenne-Wiese. Dort trafen wir uns oft im Sommer, spielten Fußball, manchmal auch Frisbee, oder lagen rum und laberten nur. Manchmal saß ich auch alleine dort. Ich hatte schon Hesses *Siddhartha* gelesen und erklärte entsprechend inspiriert die Lenne zu meinem Fluss, von dem ich mir so etwas wie Weisheit erhoffte. Ich wollte mich selbst finden, was dann aber zu meiner Enttäuschung schwieriger war als gedacht. Tröstender und hilfreicher erschien mir dann Rilke, sein Rat, die Fragen, die mich trieben, doch erst einmal zu akzeptieren.

> »Forschen Sie jetzt nicht nach den Antworten, die Ihnen nicht gegeben werden können, weil Sie sie nicht leben könnten. Und es handelt sich darum, alles zu leben. Leben Sie jetzt die Fragen. Vielleicht leben Sie dann allmählich, ohne es zu merken, eines fernen Tages in die Antwort hinein.«[19]

»Alles leben«, fand ich, klingt gut, merkte später aber auch, dass »alles« recht viel sein kann, und im Zweifelsfall zu viel für mich. Aber ist jetzt die Zeit des »fernen Tages«, von dem Rilke sprach? Zeit für die Antwort auf die Frage nach der Heimat? Noch einmal schaue ich zur Lenne hin. Tatsächlich: Ich bin in Hohenlimburg.

Ein Gang steht noch aus, der zu meinem Elternhaus. Etwas in mir sträubt sich. Wovor genau, kann ich nicht sagen. Auch deswegen beschließe ich, diesen letzten Weg noch etwas aufzuschieben.

Obwohl ich versuche, nicht darauf zu achten, kratzen die überdrehten Stimmen einer Radio-Morgensendung an meiner Laune. Zwischendurch läuft Musik mit »Baby« und »Love« und aufdringliche Werbung. Es ist der vierzehnte Tag meiner Wanderung. Am Nachbartisch des Frühstücksraums in Blankenburg sitzt ein Ehepaar mit ihrem Sohn, den ich auf Anfang dreißig schätze. Die Frau trägt zum schwarzen Rock eine weiße Bluse aus Synthetik. Ihre grauen Haare liegen platt am Hinterkopf. Das Hemd des Vaters ist beige und braun kariert, die Hose aus grauem Stoff, das Haar grauschwarz und ungewaschen. Das T-Shirt des Sohnes sitzt so schlecht wie seine Jeans.

Ich denke, dass man es mit der Eitelkeit auch untertreiben kann, und meine damit Eitelkeit jenseits einer Arroganz, hinter der sich Angst und Unsicherheit verbergen. Weil Eitelkeit doch auch bedeutet, dass man an sich und seinem Dasein Freude hat, dass es eine Bedeutung hat, was die Umwelt sieht, und dass deshalb ein wenig Sorgfalt auch ein soziales Zeichen ist. Und steht Eitelkeit nicht auch für den Ehrgeiz, ein Selbstbild zu entwerfen? Was wären wir ohne die Sehnsucht, ein wenig anders oder gleich *ein anderer* sein zu wollen, als der wir sind? Mich zumindest hat sie aus Hohenlimburg fortgetrieben.

Die Eltern reden nur das Nötigste, der Sohn bleibt stumm. Ihr Verdruss bedrückt mich. Machen sie Urlaub? Was ist mit ihren Träumen? Haben sie welche gehabt? Was hält sie zusammen? Ist es Angst vor dem Alleinsein? Hoffentlich ist es mehr als das. Und was wäre passiert, wenn der Sohn in jüngeren Jahren in einen Laden wie die ZORA geraten wäre?

Ich weiß es nicht, bin mir aber sicher, dass dann hier etwas anders und womöglich besser wäre. Vielleicht säße er auch gar nicht hier. Wann ist es zu spät für ein anderes Leben? Aber was weiß ich schon von ihrem Glück? Ich hoffe, dass zumindest sie eine Ahnung davon haben.

Die Straße in den Harz steigt immer steiler, mein Schritt passt sich dem an, wird ruhiger und konzentrierter. Schon bald fließt mir der Schweiß über das Gesicht, und doch begrüße ich diesen Rhythmuswechsel zum ausholenden Gang der letzten Tage. Wieder bin ich in der Natur, wieder berührt mich ihre Kraft, doch ein Fachmann für Flora und Fauna bin ich nicht. Birke, Buche, Eiche, sicher auch noch Ahorn und Kastanie kann ich auseinanderhalten, bald danach ist Schluss. Dennoch spüre ich, dass dieser Wald ein richtiger Wald ist, dass er einen Zauber hat, den die Kiefernreihen einer Holzplantage nicht kennen.

Später eine Hochebene, der gewohnte Forstwald, weite Wiesen, eine große, allein von drei riesigen Hunden bewachte Schafherde und ein Kalkwerk, das sich in die Erde frisst und riesige Abraumhalden hinterlässt. Kurz darauf komme ich hinunter nach Elbingerode. Zwei Rentner auf einer Bank genießen die Sonne, die Rollatoren neben sich geparkt. Ich spreche sie an, sie reagieren nicht.

Ein wenig später passiere ich das Pflegeheim, in dem sie vermutlich leben. An der Wand ein Shakespeare-Zitat: »Ein fröhlich Herz lebt am längsten.«[20] So wünsche ich den Senioren hier einen robusten Humor, denn Elbingerode wirkt nicht lustig, dafür aber sehr aufgeräumt. Der SPD-Ortsverein hat, so steht es in seinem Schaukasten, beschlossen, die Patenschaft für »einen Blumenkasten an einem der Elbingeröder Willkommen-Schilder eines Ortseinganges zu übernehmen«. Eine Frau dankt, dass dafür beim letzten Wandertag schon Spenden gesammelt wurden: »Ihr alle seid toll!«

Die polnische Gaststätte Wudnik und das griechische Restaurant Olympia wurden von ihren Besitzern offensichtlich aufgegeben. Der Harz scheint ein Eldorado für Restaurant-Retter zu sein. Vor der Dönerbude, die man schon von weitem riechen kann, renne ich beinah in vier Jungs auf Mountainbikes. Sie machen ein wenig auf Kleinstadt-Gang, sind aber kaum vierzehn Jahre alt.

»Wie findet ihr es, hier zu leben?«

»Super«, sagt der erste, und »Man kann hier den ganzen Tag Fahrrad fahren«, ergänzt der zweite, schließlich der dritte: »Hier ist nicht so viel Verkehr wie in Wernigerode.«

Der vierte sagt gar nichts. Na denn, denke ich, dann wartet mal noch zwei Jahre oder vier.

Im Opel-Autohaus am Ortsausgang sind die Firmenschilder abmontiert. Im Schaufenster steht, wie vergessen, noch ein Wagen. Einen Steinwurf entfernt, wie vielerorts üblich, Netto, NP – Niedrig-Preis, Getränkediscounter und die Filiale einer Großbäckerei. Wie Zecken hängen sie und ihre Artgenossen überall in ihren Zweckbauten an den Rändern auch der kleinen Siedlungen, ziehen Menschen und Geld an und schaffen Leere, wo eine gelebte Mitte war.

Am Rand einer Einfamilienhaussiedlung in blassen Farben

komme ich ins Gespräch mit einem jungen Mann, der einen kleinen Hund spazieren führt. Er trainiert eine Basketballmannschaft, schätzt das familiäre Umfeld, die Tatsache, dass man einkaufen kann und dass es eine Tankstelle gibt. Er will hier nicht weg. Weil das viele so sehen, sei es schwer, eine gute Wohnung zu finden. Und während er schon weiter Gassi geht, kommt eine Frau mit Kinderwagen, sie trägt ein Sweatshirt der Freiwilligen Feuerwehr, und ich spare mir diesmal die Fragerei.

Liegt das Heimatproblem vielleicht ganz allein bei mir? Alle wirken mit ihrem Leben hier zufrieden. Vermutlich sind aber auch alle, die sich hier unwohl fühlten, schon längst abgehauen. So wie ich von Hohenlimburg nach Berlin gezogen bin, um mich jetzt verdammt noch mal zu fragen, wo und was denn meine Heimat ist.

Raus aus dem Hotel, auch wenn ich noch nicht bereit bin für den Gang zu meiner alten Haustür, will ich die Stadt, in der ich aufgewachsen bin, zu Fuß erkunden, sie dabei wieder- und vielleicht auch neu entdecken. Ich will mich Hohenlimburg öffnen, und vielleicht will mir ja auch Hohenlimburg etwas sagen.

Die Sonne strahlt, auf den Bürgersteigen gehen ein paar Menschen, auf den Straßen fahren Autos, die Geschäfte, die es noch gibt, haben geöffnet. Es ist ein wenig Leben in der Stadt. Kein Vergleich zu der Trauerstimmung, die mich an dem verregneten gestrigen Sonntagabend überfiel. Die Kirche der Reformierten Gemeinde steht offen, ein Handwerker geht in ihr seiner Arbeit nach. Hier wurde ich konfirmiert. Ein schöner schlichter Raum mit einem gemalten Himmel an der Decke. In eines der hohen Fenster ist neben vielen anderen

Namen auch der meines Großonkels eingelassen. Er hieß genauso wie mein Vater, was mich als Kind verwirrte. Im Ersten Weltkrieg starb er als gefangener Soldat am Baikalsee, deswegen wird seiner hier gedacht.

Vor dem Fenster ist ein Bereich als Fürstenloge abgetrennt. Nach wie vor ist sie der Familie des Grafen Bentheim-Tecklenburg vorbehalten, die hier einst regierte. Besuchen Mitglieder der Familie den Gottesdienst, müssen sie auch heute noch im Gebet des Pastors oder der Pastorin exklusiv hervorgehoben werden. Ein Vorrecht, das mit einer Unterstützung bei dem Bau der Kirche vor über zweihundertfünfzig Jahren begründet wird. Schon als Schüler empfand ich dieses Adelsprivileg als eine Beleidigung für bürgerliches Selbstbewusstsein und politischen Verstand. Es heißt, dass der aktuelle Fürst auch heute noch mit »Durchlaucht« angesprochen werden will. So rächt sich, dass Deutschland und seine Revolutionen eine eher unvollständige Geschichte sind.

Ich gehe hoch zum schönen Schloss, dessen Kern aus dem Jahr 1240 stammt. Es ist das Wahrzeichen meiner Heimatstadt und seit Hunderten von Jahren ebenfalls im Besitz jener Bentheim-Tecklenburger. Die Aussicht über das Tal ist herrlich. Hohenlimburg wirkt von hier oben klein und vor allem auch verletzlich. Das Museum im Schloss, das mich durch meine Kindheit begleitete, hat der Fürst vorerst geschlossen. Jeder in Hohenlimburg kennt die »Schwarze Hand«, die dort zu sehen war. Über Generationen erzählten Hohenlimburger Eltern ihren Töchtern und Söhnen die Geschichte von dem Kind, dem man eine Hand abschlug, weil es diese gegen die eigene Mutter erhoben hatte. Eine Legende, da es sich bei der Hand in Wahrheit wohl um ein Beweisstück zu einem Jahrhunderte zurückliegenden Mordfall handelte. Trotzdem war ich ganz sicher nicht der Einzige, der deswegen mehr als einmal schlecht schlief.

Auch das Schloss-Restaurant existiert nicht mehr. Das tut weh. Es war in den ehemaligen Ställen untergebracht und galt als das beste der Stadt. Viele Familien besuchten es zu besonderen Anlässen – runden Geburtstagen, Hochzeiten, der bestandenen Abiturprüfung. So war es auch bei uns – Erinnerungen an viele schöne Abende. Der Fürst, heißt es, konnte sich mit den langjährigen beliebten Pächtern nicht über einen neuen Vertrag einigen. Er ist, nachdem ihm allzu viele Hohenlimburger lange Zeit fast schon unterwürfig begegneten, in der Stadt nicht mehr sonderlich beliebt.

Mein Tagesziel ist Elend. Und die Pension, in der ich unterkomme, heißt Eli Lenti. Beide Namen meinen dasselbe, wie der freundliche Hausherr mir erklärt. Die Lektion ist ausgesprochen lehrreich. Eli Lenti ist das alte Wort für »Elend«, was dem Wortstamm nach für »fern der Heimat« oder verkürzt auch »Fremde« steht. In einer frühen Bedeutung schwingt auch noch »Verbannung« mit. Was bedeutet, dass, wer fremd und somit fern der Heimat ist, im Elend steckt. Ich bin irritiert. So drastisch würde ich mein Berlin-Gefühl nun nicht beschreiben. Doch vom 15. Jahrhundert an entwickelte sich so etwas wie ein Heimatrecht, das eine Gemeinde verpflichtete, für ihre in Not geratenen Bewohner zu sorgen. Heimat als ökonomisch und sozial gedachte Schutzzone. Wer sie verließ, ging wörtlich auch ins Risiko. Denn wer anderswo in der Bredouille steckte, hatte keinen Anspruch auf Unterstützung und wurde meist einfach fortgetrieben. »Les heimatloses« nannte man in Paris einst die besitz- und weitgehend rechtlosen Straßenkehrer aus dem Elsass.

Elend im Harz ist jedoch ein schmuckes Dörfchen mit

knapp dreihundert Einwohnern, die meist vom Tourismus leben. Nach dem Abendessen sitze ich noch an der Theke eines Restaurants. Der Wirt nennt das Dorf »Provinz«, wobei ich nicht widerspreche, und seine Heimat Weimar eine »Weltstadt«, was mich staunen lässt. So trinke ich noch einen Schnaps auf die Perspektivenvielfalt dieser Welt. Allerdings, führt der Wirt die Provinz-Betrachtung weiter aus, kommt es auch darauf an, was man den Leuten vorspielt. Zur letzten Walpurgisnacht engagierte er zwei Musiker, die mit ihrem Irish Folk auch »ganz normale« Menschen zum Tanzen auf die Tische trieben. »Es muss eben«, so sein Resümee, »nicht immer Helene Fischer sein.«

Am fünfzehnten Tag meiner Wanderung gehe ich auf Goethes Spuren über Teufelsstieg und Eckerloch hinauf zum Brocken. Hier und da steht am Wegesrand ein Schild mit einem Zitat des großen Meisters, der im Dezember 1777 genau diesen Weg gegangen sein soll. Der Wald ist herrlich, die Bäume, deren dicke Wurzelstränge sich über den felsigen Untergrund strecken, wirken wie eigensinnige und starke Charaktere, zumindest stehen sie, wo und wie sie wollen.

Ich bin nicht allein. Es ist Himmelfahrtstag, also »Vatertag«, und die Route gleicht einer Wanderautobahn. Im Örtchen Schierke quellen die Brockenfreunde in bunten atmungsaktiven Jacken aus jedem Haus heraus, denn so gut wie jedes Haus in Schierke dient als Hotel oder Ferienpension. Ein Vater raunzt seinem Sohn ein »Pass auf, dass dich keiner überholt!« zu. Überholt wird viel – aus Notwendigkeit und Überzeugung. Die meisten, die an mir vorbeieilen, sehe ich später erschöpft am Wegesrand sitzen. Aus dem Rucksack eines jungen Wanderers, der wie seine Kameraden eine Bierflasche in der Hand hält, tönt ein stampfender Bass. Je höher ich komme, desto mehr erschöpfte Kinder maulen ihre ebenso erschöpften Eltern an. Die letzten Meter gehen ich und all die anderen auf einer für Autos gesperrten Straße. Ein Schild weist Wanderer strikt an, sich links zu halten. Es gibt viel Gedränge und einige Beinah-Kollisionen mit Radfahrern. Ich sehne mich nach der Einsamkeit der beiden letzten Wochen.

Der Brocken ist nicht irgendein Berg. Caspar David Friedrich hat ihn gemalt. Nicht zuletzt deswegen und insbesondere auch wegen seiner vom großen Goethe aufgegriffenen Mythologie wurde er im 19. Jahrhundert zu einer folkloristischen Ikone deutscher Heimat, wie ich vor meiner Wanderung las. Das ist natürlich eine schwere Last, denke ich, als ich auf der breiten Brockenkuppe stehe. Tatsächlich bekomme ich hier auf dem höchsten Punkt der Mitte Deutschlands so etwas wie ein Heimatgefühl. Allerdings ist es eines der eher unbehaglichen Art. Die deutsche Seele ist ja nicht nur fein, und hier herrscht an diesem Tag eher grobe Bier- und Bratwurstseligkeit. Die Wirte machen gute Geschäfte mit trinkfreudigen Väter- oder zumindest Männerhorden, die auf langen Bierbänken sitzen. Viele sehen aus, als wären sie von Manfred Deix gezeichnet. Einer hat auf seiner Jacke »Wenn was ist – bringt mich nicht zu meiner Frau!« stehen. Andere Männer tragen rosa, mit Glitter besetzte Cowboy-Hüte und dazu passende T-Shirts mit »Prinzessin für einen Tag«-Aufdruck. Sie hören eher dumpfe Musik aus mitgebrachten Stereoanlagen. Zum Glück singt keiner.

Mit 1141,2 Metern über der Meereshöhe ist dies der geographische Höhepunkt meiner Reise, zudem liegt etwa die Hälfte der gesamten Strecke bereits hinter mir. Still feiere ich mein Bergfest und genieße abseits des Rummels die grandiose Aussicht. Beim Blick zurück in Richtung Osten meine ich Egeln, zumindest aber Wegeleben zu erkennen, ich denke an die Wilde Zicke und frage mich, ob die Frau im Restaurant immer noch auf ihren Retter wartet. Richtung Westen und somit Richtung Heimat sehe ich, was vor mir liegt: grüne Hügel und viel flaches Land. Da muss ich durch und drüber. Es ist mir recht. Der Kahle Asten, der höchste Berg des Sauerlands, liegt laut einem Hinweisschild noch genau hundertdreiundsechzig Kilometer Luftlinie entfernt.

Ich spaziere das Hohenlimburger Nahmertal hinauf, in dem engen Tal gab es früher lärmende Stahl- und Blechindustrie. Jetzt herrscht an einem Werktag Sonntagnachmittagsstimmung, und diese Ruhe ist keine Unterbrechung oder Pause, morgen wird es genauso sein und auch an den Tagen, die danach noch kommen. Ich denke an ein dösendes Tier im Zoo, das sich aufgegeben hat. Weiter vorbei an einer Moschee, die ich noch nicht kenne, aber ich war auch früher nur sehr selten hier. In einem Schrebergarten ignorieren sich ein deutscher Rentner und eine Türkin mit Kopftuch. An der nächsten Ecke hängt als Zeichen trotziger wie ängstlicher Selbstbehauptung eine kleine schlappe Deutschlandfahne. »Gott sieht alles – unser Nachbar sieht mehr!«, warnt ein Schild an einem Gartentor.

Ich höre ein Lachen, das nicht hierherpasst, drehe mich um, sehe drei Männer aus Afrika, ihr Anblick überrascht mich. Ich spreche sie an, sie stammen aus Nigeria und suchen Asyl in Hohenlimburg. Wie gefällt ihnen die Stadt? »Very good«, sagt einer, die anderen strecken die Daumen nach oben, alle lächeln schüchtern. Ich sage »Welcome! Willkommen!«, obwohl ich mich doch selbst fremd fühle hier.

Wie sie wohl die Stadt sehen, die mal mein Hohenlimburg war? Todlangweilig oder wunderbar ruhig? Ich kann es mir nicht vorstellen. Wenn sie sich hier heimisch fühlen sollen, brauchen sie auch Anerkennung. Denn ein Mensch muss nicht nur eine Heimat wollen, diese Heimat muss auch diesen Menschen wollen. Ist Hohenlimburg dafür stark genug?

Ein sehr schönes Kompliment, das ich mal bekam, war ein Heimatangebot. Ich begleitete die Hundestaffel der Bayrischen Bergwacht auf eine Hütte in den Alpen, tagelang ging ich mit den Männern – es gab auch eine schöne junge Frau – und ihren Hunden in die Berge, fuhr mit ihnen Ski und trank auch manches Bier. »Gestandene Mannsbilder« waren das und sind es sicher noch, und ich der »Preuß'« mit all seinen Fragen. Unsere Welten waren sich in vielem fremd, doch ich mochte sie. Ich bekannte meine Liebe zu den Bergen und sprach von meinem alten Traum, ihnen nah zu leben. Die Männer erzählten von den Rentnern, die aus dem Norden in ihre Alpendörfer ziehen, um dort den Lebensabend zu verbringen, sich aber bald schon unwohl fühlen, weil der Alltag dort kein Urlaub ist. »Mit dir«, sagten sie, »würd das hier schon passen.« Das hat mich sehr gefreut.

Zu meiner Zeit gab es in Hohenlimburg zwischen den seit Generationen »eingeborenen« Deutschen und den Gastarbeitern und ihren Kindern so gut wie keinen Austausch. Man war für sich und ließ sich sein. Nichts weist darauf hin, dass sich daran etwas geändert haben könnte.

Noch oben auf dem Brocken wird mir bewusst, dass dies mein letzter Tag im Osten ist. Ich verspüre eine Wehmut, die ich vor kurzem für unmöglich hielt. Vor meiner Wanderung dachte ich angesichts der Landkarte von Brandenburg und Sachsen-Anhalt noch: »Da muss ich durch!« Jetzt fühle ich mich durch die Begegnungen mit den Menschen dort bereichert und frage mich, was diesbezüglich wohl der Westen bringen wird.

An diesem Morgen saß ich noch im Wohnzimmer von Karlheinz Brumme, er ist der Autor einer wunderbaren Chronik über Elend, die mir noch am Abend zuvor der Wirt in die Hand gedrückt hatte.

Brumme ist Jahrgang 1936, ein körperlich und geistig wacher Mann mit lässig gescheitelten, schwarzgrauen Haaren. Ich erzählte ihm, dass sein Buch mich nicht hatte schlafen lassen. Er lächelte. Durch die Lektüre hatte ich viel über sein Heimatdorf erfahren, gerade auch über die Zeit, als die Grenze noch den Alltag prägte, denn damals lag Elend in einer Sperrzone. Menschen, die dort schon seit Generationen lebten, galten plötzlich nicht als »DDR-sicher« und wurden in einer Nacht-und-Nebel-Aktion gezwungen, umzusiedeln. Trotzdem kamen viele Touristen aus der ganzen DDR in das beliebte Dorf. Sie benötigten einen Passierschein, den nur bekam, wer nicht der Opposition verdächtig war.

Brummes Augen glänzten, als er von den Tagen des Mauerfalls und der ersten Fahrt in den Westen sprach. Als Lehrer war er damals für das eine oder andere offene Wort bekannt gewesen und auch für den Ärger, den ihm das einbrachte. Er freute sich auf das, was kommen sollte. »Ich wollte unterrichten und dachte, jetzt geht es richtig los. Brauchste nicht mehr auf jedes Wort zu achten.«

In der neuen Zeit gab es aber für den Lehrer Brumme keinen Platz. Mit Tausenden anderen wurde er in den bezahlten Ruhestand geschickt. Die eigene Schaffenskraft zu spüren und ausgebremst zu werden hat ihm fast seine Gesundheit ruiniert. Die Genossen der SED, in die Brumme nie eingetreten war, durften oft noch weiterlehren, obwohl viele von ihnen die Jahre zuvor lediglich in der Verwaltung gesessen hatten. Dies wohl, so vermutete Brumme, weil jene, die alles neu entscheiden mussten, mit den gut organisierten Parteigenossen keinen Ärger wollten. Heute wäre das Leben in Elend schon etwas »verbissener« und würde mehr vom Geld bestimmt. Deswegen wollte er die DDR aber noch lange nicht zurück.

Zum Abschied erwähnte er noch die sieben Inoffiziellen Mitarbeiter, die über ihn berichtet hätten, wie er in seiner Stasi-Akte gelesen hatte. Die meisten hätten bloß »blablabla« geschrieben, doch ein Eifriger, der den Decknamen »Sokrates« trug, sei ein gefährlicher Denunziant gewesen. Als Brumme ihn auf den »Mist« ansprach, versuchte Sokrates sich mit dem Hinweis zu entschuldigen, er habe studieren wollen. Brumme ließ das nicht gelten, er selbst habe auch studiert, ohne »so einen Scheiß« zu schreiben.

Manches in den letzten Tagen habe ich zum ersten Mal oder zumindest so noch nie gehört. Der Osten, so lernte ich auf meiner Wanderung, ist das Deutschland der gebrochenen Biographien. Gebrochen von einer Wende, die auch bei all jenen, die sie ersehnten, sehr vieles in Frage stellte. Denn alles bis dahin Erreichte und Erkämpfte geriet schlagartig in den Fokus einer neuen Wertewelt. Vieles, was vertraut und somit überschaubar schien, verschwand, das Neue wirkte meist fremd und durchaus bedrohlich. Auch wenn sich viele Menschen im Osten tapfer in das System der neuen Heimat Bundesrepublik Deutschland hineingearbeitet haben, scheint mir ihr heimatliches Selbstverständnis ein wenig wackliger als das der Menschen im Westen. Und vielleicht weil sich viele ihrer eigenen Heimat weniger sicher sind, fühlen sie sich eher bedroht und reagieren reservierter, ablehnender oder feindlicher auf fremde Menschen, die eine neue Heimat für sich suchen.

Schließlich wird Heimat vor allem dann verklärt und überhöht, wenn die Menschen, die in ihr leben, überfordert sind. Ob nun in der Romantik oder zu einer anderen Zeit. Die Menschen der alten BRD hatten in den letzten Jahrzehnten einen solchen gesellschaftlichen Bruch mit all seinen Zumutungen nicht erleben müssen. Obwohl die Regierung bald schon Bonn verließ und die Bundesrepublik Deutschland zur Berliner Republik und einem durchaus auch irritierenden »neuen Deutschland« mutierte, mussten wir im Westen nicht das eigene Leben im großen Stil in Frage stellen, beurteilen und neu sortieren. Der Verführung, sich als etwas Besseres zu fühlen, konnte und kann da nicht jeder widerstehen.

Hinzu kommt, dass die Selbstdarstellung im Westen routinierter ist. Wir sind versierter darin, biographische Brüche in eine letztlich gute Geschichte des eigenen Lebens zu integrieren oder sie ganz zu unterschlagen. Dabei sind es die Brüche, die ein Leben, zumindest für den, der es erzählt bekommt, letztlich spannend und reicher machen, was für den, der dieses Leben lebt, aber nicht immer Glück bedeuten muss. Letztlich bemühe auch ich mich, allzu große Brüche zu vermeiden und ebenfalls vor allem die eigenen Kinder vor solchen zu bewahren.

Dabei gilt: Ein Bruch kann befreien oder das Gegenteil bewirken. Man kann den Boden unter den Füßen verlieren oder es zur Kanzlerin oder zum Bundespräsidenten bringen. Vor diesem Hintergrund verstehe ich die trotzige Grundhaltung, der ich in den letzten Tagen oft begegnete. Sie gefällt mir.

Ich sitze, wo einmal ein See war, und schaue irritiert auf eine kleine Auenlandschaft, von der ich bisher nichts wusste. Früher wurde hier der Nahmerbach gestaut, um die Metallindustrie unten im Tal mit Wasser zu versorgen. Doch wo weitläufige Fabrikhallen standen, liegen jetzt weitläufige Brachflächen, in die zu investieren sich nicht lohnt. In dem einstigen kleinen See hier konnte man schwimmen, was ich aber wegen der Wasserpflanzen nur selten tat. Den Gerüchten zufolge hatten sie schon mal einen wagemutigen Taucher am Grund des Sees gefesselt, bis er schließlich ertrunken war. Schon vor einigen Jahren ließ man, so informiert eine Tafel, das Wasser ablaufen. Mittlerweile hat die Natur die Landschaft zurückerobert.

Ein Reiher sonnt sich, die Kaulquappen sind ihm noch zu klein. Als Kind trug ich oft welche in einem Einmachglas nach Hause und studierte über Tage fasziniert, wie ihre Beine wuchsen, der Schwanz verschwand und sie zu kleinen Fröschen wurden. Bald wird es hier von ihnen wimmeln. Es ist das erste Mal in meinem Leben, dass ich eine solche Idylle gegen eine florierende Industrie mit Arbeitsplätzen eintauschen würde.

Nach dem Trubel auf dem Gipfel des Brockens genieße ich die Stille im Wald. Weiter unten glitzert in der Sonne das Wasser einer Talsperre. Ein Bild wie aus einer Bierreklame. Der Stausee dient der Trinkwassergewinnung – »Schwimmen verboten!« Es ist ohnehin zu kühl, doch Seen, in denen man nicht baden darf, sind mir unheimlich.

Auf einer Bank sitzt und schnauft ein Mann. Ich schätze ihn auf Mitte dreißig, er ist spät dran auf seinem Weg zum Gipfel. Der Rucksack neben ihm ist neu und groß, ebenso sein Messer. Da könnte selbst ein Luchs kommen, ein Wolf, ein Wildschwein und vielleicht sogar ein Bär. Auch sonst ist er mit seiner Ausrüstung auf alles vorbereitet – vom Unwetter bis zum Erdbeben. Nun weiß er aber nicht, wie er die fünfundzwanzig Kilogramm Gepäck über den Brocken wuchten soll, und sucht nach einer Umgehungsroute.

Ich halte Ausschau nach Hinweisen zur ehemaligen Grenze und finde nur einen schwarz-rot-goldenen Pfeiler in der Mitte des Weges, der über die Staumauer führt. Sind hier Ost und West zusammengewachsen, oder hat man nur die Zeichen der Trennung getilgt? Ich habe auf mehr Spuren gehofft. Zu West-Berliner Mauerzeiten stand ich manchmal auf einer der extra aufgebauten Aussichtsplattformen und staunte über den biederen und bedrückenden Perfektionismus der Grenzanlagen. Ausgeklügelte Kombinationen aus Mauern, Stacheldrähten, Kolonnenwegen, Hundetrassen, Sicht- und Schussfeldern, Beobachtungstürmen, Wagensperren. Ein Todesstreifen als perfide Krönung einer surrealen deutschen Gefängnisphantasie und mein wohliges Gefühl, auf der »richtigen« Seite zu leben. Ein Freund, der in West-Berlin geboren wurde und aufgewachsen ist, hat mir mal von den Späßen seiner Jugend erzählt, als er und seine Kumpels Silvesterböller in den Streifen warfen, was die ostdeutschen Grenzer und ihre Hunde zur Erheiterung einer US-amerikanischen Patrouille hilflos toben ließ.

So gehe ich »in den Westen«. Der Wald sieht nicht anders aus, und auch die Luft ist gleich, doch als ich in mir forsche, entdecke ich noch ein anderes Gefühl. Hier hätte ich schon in den ersten vierundzwanzig Jahren meines Lebens stehen können, dort ein paar Meter weiter östlich nicht. Die Orte, durch die ich von nun an gehen werde, gehören zu »meinem Deutschland«, dem Coca-Cola-Deutschland der ersten Hälfte meines Lebens. Mental bin ich soeben meiner Heimat mehr als nur ein paar Schritte näher gekommen.

Steil geht es hinunter nach Bad Harzburg. Der Wohlstand hat eine andere Selbstverständlichkeit, weil er mit mehr Zeit gewachsen ist. Schöne und gepflegte Häuser habe ich auch jenseits der ehemaligen Grenze gesehen. Die allerdings hatte man meist neu gebaut oder auf einen Schlag komplett erneuert. Hier gibt es alle Zwischen- und Entwicklungsstufen, da die Besitzer über Jahrzehnte immer wieder mit dem passenden Material in ihre Häuser und Gärten investieren konnten. Und manche westliche Architektenmode, wie weißer Klinkerstein mit schwarzem Schieferdach, die es nie über die Grenze schaffte und mittlerweile längst vergangen ist, steht hier noch auf festem Grund. Aber auch in Bad Harzburg kläffen mich fiese Köter scharf von hinten an.

Ich finde eine preiswerte Kammer, eingerichtet wie ein Jugendzimmer in den siebziger Jahren meiner Kindheit. Seitdem habe ich so etwas nicht mehr gesehen. Eine Schuhputzmaschine rotiert mir den Staub der letzten Tage von den Schuhen. Die Chefin ist sehr freundlich. Sie stammt aus Syrien. Hat sie noch Familie dort? Die Frau nickt. »Viele!«, sagt sie und senkt den Blick. Ich frage nicht nach.

Das Restaurant Ambrosius wirbt mit seinen »internationalen Spezialitäten« und meint Pizza und Gyros. Die Kellnerin ist etwas älter und langsamer, dafür aber sehr selbstbewusst. Am Nebentisch sitzen drei junge Männer. Ihr Thema sind Motorräder, die Frage, was ein Windschutz taugt. Sie haben das studiert. Dann geht es um Frauen, da fehlt die Sicherheit der Expertise. Zwei haben eine feste Freundin, einer nicht. Er gibt vor, dass ihn das nicht stört. Bei einem der beiden anderen drängt die Partnerin auf eine Entscheidung: zusammenziehen oder nicht? Der junge Mann ist überfordert, seine Freunde können ihm nicht helfen. Ihre Ratschläge erschöpfen sich in Floskeln: »Du musst wissen, was du willst.« Oder: »Deine Freiheit kannst du dann vergessen.«

Am Nachmittag treffe ich Zico in meinem Hohenlimburger Hotel. Zico heißt eigentlich Frank Schmidt, aber niemand, von den Lehrern und vermutlich seinen Eltern einmal abgesehen, hat ihn damals so genannt. Wieso Zico nach dem brasilianischen Fußballer benannt wurde, weiß ich nicht mehr. Als sonderlich guten Sportler habe ich ihn nicht in Erinnerung, allerdings war der »weiße Pelé« aus Rio de Janeiro wohl etwas schlauer als viele seiner Kollegen, was auch für den Hohenlimburger Zico galt.

Er sieht älter aus, als ich erwartet habe. Ich vermute, dass es ihm mit mir ähnlich geht. Wir reden nicht darüber. Sein schwerer, ein wenig ungelenker Gang ist der von früher, auch sein blitzendes und herausforderndes Lächeln ist das alte. Nach dem Abitur und Zivildienst hat er bei einer Zeitung volontiert, die letzten Jahre war er Redakteur eines lokalen Anzeigenblättchens, das vor kurzem eingestellt wurde, und deshalb ist Zico gerade arbeitslos. Aus Hohenlimburg weggezogen ist er nie.

Wir treffen uns im Hotel, weil es in seiner Wohnung »grad nicht richtig aufgeräumt ist«. Zico lebt allein. Ich frage, was Hohenlimburg ihm bedeutet.

»Hohenlimburg«, sagt er, »ist meine Heimat und mein Ankerplatz.«

»Und was bedeutet Heimat?«

»Heimat ist das, was mich trägt.«

Am sechzehnten Tag meiner Wanderung frühstücke ich mit einem Dutzend dänischer Motorradfahrer, die gemeinsam unterwegs auf einer Rundfahrt sind. Ich bin kein Freund von Gruppenreisen. Ohnehin diskutiere ich schon genug mit meinen eigenen Wünschen und Bedürfnissen, meinen neuen oder noch neueren Plänen, meinen Vorurteilen und meinen Erinnerungen. Oft gibt es da Uneinigkeit, oft gilt es zu vermitteln. Ich reiche mir da sehr und bin nicht in Gefahr, Alleinsein mit Einsamkeit zu verwechseln.

Ein kleiner Spaziergang durch den Rentnertraum Bad Harzburg. Eine Gemeinde ohne Schulden, schön und ruhig gelegen, mit gediegenen Cafés, Menschen auf sauberen Bürgersteigen und wohlgeratenen Blumen in gepflegten Kübeln. Ordnung, wohin man schaut. Das lebende Klischee eines alten, satten Westdeutschlands.

Diese Atmosphäre ist mir vertraut, doch heimisch fühle ich mich nicht. Richtung Westen gehe ich nun tiefer in die alte Bundesrepublik hinein. Auf dem Weg raus aus dem Städtchen passiere ich einen Golfplatz, ein Mann mit grauen Haaren, knallenger Hose und einem viel zu kleinen Hemd hat ein Handicap, an dem er fluchend feilt. An einem Gartentor warnt ein Schild: »Vorsicht, beherzte Katze!«

Ein paar Stunden später lese ich in Goslar auf einem Trafohaus »Till-Mann Fick Dich!«, »Free your mind« und »No Nazis«. Soweit ich erkennen kann, ist alles mit der gleichen Hand geschrieben. Goslar sieht so aus, wie Heimat an einem frühen Abend im ZDF aussieht. Eine Stadt, die zumindest augenscheinlich über Jahrhunderte bruchlos reifen und sich entwickeln konnte. Natürlich muss auch sie in den großen Kriegen gelitten haben, doch im Stadtbild ist davon nichts zu sehen. Ein altes schönes Fachwerkhaus reiht sich an das nächste, alle sind bewohnt und gepflegt. Jede Perspektive taugt für eine Postkarte. In der Marktkirche blättere ich im Fürbittenbuch mit handgeschriebenen Sorgen, Wünschen und Danksagungen. In großen Buchstaben steht dort:

»Die Kirche und Goslar sind traumhaft schön, darum bin ich auch hierhergezogen. Nur heute habe ich leider meine große Liebe verloren. Er hat mich verlassen. Ich kämpfe dennoch weiter um ihn.«

Ein Marktplatz mit Kopfsteinpflaster und einem schönen alten Brunnen. Ich setze mich auf eine Bank und sehe Touristen, die sich ihre neuesten Einkäufe zeigen, eine Schülerin in kurzem Rock, die starre Männer- und empörte Frauenblicke auf sich zieht, zwei Teenager, die ihre Basecaps demonstrativ mit dem Schild nach hinten und die Hosen sehr tief tragen, einer versucht rückwärtszugehen und rempelt beinahe gegen ein Rentnerpaar, das sich mit seinen Rollatoren über das Pflaster kämpft. Daneben lässt sich eine Oma mit dem Enkel von der Tochter fotografieren. Das Baby verweigert den Blick in die Kamera, wehrt sich schreiend gegen jeden Versuch, es zu überlisten, bis die Frauen den Zwerg lachend zurück in seinen Wagen legen.

Für eine Gruppe Radfahrer ist der Platz ein Etappenziel, der erste überprüft am Lenker einen Computer, schaut sich schwitzend um und lächelt erleichtert, als bald auch schon der letzte Mann der Truppe kommt. Unter ihren Spezialschuhen kleben Metallplatten, die man in die Pedale ihrer sündhaft teuren Räder einklinken kann, ihr Gang wirkt unbeholfen und klingt nach dem Ausflug einer Stepptanzklasse. Andere Männer marschieren breitbeinig und komplett in schwarzem Leder auf, in der einen Hand halten sie die Helme ihrer Motorräder, an der anderen die Hände ihrer Frauen. Auf den Jeanswesten über ihren Lederjacken steht »Forever Free«. Hinter ihnen einige Rentner in beigen Jacken, sie stoßen mit kleinen Schnapsgläsern an und rufen etwas, was ich nicht verstehen kann.

Eine Frau setzt sich neben mich, sie schnaubt, ringt ihre Hände und ist ganz mit sich beschäftigt. Plötzlich die Frage, was ich da in mein Notizbuch schreibe. Ich sage, dass es im weitesten Sinn um »Heimat« ginge. »Heimat«, sagt sie, »das ist doch Quatsch.« Dann spricht sie wieder zu sich selbst, so leise, dass ich nichts verstehe. Vor mir jetzt ein Mann mit Kamera, der mit knappen Kommandos seine Familie für ein Foto arrangiert, sie, mit dem Ausschnitt jeweils unzufrieden, durch knappe Gesten immer neu verschiebt, anstatt sich selbst nur einmal zu bewegen. Die Frau neben mir steht auf, geht, ich sage »Auf Wiedersehen!«, sie bleibt stumm.

Ein alter Mann nimmt ihren Platz ein, in seiner Hand eine BILD-Zeitung. »Früher gab es mehr Türken in der Stadt«, sagt er ansatzlos, erzählt dann, dass er mit seiner Frau vor kurzem von einem großen Haus am Rand der Stadt in eine kleine Wohnung in ihrer Mitte gezogen ist. Er nennt das eine »Befreiung«. Fünfundachtzig Jahre ist er alt und seine Frau nur wenig jünger. »Man ist froh, wenn man mal rauskommt, einkaufen oder die Zeitung holen.« Seit sechzig Jahren sind sie verheiratet. Zweimal holt er Luft, wobei ich ein leichtes Röcheln höre. »Wenn Sie sich so lange kennen, wissen Sie nach dem ›Guten Morgen‹ nicht mehr, was Sie sich sagen sollen.« Dann schaut er in das Blatt, ein wenig später mit Schreck auf seine Uhr, steht mühsam auf und trottet langsam ins neue Heim zu seiner alten Frau.

Ich bleibe noch. So viel Welt zog lange nicht an mir vorbei. Zwei Frauen kreuzen ausgesprochen langsam meinen Blick, ihre Absätze sind spitz und nicht für diesen Untergrund geeignet. Eine führt ein kleines Hündchen an der Leine, das mitten auf das Pflaster kackt, was die Besitzerin nicht bemerkt, vielleicht auch nicht bemerken will. Ein paar Jugendliche haben weniger Glück, heimlich lassen sie das Papier einer Schokolade auf den Boden fallen, sofort steht da ein Mann, er hatte sie schon fokussiert, weist sie nun zurecht und sieht aus wie ein Angler, der endlich einen Fisch am Haken hat. Neben dem Eimer, in dem das Papier jetzt landet, redet ein Mann von etwa sechzig Jahren mit großen Gesten auf einen anderen ein, ich verstehe »blöde Ostzonis«, »Wer früher stirbt, ist länger tot« und »Wir werden eh alle verarscht von denen da oben«. Eine Frau drückt sich an einen Mann, will ihn küssen, er verspannt, ihre Lippen landen an seinem Kragen. Es sind ihm wohl zu viele Menschen hier.

Nun ein Rentner neben mir, er zeigt auf die Paraglider, die über uns am Himmel schweben, sagt, dass die auch mal in den Tannen landen. Übergangslos wechselt er zur schwierigen wirtschaftlichen Lage dieser Stadt, zum Bürgermeister, der diese mit der Aufnahme von Asylsuchenden beleben will, womit er, da ist der Mann sich sicher, sein Amt riskiert. Er fragt nach meinem Rucksack, meinem Stock und nimmt das Stichwort auf: »Heimat bedeutet mir sehr viel. Meine ganzen Vorfahren sind hier heimisch.« Aus Pommern sind sie gekommen in den dreißiger Jahren des letzten Jahrhunderts, was, wie er mir erklärt, eine schwere Zeit war. Und mit »nebenbei, man muss das ja auch mal sagen« erklärt er mir ohne Vorwarnung, dass nicht alles schlecht war, was der »Adolf so gemacht hat«.

Ich denke an den alten Knecht in Sachsen-Anhalt, daran, dass es zwischen Ost und West adolfmäßig jetzt schon eins zu eins steht, und erhebe mich von der Bank. »Das mit den KZs war natürlich scheiße«, sagt er schnell. Ein paar Meter bin ich schon weg, da ruft er mir noch nach, dass diese Altstadt eine Weltkulturerbestätte der UNESCO ist.

In einer Seitenstraße treffe ich Narek. Er steht einfach auf dem Bürgersteig, um die warme Sonne zu genießen. Ein kleiner, eher gedrungener Mann in Pantoffeln. Ich schätze ihn auf Anfang, Mitte oder Ende fünfzig. Genauer lässt sich das nicht sagen. Klar ist: Er hat gute, wenn nicht gar beste Laune. Wir schauen uns einen Moment länger in die Augen, als Fremde das sonst tun. Erst lacht er, dann ich.

»Gestern war Vatertag«, sagt er in gebrochenem Deutsch, und ich suche einen Zusammenhang, bis ich vage den Alkohol rieche, den sein Atem mit sich trägt. Am Vortag hat er »gut getrunken« und, wie er ausdrücklich betont, »viel Spaß dabei« gehabt. Und heute – »Scheiß drauf« – macht er noch ein bisschen weiter. Er kratzt sich an seiner großen Nase, streicht sich durch sein größtenteils schon weißes Haar und sagt, dass er Russe ist, eigentlich aber Armenier. Doch dieses Volk ist ihm zu klein, deswegen nennt er sich lieber einen Russen, zumal: »In der Sowjetunion war alles eins.« Das hat ihm gefallen. Aufgewachsen ist er am Baikalsee. Da sei es wunderschön. Wenn andere hier von Kanaren oder Balearen schwärmen, träumt Narek von seinem großen See, »der guten Luft und den ehrlichen Menschen« dort. Er fragt mich, aus wie vielen Republiken die Sowjetunion bestand? Ein Test, mit dem er mich ins Stottern bringt. Er schaut ein wenig vorwurfsvoll. Deutschland habe sechzehn Bundesländer, sagt er und fügt mahnend an, dass es gut für mich wäre, wenn ich viel über die Welt wissen würde. Es könnte ja sein, dass ich zum Geldverdienen mal woanders leben muss.

Meiner Frage, was genau Heimat für ihn ist, scheint er auszuweichen. Die Welt ist rund, sagt er, und Arbeit wichtig. Vielleicht, denke ich erst später, ist das aber genau seine Antwort auf die Frage. Er habe immer gearbeitet. Alles Mögliche. Gerade heutzutage müsste man flexibel sein. Um einen Euro Stundenlohn mehr oder weniger würde er nicht streiten. Wichtig sei Gesundheit, vor allem bei den Kindern. Er hat drei, und alle leben hier mit deutschen Partnern. Deswegen zog auch er mit seiner Frau und seiner Mutter her.

Er klingelt an seiner eigenen Haustür, in einem Wohnungsfenster taucht eine Frau mit rotgefärbten Haaren auf. »Frau«, ruft Narek, »bring Bier für meinen Freund aus Berlin!« Die Frau lacht. Das Bier bringt Nareks Mutter, die er »Oma« nennt. Sie schaut ein wenig skeptisch, wen ihr Sohn da aufgelesen hat.

So stehe ich mit Narek in der Sonne und trinke Bier zu einer Uhrzeit, zu der ich es sonst nicht trinke. Es ist herrlich. Narek quatscht über dies und das und wundert sich, dass Deutsche oft so schweigsam sind. Russen würden ständig reden. Und Armenier auch.

Zico und ich gehen über die Straße zum ehemaligen Rathaus. Er spricht vom 11. November 1976. Er war zwölf, ich elf Jahre alt. Wir kannten uns noch nicht. Doch an diesem 11. November vor bald vierzig Jahren standen wir beide hier, und der Platz war voll, weil es ein entscheidender Tag für Hohenlimburg werden sollte. Unsere Heimatstadt war nach knapp siebenhundertfünfzig Jahren Selbständigkeit vom ungeliebten Nachbarn Hagen eingemeindet worden und hatte dagegen geklagt. Tausende Bürger warteten nun auf den entscheidenden Anruf des Oberverwaltungsgerichts in Münster. Der Optimismus schien greifbar, Freibier stand bereit, ein Feuerwerk war vorbereitet.

Dann wurde die Nachricht von einem Balkon am Rathaus aus verkündet: Zwei von drei Richtern hatten gegen den Wunsch der Menschen hier entschieden. Die Ruhe war gespenstisch. Viele weinten, auch ich ging traurig nach Hause. Zico sagt, dass er den »Tod Hohenlimburgs als selbständige Stadt« als »eine schreiende Ungerechtigkeit« empfand und dass er sich damals entschied, politisch aktiv zu werden.

Es gibt einen Grund, der mich nach Goslar führte. Ich hatte von dem 1895 in Argentinien geborenen und 1953 in München verstorbenen Richard Walther Darré gehört. Auf sein Betreiben hin wurde Goslar 1936 zur Reichsbauernstadt ernannt. Im Stadtmuseum lese ich seine Begründung dazu:

> »Im Herzen urdeutschen Bauernlandes, am Nordhang des Harzes, werden wir uns eine Heimat suchen. Wir wollen damit äußerlich die Abkehr zum Liberalismus zum Ausdruck bringen und dartun, dass nicht mehr die Asphaltwüste der Großstadt unser Bauernschicksal bestimmt. Wir gehen wieder in das Herz des deutschen Reiches der sächsischen Kaiserzeit, als noch Bauernherzog König Heinrich die deutschen Lande regierte.«

Was einer Stadt so alles passieren kann, denke ich. Doch ganz zufällig traf das Schicksal »die tausendjährige Kaiserstadt« Goslar damals nicht. Schon 1932 waren hier die Wahlerfolge der NSDAP überdurchschnittlich gewesen. Der spätere SS-Funktionär und Reichsbauernführer Darré hatte bereits 1930 sein programmatisches Buch *Neuadel aus Blut und Boden* veröffentlicht und mit dem schon vorher kursierenden Begriffspaar der NS-Ideologie einen Aufhänger formuliert, in dessen Nähe »Heimat« lange und für viele bis heute diskreditiert wurde. Während die politische Ausrichtung des Begriffs in den Befreiungskriegen gegen Napoleon vergleichsweise noblen Zielen diente, wurde er spätestens in der Zeit der Reichsgründung 1871 zum Schlagwort der politischen Rechten und rutschte mit den ideologischen Konflikten Anfang des 20. Jahrhunderts immer mehr in einen nationalistischen und rassistischen Kontext. Entsprechend ihrer romantischen Prägung wurde »Heimat« zu einem Gegenentwurf zur Industrialisierung mit ihren gewaltigen ökomischen, sozialen und kulturellen Folgen idealisiert. Wieder steckte dahinter die scheinbar klassische Sehnsucht nach dem Althergebrachten in einer sich immer stärker und schneller wandelnden Welt.

Mit der zum Ende des 19. Jahrhunderts aufkommenden Heimatbewegung, die mit der »Völkischen Bewegung« bereits eng verknüpft war, wurden im ganzen Land zahlreiche Heimat-, Trachten-, Geschichts- und auch Volkskunstvereine gegründet, die sich im Sinne des Heimatschutzes gegen die Entwicklungen der großstädtisch geprägten Moderne wandten. Das vermeintlich künstliche, anonyme und entnaturalisierte Berlin wurde zum Symbol des Unheimatlichen. Schließlich nutzte die NSDAP den Heimatbegriff zur Idealisierung eines »bodenständigen deutschen Volkstums«, das sich gegen vermeintliche Überfremdung zu wehren hatte, um seine »völkische Überlegenheit« zu behaupten. Sehr früh schon sandten die Heimatbünde den Nazis ihre Ergebenheitsadressen, und gleich 1933 wurde der in Dresden gegründete Deutsche Heimatbund offiziell in den von Hitlers Stellvertreter Rudolf Heß gegründeten »Reichsbund Volkstum und Heimat«, dem Dachverband vieler NS-Kulturorganisationen, eingegliedert.

Der Titel »Reichsbauernstadt« hat entgegen den damals damit verbundenen Hoffnungen in Goslar kaum etwas bewirkt und im Stadtbild von heute keine Spuren hinterlassen. Selbstverständlich tauschte man hier nach dem Krieg, wie in anderen Städten auch, schnell die Namen aus und nannte die Adolf-Hitler-Straße wieder Bahnhofstraße. Und ihre Geschichte in der Zeit des Nationalsozialismus wurde durch die Stadt nach einigem Zögern doch noch aufgearbeitet.

Ich mache einen Abendspaziergang und gerate auf ein Bierfest mit Schweinefleisch in drei Variationen, vom Fass das Bier der lokalen Goslarer Brauerei und in Flaschen noch viele andere Sorten. Eine Band versucht sich an Klassikern der Rockmusik. Vier Männer, die stolz sind, dass sie die Noten treffen. Kein Feuer, keine Glut, keine Erotik, keine Ahnung des Aufbegehrens, mit der diese Musik einmal verbunden war.

Im Gedränge vor einem Bierstand hockt eine Punkerin. Oder ist es ein Mädchen, das sich als Punkerin verkleidet hat? Zwei Minuten später ist sie schon verschwunden. Vielleicht rennt sie, die Welt vor Augen, die Heimat im Rücken, gerade für immer fort. Etwa tausend Frauen und Männer, für die der Begriff »gutsituiert« erfunden wurde, bleiben noch und freuen sich an der Musik. Im Osten bin ich solchen Menschen in dieser Ballung nicht begegnet, obwohl es sie sicher auch in Leipzig oder Dresden gibt. Ich hatte Narek, der ja auch gern Bier trinkt, gefragt, ob ich ihn hier treffen würde, worauf er ausweichend antwortete. Ich verstehe und vermisse ihn.

Was mich irritiert: Viele Männer tragen ihre Haare so langweilig und kurz wie ich. Auch ich habe eine schwarze Jacke an, die vor allem praktisch ist. Ich will so gern anders sein und ahne, dass ich das so sehr nicht bin. Als anklingt, dass die Band auch Noten der von mir mal geschätzten Doors besitzt, gehe ich.

Soll ich meine Haare vielleicht wachsen lassen? Und wenn das dann alle machen? In einer Altstadtgasse treffe ich einen Jungen, vielleicht siebzehn oder achtzehn Jahre alt. Seine Jeans hängen tief, was dämlich aussieht, aber ihn auch anders wirken lässt als das Publikum eben. Verunsichert, wie ich bin, frage ich ihn nach Goslar und dem Leben hier. »Alles gut«, sagt er.

Wir sitzen an der Lenne. Hinter dem Hohenlimburger Rathaus gibt es einen aufwendig gestalteten Parcours für Wildwasser-Kanuten. Das Wasser rauscht vorbei, niemand trainiert. Ein paar Enten kacken auf die Wiese. Zico spricht von seinem Weg in die Lokalpolitik. Zwanzig Jahre nach der Eingemeindung wollte sich die Bürgervereinigung, die nach wie vor für ein selbständiges Hohenlimburg kämpfte, auflösen. Er erinnerte sich an seine Politikpläne und erklärte sich zusammen mit Freunden bereit, das Anliegen weiter zu verfolgen. Nach einigem Hin und Her gründeten sie mit Bürger für Hohenlimburg eine eigene Wählergemeinschaft, und mein alter Freund Zico sitzt mittlerweile im Hagener Stadtrat. Zudem ist er Vorstand oder Vorstands- bzw. Fördermitglied in verschiedenen Vereinen, die dem Gemeinwohl dienen. Auch wenn das Kraft und Zeit kostet, er macht das gern.

»Wenn ich sehe, dass irgendwas falsch läuft in meiner Heimat, dann sollte man das angehen. Man kann sich das ja hier nicht alles am Arsch vorbeigehen lassen.« Zico grinst, immer noch hofft er auf ein selbständiges Hohenlimburg. Einige halten ihn und seine Mitstreiter deswegen für Spinner, und er selbst glaubt auch nicht, dass dieses Ziel noch zu seinen Lebzeiten erreicht wird. Aber wenn man von etwas beseelt und überzeugt ist, dann muss man dafür kämpfen.

Wir schauen auf das Wasser, die tanzenden Schaumkronen der künstlichen Wellen. Er erzählt von seiner Arbeit als Stadtrat, die mit monatlich 432 Euro vergütet wird, von dem fehlenden Engagement und der Selbstgefälligkeit mancher Ratskollegen, der Schacherei um Posten und den Knüppeln, die seiner kleinen Gruppierung regelmäßig zwischen die Beine geworfen werden. Würde er, der ja gerade ohne Arbeit ist, weggehen, wenn er woanders einen guten Job bekäme? »Nein«, sagt er. Solche Angebote hatte er schon. Er wollte nicht weg, und jetzt will er es erst recht nicht, schließlich ist er gewählt, die Leute würden ihm vertrauen, er will sie nicht enttäuschen.

Die Antwort überrascht mich nicht, doch die Haltung bleibt mir fremd. Ich wollte weg und bin auch abgehauen. Hat er denn nie gedacht, er könnte was verpassen? Er schweigt nur kurz und verneint erneut. Er war ja mal zur Fußballweltmeisterschaft in Südafrika, ist auch viel durch Europa getrampt. Das hat ihm durchaus gefallen, und er findet es faszinierend, »dass es Menschen mit einer solchen Neugier und Unruhe gibt, dass sie dies und jenes in der Welt erleben wollen«. Sein Grinsen ist jetzt sehr direkt, er sagt, dass er eben eine andere Sorte Mensch ist. Wieder eine kurze Pause. Er glaubt nicht, dass er durch sein Leben hier etwas verpasst. »Im Gegenteil: Ich glaube, ich bekomme mehr für Seele und Herz, als ich bekommen würde, wenn ich es anders machen würde.«

Früh am Morgen des siebzehnten Tages meiner Wanderung verlasse ich Goslar am Rand einer vielbefahrenen Straße. Am Ortsschild treten die Autofahrer das Gaspedal durch, und ich atme ihre Abgase ein. Neben einem Parkplatz fällt mein Blick auf einen McDonald's-Milchshake-Becher, eine leere Flasche Wodka und ein benutztes Kondom im Straßengraben. Ich mochte es schon immer, eine Geschichte mit vorgegebenen Gegenständen zu erfinden. Diese hier ist aber keine Herausforderung. Über Forstwege wandere ich immer tiefer in die Wälder des Nordharzes hinein. Eine herrliche Ruhe, die ich ganz allein genieße. Regen fällt, und um der aufkommenden Trostlosigkeit zu begegnen, möchte ich ihn mit Bedeutung aufladen, suche eine Metapher, die ihn und noch viel mehr beschreiben könnte, sehe aber nur Wasser, das vom Himmel fällt.

In Hahnenklee passiere ich ein großes leerstehendes Hotel aus den siebziger Jahren, einen sonntags geöffneten Supermarkt, einen geschlossenen Ski- und Snowboardverleih und viele alte Menschen mit Schirmen. Der Ort ist aus der Zeit gefallen. Mit der richtigen Musik wäre das der perfekte Schauplatz für einen Film von David Lynch. Der Ausverkauf hat längst begonnen, eine »voll eingerichtete Ferienwohnung in sonniger Lage« gibt es für 17 500 Euro zu kaufen. Billiger als alles, was ich zuvor im Osten sah. Dort bröckeln Fassaden des ehemaligen Arbeiter- und Bauernstaates, hier vermoost die Sattheit der alten Bundesrepublik.

Abends bin ich dann in Polen oder wie in Polen, denn der Besitzer der Pension in Lautenthal, in der ich ein Zimmer finde, stammt von dort und lässt nur Landsleute für sich arbeiten. Die Einrichtung hat den Charme der späten siebziger Jahre oder, ich kenne mich da nicht aus, vielleicht auch der achtziger Jahre in Polen. Im Restaurant stehen auf jedem der zehn Tische frische Blumen. Über einen großen Bildschirm flimmern zwanzig oder dreißig Jahre alte Musikvideos. In Berlin hätten eine solche Pension und ein solches Restaurant Kultstatus. Die Touristen im Nordwestharz scheinen das vielleicht nicht ganz freiwillige Bekenntnis zum Retro-Chic nicht zu schätzen.

Beim Abendessen bin ich der einzige Gast. Zu Ehren meiner sehr geschätzten, aus Polen stammenden Schwägerin bestelle ich mit Barszcz, Bigo und Piroggen gleich mehrere Hauptgerichte. Die Heimat der Kellnerin liegt an der Grenze zur Ukraine. Deutsch hat sie in der Schule gelernt und später an einer Universität studiert. Zwanzig Stunden dauert die tausend Kilometer lange Busfahrt für polnische Gastarbeiter zu ihren Liebsten. Dort ist alles, was ihr am Herzen liegt, nur keine Arbeit, die sie ernährt. Die Fabriken sind längst geschlossen, am Rand der Städte schießen die Einkaufszentren »wie die Pilze« aus dem Boden, und in den Städten schließen auch die letzten Geschäfte für immer ihre Türen. Mir kommt das alles sehr bekannt vor.

Die Kellnerin sagt, dass das »der Kapitalismus« ist, und ich denke, dass das Kapital keine Heimat hat, frei reisen kann und immer mehr Menschen gezwungen sind, ihm hinterherzuziehen. Die Umstände entscheiden, ob man sie als High Potentials hofiert, als Gastarbeiter duldet oder als Wirtschaftsflüchtling schmäht. Natürlich gibt es auch die nationale Variante, jene, die das vermeintliche Glück haben, nur innerhalb des eigenen Landes umzuziehen, wenn sie denn ihr eigenes Geld verdienen wollen. Auch ihre Dörfer, ihre Städtchen leeren sich. Was bleibt, ich sah es ja, ist Heimat, die verödet. Vielleicht muss man das Kapital zähmen, bändigen und zur Sesshaftigkeit verführen, wenn man Heimat bewahren will. Ich frage die nette Kellnerin, ob sie Heimweh hat, und sehe augenblicklich, dass das eine sehr dumme Frage ist.

Ich stehe im Wald, meinem Wald, dem Wald, in dem ich als Kind gespielt habe. Die Stelle, an der früher unsere Bude stand, finde ich nicht wieder. Hier hat schon lange niemand mehr etwas gebaut. Einige Wege sind zugewachsen, andere sind neu. Einiges wirkt vertraut und vieles fremd. Als schlügen zwei Uhren in meiner Brust, und ich stehe zwischen den Zeiten. Da, wo früher ein alter Bauernhof mit Gaststätte stand, ist jetzt nicht mal mehr ein Schutthaufen. Ein Mann joggt dort, wo ich früher lief. Ich freue mich, dass jemand diesen Wald, diese hügelige Landschaft genießt. Sie ist schön, nach wie vor.

Ich denke gern an meine Kindheit. Ihre Welt war begrenzt. Aber ich war klein, passte gut hinein und hatte einen Halt. Erst später nahm ich ihre Überschaubarkeit als Enge wahr. Und noch später musste ich lernen, dass jenseits dieser vermeintlichen Enge eine Freiheit liegt, die man bisweilen auch ertragen können muss.

Als ich nach Berlin zog, war ich sicher, dass ich dort nie ein Kind aufziehen würde. Es ist anders gekommen, manchmal habe ich ein schlechtes Gewissen, dass ich meinen Töchtern so etwas wie das hier vorenthalten habe. Sie sind Berlinerinnen. Die Große wollte auch zum Studium nicht weg. Wohin auch? Was sind andere Städte verglichen mit Berlin? Sie fühlt sich dort zu Hause. Das ist schön, aber auch ein kleines Problem, denke ich, weil es gut ist, die Heimat zu verlassen. Aber, ist es das denn wirklich?

Ich denke an Zico und mein Gefühl von Heimatlosigkeit. Ja, ich beneide ihn. Doch tauschen will ich nicht. Auf keinen Fall.

Ich mag mein Leben. Hier hätte ich es so nicht leben können. Es war richtig, diese Heimat zu verlassen. Für mich.

Am achtzehnten Tag meiner Wanderung komme ich nach Seesen, wo es nach Rotkohl riecht. Wieder Häuser, die ihre Besitzer über Jahrzehnte ein ums andere Mal renoviert oder umgebaut haben. Ein Schornstein aus den Sechzigern, eine Haustür aus den Siebzigern und Fenster aus den Achtzigern, dazu ein nagelneues Garagentor. Nicht unbedingt schön, aber gewachsene Heimat.

Zwei Mütter beklagen über den Zaun hinweg ihr Leid mit den Lehrern, die ihre Kinder nicht verstehen. In einem Garten steht direkt neben den Mülleimern eine Holzbank, in deren Rückenlehne jemand sehr groß den Namen Charlotte eingefräst hat. Ein Geschenk? Hat sie sich gefreut? Sitzt sie gern hier? Ich sehe niemanden, den ich fragen kann, dafür überraschend viele Kaugummiautomaten. Ihr Anblick berührt mich, sie sehen aus wie jene, vor denen ich vor über vierzig Jahren meine Mutter meist erfolgreich anbettelte. Kleine, rote Kästen aus zum Teil schon angerostetem Metall mit verblassten und zerkratzten Kunststoffscheiben, gefüllt mit schrecklich buntem Kaugummi oder Ringen aus goldenem Plastik, die mir damals wie ein echter Schatz vorkamen.

Vor meinen Augen verschwimmen Bilder meiner Mutter in jungen Jahren und späten Jahren und von ihrem Tod. Ich spüre einen Stich. Sie war Anfang sechzig, als sie meinen Vater verließ. Weil mir ein solcher Schritt unvorstellbar schien, hatte ich ihre Andeutungen nicht ernst genommen. Als sie tatsächlich den Sprung in ein anderes Leben wagte, war ich Mitte dreißig und geschockt. Nicht nur, weil ich meine Mutter so nicht kannte, sondern auch, weil mit der Trennung meiner Eltern der älteste Pfeiler meiner Welt zusammenbrach. Mitten in meinem eigenen Leben fühlte ich eine mir bis dahin unbekannte Verlorenheit. Daraus entstanden sind der Wunsch und die Entschlossenheit, meine nächste Beziehung »richtig« anzugehen, was mir gelang und noch gelingt. Mit dem endgültigen Verschwinden des alten Zuhauses schaffte ich mir ein neues.

Später bekam meine Mutter eine Demenz, mit der wir uns nach dem ersten Schrecken halbwegs arrangierten. Die letzten Jahre vor ihrem Tod lebte sie in einem Heim und bat anfangs immer wieder, wir mögen sie »nach Hause« bringen. Es schmerzte, ihr diesen Wunsch nicht erfüllen zu können, hinter dem nicht das Bedürfnis nach den Wänden, zwischen denen sie einst lebte, sondern die Sehnsucht nach vertrauter Überschaubarkeit lag. Mit den Erinnerungen entglitt ihr das Vertrauen in ihre erlebte Welt. Schon lange vor ihrer Demenz waren ihr Gedichtzeilen des Romantikers Joseph Freiherr von Eichendorff so sehr ans Herz gewachsen, dass sie mich bat, mir diese als Trauerspruch für ihre eigene Beerdigung zu merken.

»Und meine Seele spannte
weit ihre Flügel aus,
flog durch die stillen Lande,
als flöge sie nach Haus.«[21]

Ein kleines Schild weist mich noch in Seesen auf einen jüdischen Friedhof hin. Ein schmaler Pfad führt zu einigen Dutzend Grabsteinen, die meisten sind von Efeu überwuchert, keine frischen Spuren irgendeiner Pflege. Schon lange scheint die Zeit hier stillzustehen. Der Kaufmann Jacob Goldschmidt, 1770 geboren und 1859 gestorben. Mein Spiel, die Zeitspanne mit Eckdaten der Geschichte zu füllen: Goldschmidt hatte die Französische Revolution als junger Mann, später die Befreiungskriege und auch noch die Deutsche Revolution von 1848 mitbekommen. Robespierre, Napoleon, Goethe, Kleist, Heine waren seine Zeitgenossen. Josef Bloch kam 1864 zur Welt, als es das Deutsche Reich noch gar nicht gab, und starb 1935, als das »Dritte Reich« schon begonnen hatte. Seine Frau Ida wurde ein paar Jahre später geboren und ist am 20. April 1944 gestorben – in Theresienstadt. Sicher ist sie nicht hier begraben. Im Jahr zuvor habe ich Theresienstadt in Tschechien besucht und auch mit zwei jüdischen Männern gesprochen, die als Kinder dort im Ghetto lebten, bevor ihre noch grauenvollere Odyssee durch verschiedene Konzentrationslager begann. Was hat Ida Bloch gedacht, als man sie dorthin deportierte? Hatte sie Vertraute, die mit ihr gehen mussten? Vermisste sie ihren Mann? Oder war sie froh, dass ihm das alles erspart blieb? Wie genau ist sie gestorben?

Was mich wundert: In dem alten Garnisonsort Theresienstadt, das in der NS-Zeit als Ghetto diente und heute Terezín heißt, leben wieder Familien einen ganz normalen Alltag. Wie viel Verdrängung braucht es, um einen solchen Ort als Heimat auszuwählen?

Drei Stunden später höre ich, wie einige Seniorinnen im Kurpark von Bad Gandersheim die Kaffeepreise, die Festigkeit der Sahne und die Qualität selbstgebackener Kuchen der örtlichen Cafés diskutieren. In einem davon ist, so finden sie, die Bedienung »ein Skandal«. Etwas weiter spielen sich auf einem Tennisplatz zwei Frauen hinter einem Sichtschutz sowohl Bälle als auch Phrasen zu. »Beim Geld hört bei mir die Freundschaft auf«, sagt eine. »Jeder«, stimmt die andere zu, »ist schließlich für sich selbst verantwortlich.« Dann ein bestimmendes »Der Ball war aus!« und ein misstrauisches »Schon wieder?«. Auch Bad Gandersheim sieht aus, als wäre hier immer Sonntagnachmittag. Heute ist tatsächlich einer, und das Tanzcafé Gino hat geschlossen. Das wäre vielleicht ein Spaß gewesen.

Ich bin unleidlich. Warum? Weil ich mich ausgeschlossen fühle? Nein, ich will hier nicht allzu sehr dabei sein. Mit Unbehagen ahne ich, dass ein Gefühl von Heimat hinter meiner miesen Laune steckt. Ich spüre nicht entspannte Selbstgenügsamkeit, sondern eine durchaus überhebliche Selbstgefälligkeit, und die ist mir als Teil meiner eigenen westdeutschen Wesensart zu sehr vertraut. In den neuen Bundesländern bin ich ihr so nicht begegnet, die dort erlebte Muffigkeit war anderer Natur. Mit meiner Jugend fing ich an, mich gegen sie zu wehren, mittlerweile weiß ich, dass dieser Kampf ein lebenslanger ist. Auch deswegen bin ich nach Berlin gegangen. Und deswegen reagiere ich jetzt empfindlich.

Der Fremde kann ich gut verzeihen, was mir nicht passt, der Heimat nicht. Wie bei unangenehmen Begegnungen auf einer Reise: Britische Touristen, die sich vollsaufen und nerven, sind nicht schön, Deutsche, die dasselbe tun, empfinde ich dazu noch als schmerzhaft peinlich. Den Macken der Ostler konnte ich auf meiner Wanderung mit Interesse und meist auch Toleranz begegnen, dem Westen kann ich solche Privilegien nur bedingt gewähren. Hier spüre ich ein Gefühl von Verantwortung, weil ja dieser Westen auch schon meine Heimat ist. Und wie kann ich anderen nachsehen, was ich mir selber nicht verzeihen kann? Diese einfache Erkenntnis überrascht mich, bessert meine Laune aber nicht wirklich auf.

Mitten in der Fachwerkseligkeit einer Einkaufsstraße mit Blumenkübeln voller Stiefmütterchen wirbt ein Discounter mit »wie Geiz ist das Leben«. Davor sitzt ein Mädchen, etwa fünfzehn Jahre alt, mit zwei Lippen-Piercings, viel Babyspeck und einem riesigen Irokesen. Ich frage sie nach dem Leben hier. »Geht dich nichts an«, blafft sie und spielt weiter mit ihrem Handy. Aus dem offenen Fenster eines Autos dröhnt deutscher Hip-Hop:

»Ich war kalt, ohne Heimat und alleine
Bevor du kamst, war ich nur einer dieser Steine«[22]

Endlich mal ein Soundtrack, der passt.

Ich sitze auf dem Sofa von Pitt Tattoo. Pitt ist Tattoo-Künstler, und seine schöne Frau ist auch Tattoo-Künstlerin und heißt Jo Scissorhands. Das sind Künstlernamen. Er ist selbst über den Hals hinaus tätowiert. Auf seiner rasierten rechten Schläfe prangt ein buntes Herz, in dem ein Dolch steckt. Bei seiner Frau glänzt an ähnlicher Stelle ein großes blaues Schneekristall. Ihr Laden liegt in der Hohenlimburger Innenstadt gegenüber »meiner« Kirche. Ein großes Ledersofa, eine schräg gemusterte Tapete – die Einrichtung ist cool, weswegen sie eigentlich nicht hierherpasst. Der Laden könnte genauso auch in Berlin oder Amsterdam stehen.

Mrs Scissorhands fragt mich, ob ich ein schönes Bild unter der Haut möchte, vielleicht ja ein Motiv aus meiner Heimatstadt. Nein danke, heute nicht. Ich will nur reden. Pitt wurde 1983 hier geboren, ist also achtzehn Jahre jünger als ich, und vermutlich sind wir uns deswegen nie begegnet. Er tätowiert schon einige Jahre, und natürlich ist ihm auch aufgefallen, dass die Innenstadt stirbt. Um mal »wieder was loszumachen«, hat er diesen Laden aufgemacht. Der läuft »Bombe«, weil die Leute hier so viel Langeweile haben, wie er sagt. Pitt lächelt und erzählt, dass auch die nahe Apotheke profitiert, weil seine Kunden dort die Heilsalbe für ihre frisch tätowierte Haut kaufen. Vor seinem Laden steht eine Bank, er mag es, dort zu sitzen, und jeder wird von ihm geduzt. Pitt hätte es hier gern ein wenig so wie in Amsterdam, locker eben. Dass das in Hohenlimburg Pionierarbeit ist, schreckt ihn nicht ab. Denn das hier ist seine Heimat, sagt er, und seine wachen Augen blitzen. Woran er das merkt, will ich wissen. »Am Geruch.« Jede Stadt riecht anders, und das Besondere hier ist das Aroma der Lenne.

Ich lache, weil ich an Altena denken muss, wo mir mit dem Geruch der Lenne ebenfalls die Heimat in die Nase stieg. Wir sprechen noch über den Stadtteil Nahmer. Dort, sagt Pitt, verschwindet nun langsam der Geruch der demontierten Industrie, dafür ist jetzt mehr und mehr der Wald zu riechen. Das war mir gar nicht aufgefallen, doch es stimmt. Pitt hat eine gute Nase.

In Orxhausen kratzt am Morgen ein Rentnerpaar, wohl beide über siebzig, mit Küchenmessern mühsam das Unkraut aus den Ritzen des langen, gepflasterten Bürgersteigs vor ihrem Haus. Sie verstummen, als sie mich aus den Augenwinkeln bemerken, vermeiden aber Blickkontakt. Ich sage »Guten Tag«, sie kratzen weiter.

Der neunzehnte Tag meiner Wanderung führt mich an einigen prächtigen Bauernhöfen vorbei, die mich an meinen Vater denken lassen. Er ist kein Bauernfreund. Das liegt am Hunger nach dem Krieg, den Hamsterfahrten zu den Bauern im Sauerland und in Westfalen, die erniedrigende und oft erfolglose Bettelei um Nahrung, die Erfahrung, beim Handel mit den wenigen wertvollen Dingen, die seine Mutter anbieten konnte, übervorteilt worden zu sein.

Hinter der Brücke über die Leine schleudert ein Hammerwerfer sein Sportgerät unablässig von einem zum andern Ende einer Wiese, ein Reh rennt davon. Dann wieder ein Wald. Am Rand von Einbeck heißt eine Straße mit Eigenheimen tatsächlich Eigenheimstraße. Keine schönen Häuser, aber vermutlich alle abbezahlt. Beeindruckend dagegen die Altstadt mit ihrer vier-, fünf- oder auch sechshundert Jahre alten Fachwerkpracht. Bilderbuchprovinz mit zwei Buchläden, Jugendlichen in dekorativ zerrissenen Jeans, aber auch einem Mann mit Rollator, der in Mülleimern nach Pfandflaschen sucht. Das habe ich zuletzt in Berlin gesehen.

Ich betrete ein Schreibwarengeschäft und kaufe die *Einbecker Morgenpost*, eine Zeitung mit gut zweihundertjähriger Geschichte. Jahrzehntealte Holzschränke ragen, mit Büromaterial und Papier befüllt, bis zur Decke. »Einen schönen Laden haben Sie«, sage ich zu der Frau mit den weißen Haaren, die wohl schon lange hinter dem Tresen herrscht. »Das sagen viele«, antwortet sie, ohne aufzuschauen.

In einem Café am Marktplatz lese ich dann vom Klönkaffee der Rheumaliga, der Aquarellmalgruppe der Arbeiterwohlfahrt sowie dem Training der Damentanzgruppe »Unikat«, und obwohl auch noch einer jungen Frau von einem Hund ins Bein gebissen wurde, denke ich, dass die Welt in Einbeck wohl tatsächlich eine beruhigende Ordnung hat. Und als wäre das nicht alles schön genug, komme ich noch mit einer wahren Heimatliebenden ins Gespräch.

Sie trägt eine Jeansjacke mit schönen Stickereien, ist Mitte sechzig, sehr freundlich, wach und mitteilsam. »Heimat ist für mich, wo ich geboren wurde«, sagt sie und meint damit ein nahegelegenes Dorf, auf jeden Fall aber auch Einbeck. Hier hat sie ihre Ausbildung zur Anwaltsgehilfin gemacht und später auch gearbeitet. Wenn sie von dem Städtchen spricht, klingt das wie gelebtes Marketing, doch alles kommt, sagt sie, »von Herzen«. Sie schwärmt von den Menschen, die sie hier kennt, wie dicht alles beieinanderliegt, dem kulturellen Angebot, den tollen Modegeschäften, den Damenkränzchen im Altstadtcafé, dem Bürgerspital, in dem sie mal lag und sich zu Hause fühlte, und davon, dass einfach jeder gern nach Einbeck kommt.

Ich frage, was sie vermisst. Sie greift kurz nach ihrer schicken Brille, überlegt, doch ihr fällt nichts ein. Sie ist zufrieden mit allem, gern benutzt sie das Wort »heimelig«. Es steht für ein Aufgehobensein in der Heimat und wohl auch für das grundsätzliche Wohlgefühl im eigenen Leben. Einer so ungebrochenen »Heimeligkeit« bin ich auf dieser Wanderung noch nicht begegnet. Beeindruckt und wieder mal ein wenig neidisch, weiß ich nicht mehr, was ich fragen soll, danke ihr und gehe weiter.

Ich sitze vor der Eisdiele in der fast leeren Hohenlimburger Innenstadt, genieße ein Walnusseis, betrachte die unspektakulären, aber eigentlich schönen Häuser aus der vorletzten Jahrhundertwende und frage mich, ob hier vielleicht doch alles nur entschleunigt ist oder ich der Stadt tatsächlich gerade beim Ausbluten zuschaue. Wenn die Sehnsucht nach Heimat für die Sehnsucht nach einer geordneten Welt steht, dann ist meine Rückkehr nach Hohenlimburg eine ambivalente Erfahrung. Meine alte Heimatstadt ist zwar überschaubar, doch »in

Ordnung« ist sie nicht. Sie wirkt wie ausgebremst und auf ein Abstellgleis geschoben – und hinter ihr baut man die Schienen ab.

Auch ohne einen konkreten Rückkehrplan war die Erinnerung an diese Stadt immer auch ein Anker auf dem Weg, mich in der Welt zurechtzufinden. Hier kannte ich mich aus, die Stadt schien mir sicher. Diese Heimatphantasie war überschaubar, schon weil abgeschlossene Vergangenheit grundsätzlich überschaubar ist. Doch in meine Kindheit oder Jugend komme ich nicht zurück, ob ich nun sechshundert, sechstausend oder noch mehr Kilometer gehe. Das Leben fließt vorbei, wie die Lenne hinter diesen Häusern. Die mündet in die Ruhr, diese in den Rhein und der dann in die Nordsee. Demnach hat sich das Damals meiner schönen Jahre hier längst schon im Atlantik aufgelöst.

Mein Hohenlimburg heute mag übersichtlich sein, ist aber keine Insel und kein Turm, es steht vielmehr in einer komplizierten Welt, in der sich die kleine Stadt kaum noch behaupten kann. Die Geborgenheit, die ich als Kind erlebte und von der ich in der Ferne schon mal träumte, kann sie mir nicht mehr bieten. »Nostos« bedeutet im Griechischen so viel wie Heim- oder Rückkehr, und »Algos« steht für Schmerz. So heißt das Wort für das Leiden an einer unmöglichen Rückkehr »Nostalgie«. Gegen die Trauer hole ich mir noch ein Eis.

Ich verlasse die Stadt und rieche den Hopfen einer Brauerei. Einbeck ist bekannt für gutes Bier, gern würde ich eins trinken, doch meine Füße wollen weiter. In meinem Kopf noch das Gespräch soeben im Café, die Heimatliebe, die ich dort erlebte. Ich denke an Murat in Halberstadt, die türkische Weisheit: »Heimat ist ein Schicksal, dem man nicht entkommen kann.« Ist es möglich, die Menschen einzuteilen in Heimatliebende und Heimatfliehende? Und wenn ja, was bin dann ich?

Es findet sich kein guter Weg in Richtung Westen, so dass ich entlang einer vielbefahrenen Straße wandern muss. Die Raserei direkt neben mir zehrt an meinen Nerven. Ich verfluche alle Autofahrer dieser Welt. Erinnerungen an ein paar Tage, an denen das alles anders war, an denen ich es liebte, auf einer Straße entlangzugehen.

Das war im Jahre 1973. Willy Brandt war Bundeskanzler, und eine der Politik im Nahen Osten geschuldete Ölkrise hatte wunderbare Konsequenzen: Es gab vier »autofreie Sonntage«. Feuerwehr, Polizei und Rettungswagen durften fahren, sonst so gut wie niemand. Eine herrliche Komplett-Entschleunigung der Bundesrepublik Deutschland. Die Autobahn gehörte uns Kindern. Mit Fahrrad und Fußball machten wir uns den Asphalt zu eigen. Eltern, Onkel, Tanten – alle Erwachsenen waren so entspannt wie nie. Ein Happening, surreal und unvergesslich. Wenn ich König von Deutschland wäre, gäbe es so etwas jeden Monat – mindestens.

Nach vier oder fünf Kilometern bietet sich immerhin ein asphaltierter Radweg, er führt stur geradeaus. Ich kann ihm nichts abgewinnen und fluche. Bald aber schon wird meine Wut von meiner Müdigkeit eingeholt. All die Fragen, auf die ich keine Antwort weiß, lasse ich bald schon stehen wie die Vogelscheuchen in den Feldern neben mir. Nach einer zweistündigen Ewigkeit endlich Dassel.

Am Ortseingang Rewe, Kik und ein evangelisches Internat, später eine Buchhandlung, das Büro eines Pflegedienstes und eine Spielhalle. Ich gehe in ein kleines Hotel namens Deutsche Eiche, erwarte einen knorrigen, nationalbewussten Wirt, treffe aber auf eine fremdenfreundliche Besitzerin. Es ist schon spät. Ich solle doch erst mal duschen, sagt sie und verspricht, auch später noch für mich zu kochen. Nach einem langen Wandertag ist so eine Begrüßung mehr als ein Geschenk. Frisch geduscht esse ich ein großes Schnitzel mit vielen Kartoffeln, während am Nachbartisch vier Monteure darum streiten, wer am besten Bagger fahren kann.

Doppelkopfabend bei Schuhi. Schuhi heißt Michael und mit Nachnamen Schuh. Außer Zico ist auch noch Körfer da, der auch mit Nachnamen so heißt. Ich werde meist Klare genannt. Ich frage mich, ob Nachnamen als Spitznamen durchgehen. Unser Wasserballtrainer rief mich in meiner Jugend Rocky, das fand ich schrecklich, wehrte mich aber bewusst nicht dagegen, weil ich hier sonst heute noch so heißen würde.

Unser Umgang ist seit jeher eher ruppig als zärtlich. Dass wir hier spielen, ist mein Wunsch oder zumindest meine Initiative. In meiner Jugend haben wir, so meine Erinnerung, nicht viel anderes gemacht, außer vielleicht noch Würfelspiele, bei denen es meist ums Trinken ging. Beim Doppelkopf ging es um Taktik, Aufmerksamkeit, Mut, ein wenig Glück und letztlich auch um Geld. Beträge, die niemanden ruinierten und trotzdem schmerzten. »Zahlen und fröhlich sein!«, hieß es, und auf Mitleid durfte niemand hoffen. Man musste lernen, mit Niederlagen umzugehen. Ich spiele heute noch gern, doch in Berlin findet sich nur selten eine Runde. Aber auch hier war es nicht ganz einfach.

Körfer führt ein Malergeschäft und muss morgen früh zu einer Baustelle. Wir versprechen, ihm zu helfen, er müsse uns nur sagen, wo wir wann stehen sollen, und uns abholen, dann ginge selbstverständlich alles glatt. Schließlich seien wir ja Freunde. Wir lieben solche Späße, auch Körfer lacht. Schuhi stand früher meist im Zentrum unseres Kreises. Er hatte das größte Zimmer und die tolerantesten Eltern, und weil er in der Schule insgesamt dreimal sitzengeblieben ist, kannte er viele Leute. Für das Sitzenbleiben hat er nie seine Lehrer, sondern eine mangelnde »geistige und sittliche Reife« verantwortlich gemacht. Wir liebten ihn für diesen Mangel.

Schuhis Küche ist geräumig, an der Wand hängt ein riesiges Filmplakat: *Es war einmal in Amerika*. Wichtig sind Tisch, vier Stühle, achtundvierzig Karten und ein Kasten Bier. Jeder hat einen eigenen Aschenbecher, ich bin der einzige Nichtraucher, aber die drei sind tolerant. Schon bald ist die Luft zum Schneiden. Wir reden über dies und jenes und über Schuhis alte Liebe, die seit einigen Monaten auch seine neue Liebe ist. Vermutlich ist es die große. Auf jeden Fall hat er mächtig abgenommen. Dass wir über sie reden, ist neu, Mädchen oder Frauen waren eigentlich nie ein Thema, über das wir uns austauschten. Wer da Sorgen oder gar Probleme hatte, musste sehen, wie er klarkommt. Auch jetzt wechseln wir dazu nur eine Handvoll Sätze.

Es ist wie früher, es ist herrlich. Doppelkopf ist ein nur vermeintlich einfaches, im Grunde aber hochkomplexes Spiel, das ich gut beherrsche. An diesem Abend gelingt es mir nicht, an die alten Erfolge anzuknüpfen, was an meinen Karten liegt. Die anderen sehen den Grund dafür jedoch in meiner fehlenden Konzentration und spotten. Dürfen sie. Dazu die Häme, dass ich immer noch keine Bierflasche mit einem Feuerzeug öffnen kann. Geschenkt. Wir lachen viel. Ganz ironiefrei läuft im Hintergrund Pink Floyd, Genesis, Barclay James Harvest und überhaupt nur Zeug, das ich aus gutem Grund seit über dreißig Jahren nicht gehört habe. Passt schon. Zico hat mir eine kleine Hohenlimburg-Fahne und eine Tasse, auf der »Ohne Hohenlimburg ist alles doof« steht, mitgebracht. Beides habe ich vor mir auf den Tisch gelegt. Besonders auf die Fahne bin ich stolz.

Ich will den Weg abkürzen, schätze grob die Richtung, gehe geradeaus und verliere die Orientierung. Bin ich überhaupt geradeaus gegangen? Es ist der zwanzigste Tag meiner Wanderung, und der Solling ist eines der größten zusammenhängenden Waldgebiete in Deutschland. Immer tiefer gerate ich in sein Unterholz.

Ich denke daran, dass der Wald über Jahrhunderte als ein Hort des Schreckens voller Drachen, Hexen, Räuber und Wölfe galt, bis die Romantiker ihn als den Sehnsuchtsort entdeckten, der er uns bis heute ist. Angst habe ich nicht, ich würde nur den Weg gern wiederfinden. Meinetwegen auch nur irgendeinen Weg. Ich kehre um. War ich hier überhaupt schon? In deutschen Wäldern sollen etwa hunderttausend von Förstern installierte Kameras hängen. Sieht mich jemand? Soll ich winken? Ich ändere noch mal ein wenig meine Linie, stehe plötzlich auf dem alten Weg und bin froh darum.

Er führt mich zu einem kleinen Teich, ich setze mich ans Ufer, esse ein Wurstbrötchen. Die Wirtin der Deutschen Eiche drängte mich, es mitzunehmen. Ein weiteres Hoch auf sie. Die Sonne wärmt, Libellen surren im Kunstflug über das dunkle Wasser. Fast schon am andern Ufer steht ein Storch, dem ich mich verbunden fühle, sind wir doch die einzigen Zeugen dieser Schönheit hier. Ich winke ihm zu, doch er winkt nicht zurück. Ich bin nicht beleidigt.

Ich atme die Luft, den Wald, die Idylle, die Natur tief und tiefer in mich hinein. Die Stille ist greifbar und viel mehr als die

Abwesenheit von Lärm. Sie ist wesentlich. Mein Blick folgt den Wolken, erst dieser, dann jener, dann noch einer anderen. Schauen diese Wolken auf mich herab? Was sehen sie?

Ich fröstle, öffne die Augen. Eine dunkle Wolke verdeckt die Sonne. Ich muss eingeschlafen sein. Der Storch ist verschwunden, an seiner Stelle steht nun ein nicht minder stolzer Reiher. Ein wohliger Schmerz in meinen Muskeln, als ich sie strecke, ich stehe auf und mache mich auf meinen Weg. Er ist noch lang.

Später ein Fuchs auf meinem Weg, er ist ganz bei sich, bei seinen Plänen und Träumen, mich zumindest nimmt er nicht wahr. Hier ist sein Wald. Dann ein Reh, unvermittelt steht es da, stellt die Ohren auf, schaut zu mir wie ich zu ihm. Ein intensiver Blickkontakt für einige Sekunden. Mit meiner inneren Stimme spreche ich ganz ruhig: Bleib, bitte bleib. Ich werde dir nichts tun! Es versteht mich nicht oder traut mir nicht, springt plötzlich los und verschwindet im dichten weiten Wald.

Der Weg fällt steil zur Weser ab, ich folge ihrem Lauf und komme nach Bad Karlshafen. Am anderen Ufer spazieren auf einer Wiese nackte Menschen, die dampfen, weil sie aus einer Sauna kommen. Auch diese Stadt hat ihre beste Zeit längst hinter sich, dabei war und ist sie durchaus schön und als sogenannte Planstadt unbedingt besonders. 1699 hatten sich im Barock hier Hugenotten angesiedelt. Die Gebäude der Altstadt sind komplett aus dieser Zeit, durchweg weiß und nur zwei oder drei Stockwerke hoch, wobei die Straßen strikt symmetrisch zueinander liegen. Auf den ersten Blick wirkt das elegant und imposant, auf den zweiten sehe ich, dass vieles leer steht und dringend eine Renovierung braucht. Ein Laden versucht mit einem Räumungsverkauf seine letzten Reste zu verscherbeln.

Ich lasse mich ein wenig treiben, spüre wieder viel Geschichte, sehe wieder wenig Zukunft, denke an all die schon halb aufgegebenen Dörfer und kleinen Städte der letzten Tage und Wochen, und aus meiner Melancholie wird Traurigkeit. Soll Heimat in Zukunft nur noch in Großstädten möglich sein? Ein Freund hat mir mal erzählt, dass es im wirtschaftlich starken Süddeutschland auf dem Land oft ganz anders aussieht. Hier in der Mitte des alten Westdeutschlands ist das kein Trost.

Auf der anderen Seite der träge fließenden Weser stehen auf der perfekt gemähten Uferwiese viele Wohnmobile. Dahinter leuchten die Neonschilder der üblichen Discounter. Ich spaziere hinüber, die Fahrzeuge sind so akkurat geparkt, als habe jemand mit dem Geodreieck die Winkel vorgegeben. Ein neuer Wagen kommt, die Nachbarn schielen und werfen sich verstohlen Blicke zu, doch keiner hilft dem Neuen bei dem mühsamen Manöver, das große Auto in die schmale Lücke einzuparken. Vielleicht gilt dies hier auch als Zeichen des Respekts.

Einige Wohnmobile sind besonders groß. Und natürlich, so verrät es die Haltung der Besitzer, geht es dabei nicht nur um Bequemlichkeit, sondern auch um Status. Meine Frage, ob ich mal einen Blick in sein Fahrzeug werfen darf, überrumpelt einen Mann in Shorts, so dass er den Moment zu einem »nein« verpasst. Missmutig öffnet er die Tür. In seinem Blick kämpft Misstrauen gegen Stolz. Der Wagen ist mindestens acht Meter lang und hat alles, was man braucht: Sitzecke, Küche, Bett und Bad. Die Schränke sind mit edlem Holz verkleidet, der Teppichboden ist tief und hell, weswegen der Mann mich wohl auch nicht bittet einzutreten.

Ich habe genug gesehen, da spricht er noch von Pferdestärken, Traktionskontrolle, beleuchteten Schubladen, Warmwasserheizung, eingebautem Fernseher und einem Kühlschrank mit vielen Litern Fassungsvermögen. Der durchdachte Komfort imponiert mir durchaus, doch der Wunsch, im Eigenheim zu reisen, ist mir fremd. Das wirkt wie ein Widerspruch in sich und erinnert mich an eine arme Schnecke, die ihr Haus zeit ihres Lebens auf dem Rücken trägt. Ich danke, wünsche einen schönen Abend und mache mich auf die Suche nach einer Pension.

Körfer ist schon abgehauen, obwohl wir ihm noch einmal versicherten, dass wir ihm am nächsten Morgen gern helfen würden und er uns nur vertrauen müsse. »Ach, was war das wieder schön«, sagt Schuhi.

Ich verstehe nicht, wieso sie nicht öfter spielen. In meiner Vorstellung von Hohenlimburg hocken sie immer mit Karten in der Hand an einem Tisch, und oft säße ich dann gern dabei. Zico und ich machen es uns noch mit Schuhi in seinem Wohnzimmer bequem. An der Wand hängt eine große alte Karte von Hohenlimburg, die aus irgendeiner Schule stammen muss. Es ist sicher eine der letzten ihrer Art, und Schuhi ist stolz darauf. Ich hätte auch gern so eine. Der Blick aus dem Fenster fällt auf das Krankenhaus, in dem ich geboren wurde und neunzehn Jahre später meinen Zivildienst leistete. Würde ich nach hinten durch Schuhis Garten gehen und über den Zaun klettern, stünde ich vor dem Elternhaus meiner längst fortgezogenen, großen Jugendliebe. Viel mehr Heimat geht nicht.

Schuhi erzählt, wie er in einer Nacht im letzten Jahr bereits etwas angetrunken eine Karte für ein Bob-Seger-Konzert über das Internet bestellt hatte. Am nächsten Morgen, wieder nüchtern, hätte er alles rückgängig machen können. Schuhi jedoch dachte, »wennschon, dennschon«, und beschloss hinzugehen beziehungsweise hinzufliegen, denn der Auftritt sollte in Cleveland, Ohio, stattfinden. Als er nach einem umständlichen, weil billigen Flug dort ankam – Schuhi arbeitet als freier Lokaljournalist, was, wie er sagt, »keine Lizenz zum Gelddrucken ist« –, musste er feststellen, dass von all den vielen Konzerten, die Bob Seger auf seiner großen USA-Tournee geben würde, genau dieses eine ausfiel. Schuhi war traurig, ging in die nächste Bar und setzte sich an die Theke. Dahinter stand ein Ire, der ihn bald schon nach seiner Geschichte fragte. Danach war klar, dass Schuhi an diesem Abend für seine Getränke nichts bezahlen muss. Am Tag darauf besuchte er noch die Rock and Roll Hall of Fame, die ihm gut gefiel. Alles in allem, sagt er, war die ganze Reise »schon okay«. Solche herrlichen Geschichten, denke ich, passieren nur diesen Hohenlimburger Idioten, die meine Freunde waren. Und es noch sind.

Vor drei Wochen bin ich losgegangen in Berlin, jetzt frühstücke ich mit geblümtem Porzellan und schaue auf die Weser. Bis nach Bremen sind es am Fluss entlang wohl noch an die dreihundert Kilometer Richtung Norden. Doch mein Weg führt westwärts. Am Nebentisch sitzen zwei wohlfrisierte Damen Ende fünfzig oder Anfang sechzig. Sie tauschen Rezepte aus: »Die Blutwurst nur ganz kurz anbraten!« Anschließend sprechen sie über die Krankheiten gemeinsamer Bekannter ... bei Erwin ist es Kehlkopfkrebs, bei Hanne der Darm, bei Horst Arthrose. Gerda ist hingegen genesen, aber »wirklich so dick geworden«, dass es »da keine Hoffnung mehr gibt«. Sie schweigen kurz und kommen dann auf das spanische Königshaus zu sprechen. Beide haben wegen des alten Königs Mitleid mit der alten Königin, freuen sich aber mit ihr über den wohlgeratenen Sohn. Eine ihrer Töchter hat allerdings den falschen Mann geheiratet. Auch da sind sie sich einig.

Eine gute Stunde später stehe ich unterhalb der Ruine einer Burg und spreche mit einem jungen Wirt, der hier ein schönes, mit dunklem Holz verkleidetes Café betreibt. Gerade bepflanzt er einen Blumenkübel. Er sieht gesund und kräftig aus, ist sechsunddreißig Jahre alt, wirkt aber deutlich jünger, was sicher auch an dem vielen Gel in seinen Haaren liegt. Lachend sagt er, dass er jeden verstehen kann, der hier wegwill. Er aber hat sich entschlossen zu bleiben. »Für mich ist Heimat dieses Haus.« Er zeigt auf das Café, sein Urgroßvater hat es gebaut. Das ist ihm wichtig. Hätte man ihm mit sechzehn gesagt, dass er hier mal Wurzeln schlagen und sich heimisch fühlen würde, hätte er es nicht geglaubt. Dabei ist er nicht einmal hier aufgewachsen. Als Student kam er aus Osnabrück, um den Großvater zu besuchen, der allein hier lebte. Der Enkel blieb erst ein wenig und dann noch ein wenig länger. Schließlich musste er sich entscheiden, ganz zu bleiben oder weiter zu studieren. Doch da war er schon zu sehr hineingewachsen in das, was er jetzt Heimat nennt.

Nachteile gibt es genug, sagt er auf meine Frage und lacht erneut sein schönes freies Lachen. Vor allem die Freizeitangebote sind dünn gesät und dazu noch meist an einen Verein geknüpft. Vereine aber mag er nicht besonders. Manchmal vermisst er ein wenig Anonymität und Subkultur. »Ein paar Berliner Schnauzen täten diesem Ort schon gut.« Er meint Leute, die »nicht so den Stock im Arsch haben, die auch mal 'ne dicke Fresse haben«. Viel zu viele würden ständig aufpassen, was sie sagten. Ein Trost sind ihm jene, die ihren Ruf schon verloren haben und deswegen sagen können, was sie denken. Ich verstehe ihn, hätte jedoch umgekehrt gern ein wenig mehr Hohenlimburg in Berlin. Es kommt wohl, denke ich, wie immer auf die Mischung an.

Es ist ein schöner Wandertag mit Blumenwiesen, Schafen und kleinen braunen Lämmern, dem Geruch von frisch gemähtem Gras, schnatternd grüßenden Gänsen, einem am Himmel kreisenden Milan und einer Hummel, die mir etwas vorsummt.

Ich komme ins Städtchen Hofgeismar. Wieder fallen mir die Vorgärten mit ihren sorgfältig arrangierten Blumenbeeten auf. In meinem Berliner Kiez gibt es so was nicht. Allerdings hat meine Frau vor einiger Zeit ein paar Blumenkübel vor unserem Mietshaus organisiert, die sie regelmäßig neu bepflanzen muss, weil regelmäßig irgendwem der Respekt vor solchem Einsatz fehlt. Ich denke an den jungen Mann vom Vormittag und daran, dass ein Preis der Anonymität auch Vandalismus ist.

Der Wirt, bei dem ich ein Zimmer finde, ist ein eher stiller Mann von knapp fünfzig Jahren mit offenem, freundlichem Gesicht. Er kämpft offensichtlich vor allem schon mit der Gegenwart und kaum noch um die Zukunft. Sein Haus, insbesondere der Frühstücksraum, wirkt wie so vieles in den letzten Wochen aus einer anderen Zeit, hat aber einen Charme, der mir gefällt.

Das Essen ist sehr gut. Am Nebentisch sitzen fünf Dachdecker aus dem Hochsauerland. Sie spielen Mau-Mau und haben großen Spaß dabei. Ich würde gern mitspielen, traue mich aber nicht zu fragen, sie wirken einander sehr vertraut. So gehe ich noch ein wenig durch den Ort, komme durch die Fußgängerzone und treffe auf einen Mann, der wie Karl Marx aussieht. Dreißig Läden stehen leer, sagt er. Wir schauen uns um und zählen schon mal fünf. Eine Weile hat er in Berlin gelebt. Und warum jetzt nicht mehr? »Berlin ist auch nicht leicht«, sagt er, »und das hier ist schließlich meine Heimat.«

Vor der Aula der Realschule treffen sich knapp zwanzig Hohenlimburger zu einer Theaterprobe. Die Jüngsten sind etwa vierzehn, der Älteste siebzig Jahre alt. Sie versuchen sich an Thornton Wilders *Unsere kleine Stadt*. Initiator, Regisseur und Produzent ist Zico. Zudem übernimmt er die Rolle des Lokalreporters. Schuhi spielt mit, und seine große Liebe Bianca ist auch dabei.

Bis zur Premiere sind es noch ein paar Monate. Die Eintrittsgelder der beiden geplanten Vorstellungen sollen in den Unterstützungsfonds für das Hallenbad fließen, in dem ich schwimmen lernte, Schulsport hatte und im Winter Wasserball trainierte. Die Stadt Hagen will es schließen, weil sie hochverschuldet ist. Zico kämpft dagegen, hat sich sogar zum Hilfsbademeister ausbilden lassen und arbeitet regelmäßig ehrenamtlich dort am Beckenrand.

Der Saal der Realschule hat vierhundert Plätze und eine große Bühne, auf der ein paar einfache Requisiten stehen. Zico sagt, dass ihn das Stück, in dem es um das Leben in einer amerikanischen Kleinstadt geht, schon vor dreißig Jahren fasziniert hat und er einmal darin die Rolle des Lokalreporters spielen wollte. Vor ein paar Monaten befand er, dass die Zeit dafür reif sei, und nahm es selber in die Hand. Sein Engagement wird mir langsam unheimlich. Ist das auch eine Art Ausgleich zu einem nicht anderswo gelebten Leben? Er verneint.

Für die Produktion hat er einen erfahrenen Profi überreden können, ehrenamtlich die Rolle des stücktragenden Spielleiters zu übernehmen. Heute Abend wollen sie erstmals alle Szenen in einem Durchlauf spielen. Ich suche mir einen Platz im Zuschauerraum, blättere im Textbuch und lese im Nachwort, dass es »um eine sehr durchschnittliche Stadt mit sehr durchschnittlichen Menschen« geht und dass »sich der Sinn des Menschenlebens auch im kleinsten Rahmen ganz erfüllen« kann. Alles klar.

Der Spielleiter betritt die Bühne und eröffnet das Stück mit einem Monolog. Er hat eine tolle Stimme. Ich schaue ihm und den anderen gern zu.

Der Weg heraus aus Hofgeismar ist der schönste überhaupt bisher. Leicht ansteigend, weicher Boden, bereits blühende Obstbäume zur Linken, Wiesenhügel zur Rechten, ein warmer Wind. Ich fühle mich wie ein echter Wandersmann und stelle mir vor, einfach an Hohenlimburg vorbeizugehen, Heimat einfach Heimat sein lassen. Irgendwann käme ich an den Atlantik, ich würde an einem kleinen Hafen auf den Ozean schauen, Rotwein trinken und Geschichten erzählen, immer weiter erzählen und immer weiter trinken.

Manchmal, wenn ich nachts allein auf einer Autobahn unterwegs bin, was tatsächlich sehr selten vorkommt, stelle ich mir vor, immer und immer weiter zu beschleunigen, Antriebsstufe um Antriebsstufe zu zünden, auf- und immer weiter aufzusteigen, eine lange herrliche Kurve zu ziehen und ... zu verglühen. Ich weiß nicht, was ich davon halten soll. Aber ich habe auch gar kein Auto, nur ein Fahrrad und eine Bahncard.

Irgendwann an diesem zweiundzwanzigsten Tag meiner

Wanderung dünnt der Weg so weit aus, dass er gar nicht mehr zu erkennen ist. Ich gehe einfach geradeaus und komme so nach Zwergen, ein Dorf, das seinem Namen Ehre macht. Eine Frau hängt ihre Kochwäsche in den Wind, als säße Edward Hopper in den Büschen, um sie zu malen. Die Straße hoch mäht ein Mann mit einem kleinen Rasenmäher einen großen Rasen. Auf der anderen Talseite geht es vorbei an kleinen Feldern gleich wieder steil hinauf. Ich pfeife ein Lied, was vermutlich schrecklich klingt, aber ich bin ja allein und frei und keiner kann sich beschweren. Am Hang bauen einige Männer ein modernes Haus. Was für ein Leben werden die Besitzer darin führen? Ich wünsche ihnen ein glückliches. Aber was heißt das – Glück in Zwergen?

Ich finde eine Bank mit schöner Aussicht, die ich nur kurz genieße, weil ich bald schon einnicke. Das Brummen eines Flugzeuges weckt mich. Der Wind frischt auf, es sieht nach einem Sturm aus. Ich denke an die Wäsche der Hopper-Frau und eile los. Ich habe eine Verabredung in Volkmarsen.

Karl Nitzge vom Heimatverein und Ernst Klein von der Geschichtswerkstatt schließen ihr Museum für mich auf. Beide sind gesetzte Herren in den Sechzigern, beide tragen eine Brille, Nitzge dazu noch einen gestutzten Vollbart. Wir setzen uns an einen Tisch, sie beginnen zu erzählen von Kleinigkeiten und Zusammenhängen. Sofort ist klar, sie lieben ihr Städtchen, und das war und ist nicht immer leicht.

Als ich vor einer halben Stunde in Volkmarsen mit seinen knapp siebentausend Einwohnern hineingewandert kam, schien es mir ein Ort wie viele in den letzten Wochen. Doch in den Erzählungen der beiden Männer, die, wie ich den Eindruck habe, fast alles über ihre Heimat wissen, gibt es so viele spannende Geschichten und Geschichte, dass ich ihnen kaum folgen kann. Die Begeisterung, mit der sie all das aus dem Stegreif referieren, zieht mich in einen Bann. Sie sind sich sicher, dass ihre wirtschaftlich halbwegs gesunde Heimatstadt heute ganz anders dastünde, wenn sie nicht so gelitten hätte.

»Wann gelitten?«

»Im Dreißigjährigen Krieg.«

Ständig ist Volkmarsen aufs Neue erobert, geplündert und gebrandschatzt worden. Und das soll Auswirkungen haben bis in diese Zeit?

Die Männer sind überzeugt davon und überzeugen auch mich. So erzählen sie, dass hier meist Katholiken leben, die Umgebung aber vor allem evangelisch ist, und dass es bis in die sechziger Jahre hinein Mischehen nur sehr selten gab. Aus dem einen folgt das andere, so entsteht Geschichte, auch die dieser Stadt und aller anderen Städte.

Ich denke an meine in Hohenlimburg verorteten Erinnerungen, die Chronik meiner Heimatstadt, die mich, ich weiß es ja, mitgeprägt hat. Klein und Nitzge machen mir bewusst, wie weit sich die historischen Bögen, die in mein Leben spielen, spannen lassen. Dabei liegt insbesondere Kleins Hauptaugenmerk auf der jüngeren Geschichte – auf der NS-Zeit. Sie führen mich durch eine beeindruckend detaillierte Dauerausstellung zur Judenverfolgung in Volkmarsen, die den Alltag jener Zeit nachvollziehbar macht. Klein, der bis zum Eintritt ins Rentenalter ein kleines Bauunternehmen leitete, will zeigen, dass jeder damals seinen ganz persönlichen Entscheidungsspielraum hatte. Mit seinem Engagement hat er sich im Ort nicht nur beliebt gemacht. Als es ihm einige Jahre zuvor gelang, ehemalige jüdische Mitbürger, die rechtzeitig ins

Ausland hatten fliehen können, zum Besuch ihrer alten Heimatstadt zu bewegen, fand er als Kommentar dazu in seinem Briefkasten die vollgeschissene Unterhose eines Mitbürgers. Ich frage, was ihn motiviert, und er spricht von der Erziehung durch seinen Vater und davon, dass er seine Arbeit als geistigen Heimatschutz begreift, denn Ernst Klein lebt gern in seiner Stadt.

Und dann gehen wir hinaus aus dem Museum und hinein in die Stadt, die beiden Männer wollen mir in ihrem »Untergrund« noch etwas zeigen. Sie freuen sich, dass sich ein Fremder für ihre Heimat interessiert. Wir steigen in den Keller eines scheinbar ganz normalen Fachwerkhauses. Fünfundzwanzig Jahre lang hat Klein nach Spuren jüdischen Lebens in Volkmarsen gesucht, bis er mit zwei Freunden in diesem bald achthundert Jahre alten Gewölbe zu graben begann. Sie stießen auf die Treppe, den Teil eines Tauchbeckens, die Quelle mit beständig frischem Wasser, die ich vor mir sehe, und somit auf ein vergessenes, mindestens fünfhundert Jahre altes jüdisches Ritualbad. Ich bin ergriffen und beeindruckt von dem Gewölbe, vor allem aber auch von der unprätentiösen Leidenschaft, mit der die beiden Männer in der Geschichte ihres Städtchens graben, um zu lernen und zu zeigen, wie reich sie ist.

Zum Abschied frage ich auch noch Karl Nitzge, der in seinem Leben beruflich viel herumgekommen ist, worin sein Engagement für die Heimat gründet. Er spricht von der Neugier auf seine Wurzeln, dem Wunsch zu erfahren, wo er herkommt und warum er so ist, wie er ist. Seitdem er dem nachgeht, sagt er, lebt er bewusster hier und fühlt sich tatsächlich wohler. Seine Kindheit in der kleinen Stadt war nicht leicht, seine Eltern führten einen Handwerksbetrieb. Alles kam ihm kleinkariert und eng, vor, und er wollte nur noch weg. »Heute denke ich eher: Schön, dass die Nachbarn überhaupt über mich reden. Es zeigt: Ich lebe noch.«

Die Probe ist zu Ende und Zico zufrieden, wenn nicht gar glücklich. Das könnte was werden. Am Rand der Bühne stehen noch ein paar Jugendliche, ich frage, ob sie ihre Zukunft in Hohenlimburg sehen.

»Oh Gott«, stöhnt ein Siebzehnjähriger und sagt, dass Hohenlimburg »ein Kaff« ist.

Ein anderer träumt von einem Leben in New York, bremst sich aber mit der Bemerkung, dass das unrealistisch sei. So oder so, bleiben will er nicht. Nur wenn es »woanders nicht klappt«, käme er hierher zurück.

Ich denke an den Karl Marx von Hofgeismar: Heimat als sicherer Hafen, von dem aus man in die Welt zieht und in den man wieder zurückkehrt, wenn die Welt doch anders ist als erhofft. Ich frage mich, was ich hätte machen können, wenn ich hierher zurückgekehrt wäre. Mir fällt nichts ein.

Vor dem Einschlafen im Bett einer Pension in Volkmarsen denke ich noch mal an Klein und seinen geistigen Heimatschutz. Zu Beginn des letzten Jahrhunderts war das ein Begriff, den sich die Nazis dankbar schnappten. Doch auch in der Bundesrepublik Deutschland gab es noch eine Bundeszentrale für Heimatschutz, bis man sie von 1963 an doch lieber der politischen Bildung widmete. Mittlerweile formieren sich rechtsradikale Gruppierungen unter diesem Begriff, und Pegida-Anhänger nutzen ihn ebenfalls im Sinne einer mehr oder minder »rassistischen« Abgrenzung. Und hier in Volkmarsen holt ein aufrechter Herr den Begriff Heimatschutz heraus aus seiner dunklen Ecke und stellt ihn in ein neues Licht. Klein und Nitzge, das ist mein letzter Satz für diesen Tag, sind Heimathelden allererster Sahne.

Am Morgen des dreiundzwanzigsten Tages meiner Wanderung gehe ich noch einmal in die Stadt hinein und setze mich auf eine Bank, um einfach nur zu schauen. Eine Hochzeitsgesellschaft kommt vorbei, das Brautpaar ist nicht mehr ganz jung und mir kommt es so vor, als poche es hier gutgelaunt auf sein Recht auf eine zweite Chance. Er trägt einen dunklen, glänzenden Anzug mit Fliege und sie ein langes beiges Kleid. Auch die Gäste haben sich fein herausgeputzt und mustern sich erst einmal ein wenig überdreht, weil sie sich offensichtlich so noch nie gesehen haben. Ausgiebig posieren sie für ihre Handykameras.

Auch eine Passantin neben mir schaut dem gern zu. Ich schätze sie auf Ende sechzig, eine fesche Frau, die Haare frisch getönt. Sie zeigt auf meinen Rucksack, fragt mich, woher ich komme, ich spreche kurz von mir, bevor sie ihrerseits von sich erzählt. Erst geht es dabei um ihren letzten Besuch in Berlin, wo es für ihren Geschmack aber zu voll und überhaupt »zu viel von allem« ist, was ich für eine treffende Beschreibung halte. Allerdings war sie, wie hunderttausend andere, an Silvester zum Brandenburger Tor gefahren und stand dort fünf Stunden, in denen sie wegen der unklaren Toilettenlage nichts trank. Dafür sah sie aber auch Heino und – sie macht eine kleine Pause, in der sie die Stimme senkt – war auf dem Rückweg schwarzgefahren. Nicht aus böser oder krimineller Absicht, sondern weil es wegen der vielen Menschen gar nicht anders ging. Sie grinst zart und ein ganz klein wenig auch kokett. Und Heimat?

Sie atmet ein und antwortet ausführlich, die Geschichte ist ein wenig kompliziert. 1943 wurde sie als Deutsche im damals besetzten Luxemburg geboren, ihr Vater fiel kurz darauf im Krieg. Sie kennt ihn nur aus Erzählungen, doch es gibt ein Foto, das sie beide zeigt und ihr spürbar wichtig ist. Sie schluckt. Ihre damals neunundzwanzigjährige Mutter schlug sich allein mit drei Kindern durch. Das war nicht leicht. Sie selbst wurde früh »flügge«, machte eine Ausbildung im Fernmeldeamt der Post, wechselte immer wieder mal den Einsatzort, zog auch spontan mal als Au-pair-Mädchen nach Genf. »Eine tolle Zeit«, an die sie gern denkt. 1968, zurück in Deutschland, warb ein in der Studentenbewegung aktiver Mann um sie, der ihr anfangs nicht geheuer war. Doch von seiner Beharrlichkeit beeindruckt, nahm sie seinen Antrag schließlich an. Nach verschiedenen Umzügen landeten sie mit drei eigenen Kindern in einem Dorf hier in der Nähe. Das war vor fünfunddreißig Jahren. Sie selbst sei eine treue Frau, ihr Mann war es wohl nicht, weswegen sie einiges erdulden musste und sich klein und immer kleiner fühlte. Vor dreiundzwanzig Jahren dann der Befreiungsschlag: Sie bat ihn zu gehen, er tat es gern. Da er als Leiter einer Schule angesehen ist, sammelten sich die einst gemeinsamen Freunde und Bekannten auf seiner Seite, woraufhin sie sich neue suchen musste, was ihr gelang. Darunter sind auch »Geschiedene«, was in dem Dorf, in dem sie lebt, wohl erwähnt werden muss. Auf drei dieser Freunde kann sie sich »hundertfünfzigprozentig« verlassen. Und das ist für sie schon mal Heimat und somit zumindest eine erste Antwort auf meine Frage. Dazu kommt das große Haus, in dem sie seit fünfunddreißig Jahren lebt, allerdings auch mit all seinen »Schattenseiten«. Schließlich sagt sie den schönen Satz »Heimat ist dort, wo die Seele sich zu

Hause fühlt«, für sie ist das vor allem auch Familie. Ihr Sohn wird bald wieder in ihre Nähe ziehen, doch zu den beiden Töchtern hat sie den Kontakt verloren. Das bedrückt sie sehr.

Ich frage, ob es einen neuen Mann in ihrem Leben gibt. Sie verneint und sagt nach einer kleinen Weile: »Ich bin auch ganz gern allein.« Zudem käme ein anderer Mann mit einem anderen gelebten Leben in ihres hinein, was ja auch nicht einfach wäre. Doch, sagt sie nach einer neuen Pause, schön wäre es schon, wenn auch mal einer anrufen und sagen würde: »Das Wetter ist so toll. Lass uns was machen!«

Wir sitzen lang, sie erzählt viel, und ich mag diese Frau, die mir ihr Leben anvertraut. Die Zeit vergeht im Flug, schließlich aber muss ich weiter Richtung Heimat. Als ich das sage, nickt sie und hat zu diesem Thema noch etwas zu sagen. Einmal besuchte sie zusammen mit ihrem Bruder in Luxemburg die Klinik, in der sie beide auf die Welt gekommen sind. Sie hatte keine Erinnerung an diesen Ort, nur eine Vorstellung davon: Es war die von ihren allerersten Lebenstagen, die Zeit, in der ihr Vater noch lebte, die kurze Spanne, in der die Familie »komplett« war, das »Gefühl von Ganzheit«, und wie sie sagt, »das Gefühl von Heimat«.

Das nächste Brautpaar kommt, um seinen Bund zu schließen. Er ist jung und aufgeregt, sie noch jünger und ganz ruhig. Als beide die Treppe hinaufgehen, ist sein Schritt leicht und ihrer etwas schwer. Ich wünsche ihnen still viel Glück, drücke der Frau neben mir die Hand und mache mich auf meinen Weg.

Nach der Probe gehen wir noch »zum Griechen«, ein Schnickschnack-freies Restaurant, wie es zu Hohenlimburg passt. Es ist voll, und das ist schön. So viel öffentliches Leben erlebe ich zum ersten Mal, seit ich vor drei Tagen den Berg hinuntergekommen bin. Der Wirt gibt zur Begrüßung einen Ouzo aus. Zico ist dabei, Schuhi und Bianca.

Irgendwann fängt sie an zu kichern, was uns irritiert, sie will nicht sagen, was dahintersteckt, wir insistieren. Dann erklärt sie, dass sie plötzlich das Gefühl hat, sie würde hier »mit alten Männern« sitzen. Wir zeigen uns empört und wissen, was sie meint. Rund fünfzig gelebte Jahre sind uns – mehr als ihr – anzusehen. Doch wenn wir zusammenhocken, ist da auch noch dieses Jungsgefühl, die alten Geschichten schwingen mit, wir müssen uns nichts vormachen, schon weil wir es nicht könnten, und wir fühlen uns ein wenig alterslos.

Ich frage Schuhi nach einem Mitschüler, der erst später auf unsere Schule kam. Er hatte damals schon eine Ausbildung als Tischler oder Schreiner absolviert und wollte sein Abitur nachholen. Er war älter, gestandener, hatte sogar schon Särge gezimmert und Leichen hineingelegt. Sein Leben war uns fremd, und wir bewunderten und respektierten ihn, wählten ihn zum Sprecher unseres Jahrgangs, ich war sein Stellvertreter. Er war kein Junge, sondern ein Mann, ruhig und vor allem sehr integer, ich habe immer wieder mal an ihn gedacht und würde ihn gern wiedersehen. Schuhi schaut verdutzt, als ich den Namen nenne, und sagt: »Der hat sich doch totgesoffen.«

Das ist ein Schlag, ich muss schlucken, trotzdem kommen mir die Tränen. Ich hatte ihn wohl das letzte Mal beim Abiball gesehen. Er war Schreiner geblieben, hatte ein paar Jahre in den USA gelebt und dort eine Familie gegründet, die er mitbrachte, als er zurückkam. Wieder in Hohenlimburg oder vielleicht auch schon in den USA war er dem Alkohol verfallen. Eines Tages im Winter fand man ihn in seinem Garten, er war gestürzt und zu betrunken, vielleicht auch zu verletzt oder seines Lebens einfach nur zu müde, um noch mal aufzustehen.

Seine Frau war da mit den Kindern schon längst ausgezogen. Er ist erfroren. Womit, frage ich mich, war er nicht klargekommen? Welchen Schmerz wusste er nicht anders zu betäuben? Er gehörte zu meinem Bild von Hohenlimburg. In meiner Erinnerung war er immer stark.

Am frühen Nachmittag erreiche ich Bad Arolsen, ein schönes Städtchen mit einem imposanten Barockschloss, einer breiten Allee und vielen Cafés. Ich streife herum und setze mich zu einem alten Herren auf eine Bank. Er trägt das Haar sehr akkurat gescheitelt, den kleinen Fleck auf seiner braunen Hose hat er trotz der dicken Brille einfach übersehen. Mit zusammengekniffenen Augen mustert er meine Schuhe, meinen Rucksack, meinen Stock und fragt knapp nach dem Woher und dem Wohin. Ich erzähle von Berlin und meinem Weg.

»Die Heimat ist ein hohes Gut«, sagt er und schaut dabei sehr ernst.

»Ja«, sage ich und bekomme ein mulmiges Gefühl.

Er flüstert: »Sie ist bedroht«, und bohrt seinen Blick in meinen. »Die Fremden, wissen Sie ...«, er lässt das Ende seines Satzes offen.

»Was ist denn mit den Fremden?«, frage ich.

»Es sind zu viele«, er lehnt sich zurück.

Soll ich mit ihm diskutieren? Er ist ein alter Mann. Doch der Kontext ist hier besonders. Arolsen war schon vor 1933 eine Hochburg der SS gewesen und hatte später eine ihrer Garnisonen sowie eine SS-Führerschule beherbergt. Bis in die achtziger Jahre trafen sich hier die »alten Kameraden«, wobei die Lokalpolitiker aller großen Parteien brav ihre Aufwartung machten. Der Vater des Fürsten in dem großen Schloss diente der Waffen-SS als General, 1947 verurteilte man ihn zu lebenslanger Haft, wovon er aber nur drei Jahre verbüßte.

»Was denken Sie eigentlich über die SS?«, frage ich also den Alten.

Wieder versucht er mich mit seinem Blick zu durchdringen: »Was wissen Sie denn schon von der SS?! Ganz besondere Soldaten waren das!«

»Besonders sicherlich«, entgegne ich, während der Mann mit sehr viel Blut in seinem Kopf jetzt vor mir steht.

»Sie kommen her und stellen Fragen. Was fällt Ihnen ein! Was wollen Sie!?«

»Neugier«, sage ich.

Und er sagt tatsächlich: »Lügenpresse.« Dazu eine große Fuchtelei mit seinem Stock.

Was soll das?, frage ich mich nun. Will ich den Mann bekehren? Dafür ist es wohl zu spät. Ich schätze ihn nicht so alt, dass er selbst noch in der SS gedient haben könnte. Viele SS-Männer waren auch nach dem Krieg in dieser Stadt geblieben, von deren Geist hatte er wohl zu viel eingeatmet.

»Ach, gehen Sie doch nach Hause!«, sagt er jetzt, und ich weiß nicht, ob ich lachen oder weinen soll. Meine Verwirrung deutet er als Zeichen des Triumphs und stolziert davon. Ich hole tief Luft, ein-, zwei-, drei-, viermal. Dann gehe auch ich ... nach Hause. Ich bin aufgewühlt, die Nazischeiße kotzt mich an. Und ja, es hat mich gejuckt, den alten Mann zu provozieren. Es war ein zu leichtes Spiel gewesen.

Kurz hinter der Stadtgrenze von Arolsen rufe ich bei jemandem vom Heimatverein Hohenlimburg an, erzähle meine Geschichte und bitte um eine Verabredung für ein Gespräch.

Der Mann am Telefon zögert, das ist sein allerbestes Recht, und doch bin ich irritiert. Seine Kollegen, die ich in den letzten Wochen sprach, waren sofort und gern bereit, mir von ihrer Heimat zu erzählen. In meiner eigenen Stadt soll das jetzt schwierig sein?

Ja, das ist es. Er sei sehr beschäftigt, das müsse ich verstehen. Das tue ich und sage, dass ich für ein paar Tage in Hohenlimburg sein werde, erwähne die alten Freunde, die ich treffen will, dass ich mich aber ganz nach seinem Zeitplan richten kann. Er fragt, worüber ich mit ihm sprechen möchte. Über Heimat, sage ich. Vielleicht über die Identifikation der Bürger mit ihrem Schloss, fragt er. Ja, warum denn nicht. Er zögert weiter, sagt wieder, er habe viel zu tun, auch wegen »diesem Artikel«.

Ich sage ihm, dass ich von diesem Artikel im *Heimatblatt*, um den es wohl viel Wirbel gab, gehört habe. Mein Vater, der in Münster lebt, aber noch Kontakt nach Hohenlimburg hat, erwähnte ihn am Telefon. Darin ging es um die Nazizeit in meiner Heimatstadt und deren Aufarbeitung. Auf keinen Fall, sagt der Mann, wolle er über diesen Artikel sprechen. Auf dieser Geschichte sei jetzt »der Deckel drauf«, und er wolle nicht »noch mehr Öl ins Feuer gießen«. Er klingt aufgeregt und misstrauisch. In einem Jahr wäre ein Gespräch zu diesem Thema vielleicht möglich. Er will auflegen, doch ich hake noch mal nach, wir könnten ja über die Identifikation mit dem Schloss, auf jeden Fall aber bitte über Heimat reden. Er müsse schauen, sagt er, und dass ich ihn noch mal anrufen soll, wenn ich in der Stadt bin.

Ich bedanke mich und muss an einen anderen Heimatvereinsvorsitzenden denken, den ich auf meiner Reise traf. Ein netter Mann, der sich um die Aufarbeitung der knapp vierhundert Jahre zurückliegenden Hexenverfolgung in seiner Stadt verdient gemacht hat, obwohl er damit auf Widerstand bei jenen stieß, die dieses unrühmliche Kapitel lieber hätten ruhen lassen. Davon beeindruckt fragte ich ihn nach der Auseinandersetzung mit der NS-Zeit. Er winkte ab: »So weit sind wir noch nicht!« Man würde damit einigen im Ort auf »die Füße treten«, und man wolle keinen Streit. Noch einmal denke ich an Ernst Klein und seinen Heimatschutz.

Nach dem Frühstück spaziere ich in Hohenlimburg los und rede mir ein, kein Ziel zu haben, lande aber wohl nicht ganz zufällig an dem Friedhof, auf dem die drei Großeltern liegen, die ich als Kind erleben durfte. Ich weiß genau, wo ihre Gräber sind, finde dort aber keinen Hinweis, den ich mit einer Erinnerung verknüpfen kann. Grabsteine gab und gibt es nicht.

Ich bin verwirrt. Eigentlich wollte ich nah an ihren Gräbern stehen, um ihrer zu gedenken. Jetzt setze ich mich auf eine Bank, auf der ich vor Jahrzehnten schon mal saß. Erinnerungen an Oma Linni. Sie wohnte in dem Haus am anderen Ende unseres kleinen Gartens. Ich habe an ihr gehangen, sie hatte, anders als meine Eltern, keine Pläne für mich, keinen Ehrgeiz mit mir, wollte vor allem, dass es mir gutgeht. Konkret hieß das in erster Linie »warme Nieren« und genug zu essen. Mit meinem Cousin, der mit seinen Eltern im selben Haus lebte, spielte ich oft in ihrer kleinen Wohnung. Später floh ich zu ihr, wenn es mit meinen Eltern Spannungen gab. Sie fing vieles ohne große Worte auf und schenkte mir Geborgenheit. Als ich den Führerschein hatte, setzte ich sie am Wochenende oft in das Auto meines Vaters, fuhr mit ihr über die Dörfer, und sie erzählte mir die Geschichten, die sie hier und da vor allem in den Hungerjahren nach dem Krieg erlebt hatte, auf welchen

Feldern sie nachts zum Überleben Kartoffeln geklaut hatte ... solche Sachen. Später kamen ihre Erinnerungen ein wenig durcheinander, sie beschuldigte andere Leute, ihr Waffeleisen gestohlen zu haben. Ich verteidigte sie gegenüber meinen Eltern und verdächtigte diese Leute ebenfalls. Als ich nach Berlin zog, fiel es mir vor allem schwer, sie zu verlassen. Sie starb ein Jahr später, während ich für ein paar Monate in Indien und Nepal reiste. Mit ihr verschwand ein großes Stück Kindheit und Bindung an meine Heimat.

Der alte Mann in Arolsen spukt mir noch im Kopf herum, ich bin unkonzentriert, gerate immer wieder auf einen Umweg, fluche viel. Auf einer Bank sitzt eine Frau, während sich hinter ihr ein Mann im Garten müht. »Da lassen Sie Ihren Mann einfach so arbeiten«, spreche ich sie an, woraufhin sie sagt: »Das ist mein Vater!« Ich lache verlegen und mache, dass ich weiterkomme. Die Landschaft gefällt mir: geschwungene Hügel, Wald, kleine Felder, kaum ein Mensch. Doch den Weg bin ich bald leid, muss ihn aber noch eine lange Weile gehen.

Am Abend sitze ich in einem Landgasthof in Mülhausen-Twistetal an der Theke. Der Bilderbuchwirt ist Mitte sechzig, hat hellgraue Haare und seine Schnauzbartenden akkurat gezwirbelt. Ständig schweift sein wacher Blick durch das gutbesuchte Restaurant. Er hat den Laden seit Jahrzehnten im Griff. Einmal, so erzählt er, war er zum Urlaub auf Mallorca. Das hat ihm gereicht. Sein Dorf hier findet er schöner und will nie mehr weg. »Wozu auch?« Allerdings weiß er nicht, ob er einen

Nachfolger für das Geschäft finden wird, das er selbst von seinem Vater übernommen hat. Die Gäste, die jetzt fünfzig sind, saßen schon mit zwanzig hier. Die aber, die jetzt zwanzig sind, kommen nicht mehr zu ihm. Viele achten auf ihr Geld und kaufen lieber einen Kasten Bier, den sie zu Hause trinken.

Ein Nachbar kommt, ein Meister der Industriemechanik, der seit zwanzig Jahren im selben Werk eines Weltkonzerns arbeitet. Immer wieder reist er für seinen Arbeitgeber auch auf andere Kontinente, um zu lernen, zu lehren und die Qualität der Produkte zu prüfen. Er ist stolz auf seine Arbeit. Seit zehn Jahren, sagt er, wird das Klima rauer, die Leitung spielt einzelne Fabriken gegeneinander aus. Für die nächsten fünf Jahre sieht er für sich kein Problem, danach müsse man schauen.

Neben seiner Arbeit ist er auch stolz darauf, ein geborener Waldecker zu sein. Waldeck war einst eine Grafschaft, später ein Fürstentum und dann ein Freistaat, der 1929 von Preußen geschluckt wurde. Das Adelsgeschlecht existiert seit dem 12. Jahrhundert, der vorherige Fürst war der SS-General, über den und anderes ich mit dem alten Mann in Arolsen gestritten habe. Die Taufpaten des Generalssohns, der seit 1967 dem Hause vorsteht, waren Hitler und Himmler.

Die Männer an der Theke lassen auf ihren Fürsten aber nichts kommen. Er könne nichts dafür, was früher war, und hätte sich von alldem distanziert. Kurzum: Die Geschichte Waldecks ist lang und kompliziert, und die Männer hier fühlen sich ihr sehr verbunden. Einer zitiert das Waldecker Lied:

»Unter allen Landen deutscher Erde
Preis ich Waldeck, mein lieb Heimatland.
Bis zum letzten Atemzug werde
Ihm ich weihen treulich Herz und Hand.«

Ansatzlos sind wir beim nächsten Thema: Schützenfest. Das gibt es hier nur alle sieben Jahre, doch in diesem Sommer ist es wieder so weit. Seit 1567 existiert ihre Schützengesellschaft. Diese wurde, so erzählen mir die Männer, zum Schutz einer alten Handelsstraße zwischen Frankfurt und Leipzig gegründet. Regelmäßig hatten Raubritter dort Reisende überfallen und massakriert, bis der damalige Waldecker Graf in sieben Dörfern der Region Bürgerwehren gründen ließ. Zum Dank schmiss er jedes Jahr reihum in einem dieser Dörfer ein Fest.

Auch wenn es die Raubritter nicht mehr gibt, gefeiert wird immer noch. Der Aufwand ist beträchtlich. Erst mal geht es darum, die Häuser herauszuputzen, manche werden extra neu gestrichen, manche komplett renoviert. »Da«, sagt einer der Männer, »merkt man dann, wer richtiger Mülhausener ist.« Schützenkönig kann ohnehin nur werden, wer im Dorf geboren wurde, und die Entscheidung fällt schon lange vor dem ersten Schuss. Denn König sein ist in Mülhausen ein teurer Spaß, der gut geplant werden muss. Bei verschiedenen Gelegenheiten gilt es, an die vierhundertfünfzig Schützenbrüder zu bewirten, und dann »allein die Kleider für die Frau«, wie einer der Männer sagt. Alles in allem sei mit dreißigtausend Euro zu rechnen. Mittlerweile gibt es in der Region Vereine, in denen deswegen keiner mehr König werden will. Gesoffen würde übrigens, zumindest hier in Mülhausen, nicht allzu viel, weil man ja auch auf seinen Ruf achten muss und weil sie evangelisch sind, sagen sie, und wir trinken die nächste Runde.

Ich sitze gern an dieser Theke, mit diesen Männern, die ganz anders leben als ich. Ihr Dasein in der Heimat fasziniert mich. Der Meister der Industriemechanik neben mir ist ein Akteur und zukünftig vielleicht auch Opfer der Globalisierung, und als Schützenbruder in einer jahrhundertealten Tradition verhaftet. Ein Spagat, den er im großen Ganzen offensichtlich beherrscht. Er erweckt den Eindruck, in sich zu ruhen, wirkt bescheiden, überlegt und sicherlich nicht dumm. Wohl einer, auf den man sich verlassen kann.

Ich frage mich, wie es wäre, hier zu leben, als er von seinen Nachbarn spricht, die vor vierzehn Jahren in dieses Dorf gezogen sind. Die Frau des Meisters brachte ihnen zur Begrüßung einen selbstgebackenen Schokoladenkuchen, am nächsten Tag bekam sie das Blech mit knappen Dank gespült zurück. Das war alles. Und somit war es das dann auch mit Integration und gelebter Nachbarschaft.

Knapp nur kann ich mich noch aufrecht halten. Ich habe genug oder auch ein bisschen mehr als das getrunken. Während mir die Welt am Tresen gerade noch überschaubar schien, fehlt mir vor der Tür der Überblick. Die Nacht ist schwarz und der Weg zu meiner Pension kaum eine vage Erinnerung. So irre ich durch das schöne Dorf, suche in den Sternen einen Hinweis auf meinen Weg und frage mich, was man vom Leben will, was man von ihm erwartet, was man davon bekommt, ob man damit zufrieden ist, ob es immer einen Resthunger, eine Restsehnsucht gibt, und weiter, wohin einen dieser Hunger, diese Sehnsucht führt, ob es wirklich erstrebenswert ist, satt zu werden, und ob man satt bleibt vom Leben, wenn man einmal satt war.

Ich kann mir ein Leben ohne diesen Hunger, ohne diese Sehnsucht nicht vorstellen. Dann endlich eine Tür, in die der Schlüssel passt, und ein Bett, neben dem mein Rucksack steht. Ich falle hinein, und alles ist gut, zumindest bis zum nächsten Morgen.

Ich spaziere durch Hohenlimburg und telefoniere, wie verabredet, noch einmal mit dem Mann vom Heimatverein. Leider keine Zeit, sagt er, aber ich könnte vielleicht mit Zico sprechen – er sagt natürlich Frank Schmidt –, der könne auch viel über Hohenlimburg sagen. Ich bedanke mich für diesen Tipp. Ohnehin bin ich unterwegs zu einem Treffen, zu dem mich Zico eingeladen hat.

Die *Bürger für Hohenlimburg* versammeln sich an einem frühen Abend im Hinterzimmer einer Gaststätte zur wöchentlichen Sitzung. Vorn am Tresen läuft im Fernseher ein Fußballspiel, an einem Tisch spielen vier ältere Männer Doppelkopf. Hinten hängt eine elektronische Dartscheibe und ein Regal, auf dem viele kleine Pokale stehen. Ich frage mich, ob Pfeilewerfen so etwas wie das Tontaubenschießen oder Golfspiel des kleinen Mannes ist.

An einem langen Tisch sitzen ein paar Hohenlimburger im Alter von sechzehn bis sechzig Jahren. Auch Schuhi ist dabei, Zico leitet das Treffen. Jeder kann die Themen einbringen, die ihm wichtig sind. So geht es um Kuchen – »Nicht schon wieder nur Rhabarber!« – und Paten für ein Spielplatzfest, Preise – »Tattoo-Gutschein?« – für das vom Verein auf dem Stadtfest organisierte Karaoke, das schwierige Geschäftsgebaren des Fürsten – »Da laufen alle weg!« – und die Sorge um sehr nah an einem Wohngebiet geplante Windkrafträder – »Wir fangen an mit einer Unterschriftenliste«. Die Atmosphäre ist konzentriert und, der Hohenlimburger Mentalität entsprechend, vor allem unaufgeregt. Fragen werden aufgeworfen, wenn möglich gleich beantwortet, ansonsten meldet sich jemand, der bereit ist, das Thema anzugehen. So wird Heimat gemacht, gestaltet, gelebt, denke ich. So einfach. Ich bin beeindruckt.

Nach einer guten Stunde sind die Themen durch, Schuhi fährt mit Bianca noch ins Kino, Zico geht mit mir spazieren.

Er erzählt, dass er sich von Pitt Tattoo einen Hohenlimburger Löwen unter die Haut stechen lassen will.

Mein Kopf tut weh. Ich denke an den letzten Abend und weiß, wieso. Es ist der vierundzwanzigste Tag auf meinem Weg nach Hause. Die schöne Wirtin der schönen Landpension serviert mir ein schönes Frühstück. Sie ist im Dorf geboren und aufgewachsen, hatte zwar mal eine Lehre am Rhein gemacht, aber nur hier »weiß ich, wer ich bin«, sagt sie. Sie wirkt mit sich im Reinen. Die Art, wie sie das Wort Kirche ausspricht, erinnert mich an Hohenlimburg, was mir gefällt. In ihrem Garten wachsen dreihundert verschiedene Kräuter, und sie weiß, wie diese wirken. Ihr fallen die beiden Schienen auf, die ich an zwei Fingern trage, welche ich mir kurz vor Beginn meiner Wanderung gebrochen habe. Sie schenkt mir eine selbstgemachte Salbe, die helfen soll, was sie tatsächlich tut. Noch mehr als die Wirkung rührt mich die Geste.

Mülhausen-Twistetal ist ein guter Ort. Ich frage sie, ob es ihr hier auch mal zu eng wird. Manchmal nur, sagt sie, aber sie weiß, wo hier die guten Orte sind, die mit weitem Blick und starker Energie. Vor ein paar hundert Jahren hätte man sie wohl als Heilerin verehrt oder als Hexe verbrannt. Sie ist eine starke Frau, was wohl auch nötig ist, denn ihr Mann kommt aus dem Nachbardorf. Nie hat sie es für möglich gehalten, dass sie mal einen heiratet, der nicht direkt von hier stammt. Die jungen Männer im Dorf sahen das ähnlich, weswegen es wohl auch ein bisschen Ärger gab.

Das Wandern ist an diesem Tag eine Plackerei. Der Kopf ist schwer, die Füße, überhaupt der ganze Körper. Dazu kommt ein schwülwarmes Wetter. Wie ein erschöpfter Pilger gehe ich buchstäblich am Stock. Und wie ein echter Pilger habe ich an diesem Tag auf der Straße zwischen Welleringhausen und Düdinghausen eine Art Erleuchtung. Denn dort sehe ich vor mir Berge, die so deutlich schöner sind als alle, die ich sonst auf diesem Weg gesehen habe, dass ich stutzend stehen bleibe. Irgendetwas ist grundsätzlich anders hier. Nur was?

Ich drehe mich um die eigene Achse, sehe aus den Augenwinkeln auf den Leitpfosten am Straßenrand die Markierung HSK und muss unwillkürlich lachen, denn die Abkürzung steht für Hochsauerlandkreis. Gerade eben habe ich die Grenze überschritten, die schönen Berge gehören zu meinem Sauerland und zu Nordrhein-Westfalen. Und jetzt spüre ich es auch: Die Luft ist noch besser, das Gras ist noch grüner, und die Kühe sind noch viel hübscher. Tatsächlich mache ich hier einen entscheidenden Schritt in die erweiterte Heimat.

Autos überholen mich, auf ihren Anhängern stehen grob zusammengeschweißte Fahrzeuge. Der Rennsport-Club-Düdinghausen lädt laut Plakat zum Altwagenrennen. Die Männer am Steuer sehen wie Cowboys aus. Auch wenn es immer weniger Kühe gibt, denke ich, im Sauerland lebt der Wilde Westen weiter. In Düdinghausen selbst stehe ich nach einem steilen Anstieg wenig später enttäuscht vor einer Bäckerei. Ich habe Hunger, doch es ist Samstag, 16.00 Uhr, und der Laden längst geschlossen.

Ich habe Glück, denn an der Hintertür treffe ich den Bäcker höchstpersönlich, und der sieht in mir den müden Wanderer, der ich ja tatsächlich bin. Ob ich etwas wolle, fragt er. »Ja«, sage ich, »Bienenstich.« Schon habe ich zwei Stück in der Hand. »Was bin ich Ihnen schuldig?« »Kriegen Sie geschenkt.« Trotz seines noch ergänzenden »Hätten wir sonst weggeschmissen«, mit dem er seine Großzügigkeit kaschiert, sehe ich in dem leckeren Kuchen voller Dank ein Geschenk der Heimat. Mein

Blutzucker kriegt die Kurve, und ich finde alle Frauen, die ich von nun an in Düdinghausen sehe, wunderschön.

Sauerländerinnen wirken ja ohnehin meist so, als hätten sie zur Geburtsurkunde gleich noch die Lizenz zum Pferdestehlen mitbekommen. Und so singe ich, allerdings leise, ihnen zu Ehren ein Lied aus meiner Jugend. Es stammt von der Band Zoff, deren Sänger im Nachbarort von Hohenlimburg eine Kneipe führte, in der wir damals viel Zeit verbrachten. Das Lied heißt *Sauerland*.

»Wo die Misthaufen qualmen, da gibt's keine Palmen.
Sauerland, mein Herz schlägt für das Sauerland,
vergrabt mein Herz im Lennesand,
wo die Mädchen noch wilder als die Kühe sind.«[23]

Ich komme leichten Fußes am Ende eines langen Tales nach Titmaringhausen, dort treffe ich eine Frau mit glatten, braunen Haaren und dem tollen Titel Ortsheimatpflegerin. Ich schätze sie auf Anfang oder Mitte dreißig. Seit ihrer Kindheit lebt sie in dem Dorf, mittlerweile mit Mann und Sohn. Ortsheimatpflegerin ist sie ehrenamtlich, »weil keiner das sonst machen wollte«. Ihre Aufgabe ist nicht klar definiert: »Ach, wenn de was machen willst, machste was«, hat ihr Vorgänger gesagt, »und wenn de nichts machen willst, machste eben nichts.« Es sei aber ganz gut, wenn man sich in diesem Amt für die Geschichte seines Dorfes interessiert. Im »echten Leben« arbeitet sie als OP- und Anästhesiepflegerin.

Wir machen einen Rundgang durch das ganze Dorf, was fünf Minuten dauert. Ein paar Häuser, eine Handvoll landwirtschaftlicher Betriebe, eine Kirche, ein Vorzeigefachwerkhaus und zwei Gasthöfe. Hundertachtundneunzig Menschen leben hier und engagieren sich in einem Sportverein, einem Schützenverein, einem Taubenverein, einem Skatclub und dem Katholischen Frauenbund. Im Grunde war jeder Mann hier schon einmal Schützenkönig. Aber mittlerweile wird es eng, weil »immer weniger überhaupt noch in der Lage sind, den Vogel abzuschießen«.

Kein Haus steht leer, doch in einigen wohnen alte Menschen allein, und es ist unklar, ob sich nach ihnen noch ein Mieter oder Käufer finden wird. In der Kirche aus dem Jahre 1623, erzählt die Frau, sitzen Männer und Frauen noch getrennt beim Gottesdienst. Vor ein paar Jahren kamen ein paar Padres auf einer Missionsreise zu Besuch, »Paderborn sei ja schon weit zurück, sagten die, aber hier sei es noch einen Tacken schlimmer, fast wie im Mittelalter«. Seitdem die Kirche sparen muss, hat Titmaringhausen keinen eigenen Pastor mehr, und hin und wieder fällt die Messe aus.

Zum Abschied sagt die Ortsheimatpflegerin, dass ihr die Ruhe sehr wichtig ist: »Ich komme mir in der Stadt immer ganz wuschig vor. Ich denke: Hoffentlich schaffe ich es heil über die Straßen. Hier kann ich loslaufen, hier kommt sowieso kein Auto.« Noch einmal lacht sie, und ich danke ihr für den Spaziergang und das Gespräch. Die Kirchenglocken bimmeln laut, ich schaue mich um und sehe keinen Menschen auf der Straße. Man muss, denke ich, das Leben hier schon wollen.

Im Gasthof ist es am Abend überraschend voll. Fast das ganze Dorf scheint da zu sein. Frisch frisierte junge Frauen treffen sich gut gelaunt zu einer Art Vorglühen für ein Schützenfest in einem anderen Dorf. Am Tresen erzählt ein Rentner einen rassistischen Witz, über den zwei andere Thekensteher höflich lachen. Der Witzerzähler und ein anderer Rentner versuchen sich gegenseitig, vor allem aber ihre stillen Frauen zu beeindrucken. Es geht um Politik, das heißt um die »Vernichtung Deutschlands« durch die Energiewende, niedrige Geburtenrate und Flüchtlinge. Dazu verweist der Witzerzähler noch auf die ersten sieben Seiten des Frankfurter Telefonbuchs, in dem seiner Erinnerung nach nur ausländische Namen auftauchen würden. Die anderen nicken.

Ich gehe auf mein Zimmer, spüle Schweiß und Staub aus den Klamotten, falle ins Bett und kann nicht einschlafen. Meine Gedanken drehen sich um diesen stumpfsinnigen und bösen Geist, dem ich auf dieser Wanderung allzu oft begegne. Dabei gibt es in diesen Dörfern vieles, was mich anzieht und was ich in Berlin vermisse. Aber diese zwischen Biedermann und Brandstifter changierende Selbstgefälligkeit tut weh. Natürlich sind »nicht alle« so, aber Widerspruch bei solchem Mist wie eben habe ich auch noch nicht gehört. Einer der Wirte, mit denen ich in den letzten Tagen sprach, sagte mir, dass solche Sprüche zu seinem Alltag gehören und dass sein Vater, der das Gasthaus vor ihm geführt hat, solche Leute früher rausgeworfen hat. Er selbst tut es nicht, weil er ans Geschäft denkt.

Mit Zico durch die Möllerstraße mit ihren Geschäften und den Menschen auf den Bürgersteigen, die einkaufen oder einfach nur spazieren gehen. In diesem Stadtteil ist etwas von dem Leben, das in der Innenstadt verschwunden ist. »Weil hier auch Autos fahren dürfen«, meint Zico. Die Fußgängerzone in der Stadtmitte würde er gern teilweise rückgängig machen, um den Einzelhandel dort zu stärken. »Es sind die Menschen, die eine Stadt ausmachen, nicht die Gebäude oder die Infrastruktur«, sagt er. Trotzdem kämpfte Zico für den Erhalt des alten Bahnhofs, vergeblich, wie ich schon am ersten Abend gesehen habe.

»Kannst du verstehen, dass jemand, der hier aufwächst, wegwill?«

»Ja, kann ich. Aber ich bin auch froh um jeden, der bleibt oder zurückkommt.«

Schweigend gehen wir weiter, kommen an einem Gemeindehaus vorbei, wo sich einst der Posaunenchor zum Proben traf, in dem ich mit überschaubarem Erfolg die Tuba spielte. Dann eine Fußgängerbrücke, die über die Lenne führt. Vor ein paar Jahren sollte sie ersatzlos abgerissen werden. Die Bürger für Hohenlimburg haben das verhindert.

Zico hat mit seinen Verbündeten in der Stadt eine Menge Spuren hinterlassen. Auch wenn ich hier nicht mehr leben will, spüre ich neben Respekt auch Dankbarkeit. Was wäre Hohenlimburg ohne ihn? Mir fällt vieles ein. Und was wäre Berlin ohne mich? Nun, ja. Dann denke ich, dass ich eine Familie habe und er nicht und dass das vielleicht auch noch eine Rolle spielt bei den Aufgaben, die man sich im Leben sucht oder eben nicht sucht. Wieder komme ich mir vor wie ein Verräter, der sich verteidigen will, dabei greift mich außer mir selber keiner an.

Der fünfundzwanzigste Tag meiner Wanderung führt mich nach Winterberg, der erste Ort auf dieser Reise, den ich aus meiner Kindheit kenne. Oder zu kennen glaube. Im Winter kam ich mit meinen Eltern und meinem Bruder am Wochenende oft zum Skifahren, zeitweise war ich auch Mitglied im örtlichen Skiclub. Mit diesen Ausflügen verbinde ich schöne Erinnerungen. Nur passen sie so gar nicht zu dem Trubel, in den ich hier geraten bin. Nach gut dreißig Jahren stehe ich auf dem Marktplatz und denke: Das kann doch alles gar nicht sein!

Da ist ein Einkaufszentrum mit den Filialen diverser Billigketten, dazu Würstchenbude, Eisdiele, ein Stand mit Strohhüten, Skate- und Streetwear und viel Aktion, Rabatt und Ausverkauf. Davor, darin, dazwischen: Rentner mit Nordic-Walking-Stöcken, Frauen mit Senf auf der Synthetikbluse, Männer mit Bäuchen, aufgebrezelte Teenager, gebräunte Tennisclubgesichter, Geschwisterkinder in verordnetem Partnerlook, Eltern, die ihren Partnerlook zumindest zur Hälfte freiwillig tragen. Sie kaufen, essen, kaufen, trinken, kaufen, fotografieren und sprechen sauerländisch, rheinisch, holländisch oder die Sprache des Ruhrpotts. Wer nicht laufen will, kann sich mit einer Bimmelbahn durch den Ort fahren lassen. Eine Gaststätte mit dem Namen Volldampf bietet »Drinks, Music und Dance«. Ich bin verdattert und verwirrt und erfahre erst später, dass Winterberg hier im Jahr 2000 untertunnelt wurde. Diesen Platz hat es also bei meinem letzten Besuch noch gar nicht gegeben.

Es ist nicht einfach, noch ein Bett zu finden. Im Städtchen gastiert das Dirt-Festival, ein Riesending für Leute, die mit dem Fahrrad gern steile Wiesen runterrasen. Ich komme in einem Hostel unter, einst ein Erholungsheim der Gewerkschaft, heißt es jetzt Big-Mountain. An der Bar und Rezeption begrüßt mich laut Namensschild ein Mr Joy, und ich kann nicht einschätzen, ob das ein Scherz sein soll. Im Hintergrund lodert ein Kaminfeuer auf einer großen Leinwand, davor trinken Männer Bier mit einem Schlauch aus einer Art Zapfsäule in der Mitte ihres Stehtischs. Für 16,90 Euro kann man so viel essen, wie man will. Der Zimmerpreis ist Wucher: Achtzig Euro inklusive Frühstück für ein Zimmer mit versifftem Teppichboden und einer Dusche aus den sechziger Jahren im Keller.

Ich treffe Klaus, den Sohn der Familie, die wir damals hier besuchten. Auch ihn habe ich gut dreißig Jahre nicht gesehen, wir erkennen uns sofort. Ich sehe seine Falten und er meine. Was sonst können wir tun, als zu lachen? Ein wenig sieht er aus, wie ich seinen Vater in Erinnerung habe, sage das aber nicht, weil ich selbst so etwas nicht hören wollte. Wir tauschen Erinnerungen aus, sprechen über die Gesundheit unserer Eltern, schließlich über unsere Familien. Ich schätze die Vertrautheit zwischen uns. Wir gehen spazieren, er zeigt mir sein Winterberg. An den Abhängen, an denen sich professionelle Radfahrer den Berg hinunterstürzen und dabei noch Salti und andere Kapriolen veranstalten, johlen Tausende Besucher. Wir versuchen Witze darüber, dass wir hier die Ältesten sind, die nicht wirklich zünden. Ich sehne mich nach dem alten Winterberg, in dem es noch keine Schneekanonen gab. »Selbst Ende Mai liegt hier irgendwo noch ein kleiner Haufen Kunstschnee«, sagt Klaus.

Einer der Sessellifte wird demnächst gegen eine noch modernere, schnellere Version für sechs Personen ausgetauscht. Im April rüstet man die Sessel um, so dass sich damit auch Fahrräder transportieren lassen. Das Ski-Karussell mutiert dann zum Bike-Park. Klaus begrüßt, was auf mich wie ein Ausverkauf wirkt, und hält mir einen kleinen Vortrag. Böden und Klima hier gaben und geben Kartoffeln oder Weizen keine Chance. Hunderte Jahre lang mussten Winterberger ihre Heimat verlassen, um zu überleben. Bis heute gibt es keine Industrie, kein nennenswertes Gewerbe. Die einzige Chance ist der Tourismus. Die ersten Feriengäste waren vor Jahrzehnten Berg- und Stahlarbeiter des nahen Ruhrgebiets, die sich nach reiner Luft für ihre strapazierten Lungen sehnten. In der Gegend gibt es eine Menge Dörfer, die um Gäste streiten. Mitmachen reicht da nicht, es gilt, der Konkurrenz immer einen Schritt voraus zu sein. So oder so liegt Winterberg weit vorn. Und deswegen lebt die kleine Stadt und muss sich nicht vor leeren Häusern fürchten. Immer mehr Niederländer kommen erst als Gäste und ziehen später ganz hierher. Sie lieben das Sauerland, aus ihrer Sicht ist es das nächstgelegene Gebirge. Mittlerweile hängt an einem Haus, das zu haben ist, ein kleines Schild mit »Zu verkaufen« und ein großes mit »Te Verkoopen«. Einige von Niederländern geführte Hotels nehmen mit der Begründung »Passt einfach nicht« keine Buchungen von Deutschen an.

Klaus selbst hat beruflich mit dem Tourismus nichts zu tun, hat aber Glück mit seiner Stelle als Diplominformatiker. Sein Arbeitgeber in Frankfurt gestattet ihm, einen großen Teil seiner Aufgaben von hier aus zu erledigen. So kann er in dem Ort leben, der seine Heimat ist. Während wir so gehen, bleibt er immer wieder stehen, grüßt und wird begrüßt. Klaus lebt hier in einem dichten sozialen Netz, und es ist ihm wichtig, dass die Winterberger, die von den Entwicklungen am meisten profitieren, bescheiden bleiben. Der Zusammenhalt im Dorf ist nach wie vor intakt.

Ich frage ihn, was genau denn Heimat für ihn ist, und er spricht von der Landschaft, vor allem aber davon, dass er weiß, wie hier die Leute ticken. Sein Zuhause sind nicht die vier Wände, in denen er lebt, sondern das ganze Dorf. Und abgesehen von den sozialen Normen müsse er sich nicht verstellen. Das muss ich auch nicht in Berlin, denke ich, doch jenseits meiner Wohnungstür ist mit Zuhause Schluss.

Kurz zeigt Klaus mir noch das schöne Haus, das seine Frau und er sich haben bauen lassen. Ich kann mir nicht vorstellen, einmal ein solches zu besitzen, den Moment habe ich wohl verpasst.

Kurz bevor wir an meinem Hotel ankommen, spreche ich Zico noch auf den Heimatverein an, erzähle, dass ich irritiert bin, weil es kein Treffen geben wird, und frage nach dem Artikel, über den niemand mit mir sprechen will. Zico erzählt: Der Redaktionsleiter des Hohenlimburger *Heimatblattes* mit bald fünfzig ehrenamtlichen Dienstjahren hatte auf über achtzehn Seiten die Leistungen und Tugenden des 1908 in Hohenlimburg geborenen Fritz Witt gewürdigt, woran sich innerhalb des Vereins erst mal niemand störte. Das Problem war, dass Witt Karriere in der Waffen-SS gemacht hatte. Auf dem Titelblatt der Ausgabe ist er in Uniform zu sehen. Darauf, dass das auch siebzig Jahre nach Kriegsende nicht geht, wurde der rund fünfhundert Mitglieder starke Verein von einem aufmerksamen Leser gestoßen. Die Aufarbeitung des kleinen Skandals verlief dann eher schleppend. Überhaupt hat der Heimatverein Hohenlimburgs lange laviert und wohl auch mal geschönt, wenn es um seine Geschichte mit den Nazis ging.

Schweigend gehen wir weiter, ich möchte seine Meinung darüber wissen, ob der Nationalsozialismus Heimat diskreditiert hat. Zico schüttelt den Kopf, sagt, dass er natürlich die Geschichte kennt, sich aber den Heimatbegriff nicht von den Nationalsozialisten stehlen lässt. »Die Nationalsozialisten haben auch geatmet, deswegen werde ich das Atmen nicht einstellen.« Und dann bleibt er stehen und hält mir eine kleine, schöne Rede, in der es darum geht, dass Heimat nicht Abgrenzung bedeutet und kein Gegensatz zu Weltoffenheit ist.

»Heimat ist für mich«, so schließt er, »dass man sich um seine Umgebung und die Menschen darin kümmert. Das ist nicht hinterwäldlerisch. Es geht um Leute, die begriffen haben, was Leben bedeutet.« Mit so viel Pathos habe ich nicht gerechnet. Ich will ihm nicht widersprechen, denke aber, dass das Leben viele Bedeutungen haben kann. Wir verabschieden uns.

Rucksack auf und los. Der sechsundzwanzigste Tag meiner Wanderung, ich fühle mich ausgesprochen matt. Zu lange saß ich gestern noch mit Klaus an einer Theke und trank wie früher Altbier, das es in Berlin auch heute noch eher selten gibt. Ich finde meinen Wanderrhythmus nicht, stolpere vor mich hin und hoffe, dass die Richtung stimmt. An einem sonnigen Tag würde ich mir eine Lichtung für ein Nickerchen suchen, aber das Thermometer zeigt gerade acht Grad Celsius, dazu noch Regen, der die Laune trübt. Ich verpasse eine Abzweigung, was ich erst nach einer Stunde merke, und fluche, bis ich Schüsse höre. Für eine Jagd sind es zu viele. Ein Schützenfest?

Tatsächlich ist vor einer Halle in Altenfeld-Walbecke ein Schießstand aufgebaut. In etwa acht Metern Höhe hängt ein Holzvogel, er ist ein wenig dick, seine Spannweite liegt wohl bei eineinhalb Metern. Recht nah davor zwei Ständer mit montierten Gewehren. Der Bierwagen steht wenige Schritte entfernt. Lustvoll ballert eine Handvoll Männer im Dauerregen auf den Vogel. Das halbe Dorf johlt, die andere Hälfte wartet nass geregnet in der Schützenhalle. Alle hoffen, dass der Vogel endlich fällt, dass es endlich einen neuen König gibt, den sie endlich feiern können.

Es ist schon Mittagszeit. Im Vogel steckt schließlich so viel Blei, dass er zu Boden stürzt. Aus der Halle klingt ein Tusch, dort sitzen auf einem Podest die Negertalmusikanten e. V. Siedlinghausen bereit, zum Tanz zu spielen. Erst einmal aber bieten die zwei Dutzend Musiker und Musikerinnen in ihren roten Jacketts ein Tiroler Heimatlied, den »Bozner Bergsteigermarsch«:

»Wenn auf dem Schlern im Sonnenhang
Der Winterschnee zerfließt:
Da fühl ein eigen Sehnen ich

Und halt es nicht mehr aus
Es ruft so laut die Heimat mich
Ich wandre froh hinaus.«

Mich ruft meine Heimat nicht so laut, ich bin vor allem froh um einen trockenen Platz am Rand der Halle. An der Stirnseite steht über der Theke »Wo Treue und Glauben walten, bleibt der Verein erhalten«, im einfachen Gebälk hängen frische Birkenäste.

Die jüngsten Schützenfreunde sind höchstens fünf, die ältesten schon über achtzig Jahre alt. Einige tragen die komplette Uniform des Vereins: Jägerhut mit Erpelfeder, weißes Hemd, schwarze Krawatte, schwarzes Jackett, weiß-grüne Brustschärpe, dazu mehr oder weniger viele Orden und Abzeichen, die ich nicht genau erkennen kann. Einer hält eine Fahne mit dem eingestickten Gründungsjahr ihres Vereins: 1929. Einige beäugen mich eher misstrauisch als neugierig. Ich bin der geduldete Fremde und dankbar, dabei sein zu dürfen.

Das Dorf wirkt wie eine große, ein wenig aufgekratzte Familie. Jede und jeder kennen hier jede und jeden. Die meisten sitzen oder tanzen – fast alle in Regenjacke. Der König aus dem letzten Jahr trägt Jeans und Freizeithemd und von der Uniform nur seinen Hut. Ich schätze ihn auf vierzig Jahre. Dass er es auch die letzten Tage hat krachen lassen, belegt seine krächzende Stimme, als er zu seiner Abschiedsrede auf einen der langen Tische steigt. Andere tun es ihm nach, klatschen rhythmisch in die Hände und rufen immer wieder seinen Namen »Sven, Sven, Sven«. Der bedankt sich für das »tolle Jahr« und lässt alle immer wieder »drei Mal hochleben«, wobei ihn die Musikanten unterstützen. Er spricht ein paar Sätze, von denen ich im Trubel nur verstehe, dass er die Altenfelder-Walbecker für die »tollsten Menschen der Welt« und den Pastor für den »Geilsten« hält, was aber nicht als Anspielung zu verstehen ist. Der alte König ist offensichtlich ein Mann mit großem Herz, sehr viel Kraft und noch mehr Feierlaune. Verlegen streicht er sich über den fast kahlen Kopf, schluckt, sagt »Ich liebe Altenfeld über alles« und schließlich den Satz, der mich persönlich trifft: »Ihr seid alle ganz besondere Menschen, zu denen ich immer kommen kann und wo ich mich zu Hause fühle.«

Kurze Stille, und dann ganz großer Jubel. Gern würde ich ihn dazu noch einiges fragen, was aber unmöglich ist, weil sich nun alles um den neuen König dreht. Er ist schon etwas älter, trägt die komplette Uniform mit vielen Orden und bekommt jetzt als Zeichen seiner Macht die dicke Kette um den Hals gelegt, die soeben noch Sven getragen hat. Das Reden überlässt der Sauerländer lieber seiner Frau und neuen Königin von Altenfeld-Walbecke. Doch auch sie neigt nicht zu vielen Worten und sagt vor allem, dass ihr Mann und sie sich freuen, »wieder König zu machen«. Jemand steckt ihr ein Krönchen in die Dauerwelle, ein erneuter Tusch, und die Dorfgemeinschaft verwandelt sich in eine vom König geführte Polonäse. Die Stimmung ist bierselig im besseren Sinn.

Ich schleiche mich an Sven heran, möchte ihm ein paar Fragen stellen. Er winkt ab und bittet um Verständnis. Wochenlang habe er an seiner Rede, die meiner Zählung nach kaum mehr als zehn Sätze hatte, gesessen und gefeilt, und wenn er jetzt darüber reden müsse, kämen ihm gleich die Tränen. Da ist er sich ganz sicher. Doch bei einem Schützenfest, erwähnt er noch, »darf man alles sagen«. Er führt mich zu einem erfahrenen Schützenbruder, einem eher schlanken Mann mit schwarzgrauem Haar und Schnauzbart. Er ist Mitte fünfzig und regierte schon zweimal als König hier. Im Moment ist er, wie eigentlich alle, ein wenig angetrunken, zu meiner Freude aber trotzdem bereit zu einem kleinen Hintergrundgespräch.

Je nach Zählung leben »ungefähr zwischen zweihundert und zweihundertdreißig« Menschen im Dorf, sagt der gelernte Metzger. Wer König wird, ist meist schon im Voraus zu erahnen, weil der Betreffende mit einem anderen Ehrgeiz schießt, doch Überraschungen sind möglich, und Geld spielt dabei keine große Rolle. Teuer wird es nur, wenn »die Frauen verrückt werden«, was das obligatorische neue Abendkleid betrifft. Die Männer, die dabeistehen, nicken zur Bestätigung. Tatsächlich, sagt er, gibt es aber auch Dorfbewohner, die keine Schützenbrüder, -schwestern und nicht mal -freunde sind. Es klingt wie ein Geständnis. Dabei handelt es sich aber ausnahmslos um zugezogene Neubürger ohne Sinn für Tradition. Er verweist auf die Säulen des Vereins: »Glaube, Sitte, Heimat«.

Gern nehme ich das Stichwort auf und frage, was Letztere für ihn bedeutet. »Heimat ist da, wo ich angekommen bin, wo ich mich wohlfühle«, antwortet er und schwärmt ausführlich vom Zusammenhalt in seinem Dorf, in dem sich alle gegenseitig helfen. »Jeder weiß hier, wie es dem Nachbarn geht. In der Stadt ist das nicht so.« Sein Lob der existierenden Dorfgemeinschaft will ich mit dem großen Trumpf der Großstadt kontern und frage, ob ihm das ganze Wissen der Nachbarn nicht manchmal zu viel Kontrolle und damit Enge sein kann. Da nickt er und pariert sehr elegant meinen kleinen Angriff auf sein soziales Selbstverständnis: »Ja«, sagt er, »natürlich kann es nerven, dass hier sofort das ganze Dorf weiß, wenn du einen Pups gelassen hast. In Berlin ist der schnell um die nächste Häuserecke verschwunden. Wer damit nicht klarkommt, geht daran zugrunde. Für ein Leben hier braucht man ein breites Kreuz!«

Das ist ein Treffer, den ich anerkennen muss. Ich weiß

nichts mehr zu fragen, danke ihm für das Gespräch und gehe zurück zu meinem Stuhl am Hallenrand. Sein »breites Kreuz« nagt an meinem Selbstverständnis, war ich mir doch gerade noch sicher, dass es vor allem jener hat und braucht, der bereit ist, seine Heimat zu verlassen. Meinen Aufbruch nach Berlin verstehe ich durchaus auch als einen Beweis von Mut, und mein Leben dort insbesondere zu Beginn auch als Ausdruck eines Selbstbehauptungswillens. Doch dahinter, der Schützenbruder liegt da nicht ganz falsch, steckte sicher auch ein Fluchtgedanke. Hätte ich versucht in meiner alten Heimat ein Leben zu leben, das meinen Neigungen und Vorstellungen entspricht, wären die Reibungsverluste mit den Hohenlimburger Normen und Erwartungen wohl um einiges höher gewesen als in Berlin.

Die Negertalmusikanten machen mittlerweile Pause, ein Volksmusik-DJ spielt eine Technoversion von Helene Fischers »Atemlos«, und Exkönig Sven sitzt mitten auf der großen Tanzfläche und bearbeitet enthusiastisch die Spielzeugtrommel seines kleinen Sohnes. Ja, es geht recht ausgelassen zu, als ich meinen Rucksack schnappe und das Schützenfest verlasse. Ich genieße die Ruhe, in die ich mit jedem Schritt mehr eintauche. Über dem schönen Dorf und seinem Fest liegt eine Art von Seligkeit, die tief zu wurzeln scheint. Und doch denke ich auch, dass hier Gardinen Augen haben. Auf einer großen Wiese stehen nah beieinander eine Handvoll Blumen mit einem Schild, auf dem »Unser schöner Garten« steht.

Ich sitze im Lennepark, vor mir fließt der Fluss, hinter mir steht das Hallenbad. Ich will allein sein, nachdenken. Schließlich habe ich das früher hier am Fluss auch oft gemacht. Mittlerweile verspüre ich anstatt des Fernwehs, das mich oft umtreibt, Heimweh nach Berlin. Nach meiner Familie dort, meinen Freunden, der Wohnung, dem Haus und ein wenig sogar auch dem Kiez, in dem ich lebe. Heißt das, dass Berlin doch Heimat ist? Oder sollte ich es besser »Nach-Hause-Weh« nennen?

Während ich einen alten Mann beobachte, der so beiläufig wie mühsam kleine Papierschnipsel vom Boden klaubt, denke ich an die Menschen, denen ich begegnet bin, die Gespräche, die wir führten. Jeder Mensch hat Heimat, denke ich, und jeder eine andere, schon weil jeder seine Heimat anders sieht. Einige leben in ihr, einige haben sie verlassen, weil sie es mussten, andere, weil sie es wollten. Einige wünschen sich zurück, andere nicht. Heimat liegt zwischen Herkunft und Zugehörigkeitsgefühl. Bei Zico ist das eins, bei mir nicht. Ich wollte weg und konnte weg und will und muss auch nicht hierher zurück. Das ist ein Riesenluxus, für den ich dankbar bin. Andere haben weniger Glück. Global betrachtet ist in diesem Jahrhundert ein Drittel der Weltbevölkerung in Bewegung, und aktuell gibt es so viele Flüchtlinge wie seit dem Zweiten Weltkrieg nicht mehr. Heidegger prophezeite einst Heimatlosigkeit als »Weltschicksal«. Das will ich nicht. Ich glaube, dass wir Heimat brauchen. Ich zumindest wünsche sie mir.

Mühsam drückt der alte Mann die Knie durch, kommt hoch, wirft den Müll in einen Eimer, läuft weiter, entdeckt neuen Unrat, geht wieder in die Knie, und ich denke, dass es darum geht, Verantwortung zu übernehmen für das, was Heimat sein soll. Sie ist, was wir gestalten, nicht, was uns geschieht. Schon allein deswegen ist sie politisch: ein Raum, der von denen bestimmt wird, die in ihm leben. So kann Heimat als gefühlte und gelebte Zugehörigkeit durchaus Hindernis und Widerstand bedeuten. Ob es nun um ein besetztes Land geht, verdrängte Mieter, einen verschmutzten Fluss, Fremdbestimmung durch ein globales Wirtschaftsabkommen oder auch eine Stadt wie Hohenlimburg, in der Bürger selbst entscheiden wollen, was in ihr passiert. Dabei ist Heimat kein starres Konstrukt, das es angstvoll abzuschotten gilt. Wer sie verteidigen will, muss sie öffnen und selbstbewusst entwickeln, nur dann ist Heimat stark genug, um zu bestehen. Sicher ist das ein anstrengender Prozess, der Wachheit, Reflexion und Selbstkritik erfordert. Und Großzügigkeit.

Die Sonne strahlt, und die Landschaft bietet Raum für eine nahezu grenzenlose Sicht. Liegt es am heimatlichen Sauerland oder an den schon fünfhundert Kilometern, die mir in den Beinen stecken, dass ich mich mehr und mehr als Teil der Landschaft fühle? Wieder fällt mir auf, wie gut es doch die Kühe hier haben, so viel Platz und so viel Grün. Am Wegesrand ein Kreuz, auf dem steht: »Gedenken an den Bergmann Johann Braune-Gröchtmecke, der am 22. August 1880 an dieser Stelle durch einen Steinwurf tödlich verletzt wurde«.

Wenig später ein anderes Kreuz, ein anderes Schicksal: »Rette deine Seele. Gedenken an den Schneidermeister Mathias Knippschild, der am 14. April 1924 an dieser Stelle erschlagen wurde«.

Wie, frage ich mich, sähen wohl Landschaften aus, in denen es zu allen Geschichten, die an einem Ort passiert waren, solche Hinweise gäbe? Und wie erst die Städte?

Vor einem Haus in Bödefeld steht ein Mann mit Zigarette, beschwingt lobe ich seinen schönen Vorgarten. Er sagt nur: »Hat meine Frau gemacht«, und wir beide lachen. Abends am Tresen im Restaurant kommt ein vielleicht fünfjähriger Junge vom Tisch seiner Eltern aus einem Nebenraum, klettert auf einen Hocker und erklärt dem Mann, der mir gerade ein Bier zapft: »Ich bin müde und will jetzt ein Eis.« Der Zapfer lacht, wofür der Junge kein Verständnis hat. Verzweifelt brüllt er: »Ich meine das ernst!«

Später tritt noch ein anderer Mann hinzu, den ich auf Anfang dreißig schätze, er bestellt ein Bier und beginnt zu klagen: »Den ganzen Tag war ich auf einem neunzigsten Geburtstag. Das ganze langweilige Gelaber. Und dann dachte ich: Guckste mal hier.«

»Hier ist auch nicht viel los.«

Der junge Mann schaut sich um. »Nee, stimmt.« Dann spricht er noch von seiner Angst, auf der Straße mal einen Gülleanhänger von seinem Trecker zu verlieren.

Beim Frühstück in der Pension bringt ein Radiosender Staumeldungen, dann singt Freddy Quinn:

»Dort wo die Blumen blüh'n,
dort wo die Täler grün,
dort war ich einmal zu Hause.
Wo ich die Liebste fand,
da liegt mein Heimatland.
Wie lang bin ich noch allein?«[24]

Es ist der siebenundzwanzigste Tag meiner Wanderung, und am Nachbartisch sitzen drei rege Rentnerpaare aus dem Ruhrgebiet, die hier Urlaub machen. Sie tauschen sich aus über Li-

lien auf der heimischen Terrasse, das Auto, das nach der Inspektion »viel griffiger« zu fahren ist, Seekrankheiten auf der Überfahrt nach Helgoland, Stromrechnungen, die sinken, wenn bei Abwesenheit alle Stecker gezogen werden. Dann erzählen sie von ihren Kindern, den eigenen, den angeheirateten, schließlich den Enkeln. Sie haben Fotos dabei, die sie einzeln aufdecken wie ein Pokerspieler sein Blatt im Angesicht des Sieges. Alle versichern, dass bei ihnen alles wunderbar ist, eigentlich perfekt, und sogar ich weiß, dass das nicht stimmen kann.

Ich kenne das aus meiner Kindheit und vor allem Jugend, Jahre, in denen ich, wie fast alle Kinder in dem Alter, für meine Eltern eine Herausforderung war. Doch von einem offenen Umgang, einem solidarischen Austausch habe ich nie etwas mitbekommen. Wichtig war die Fassade, der bisweilen mühsame Anschein einer heilen Welt, wobei jeder zu seiner eigenen Erleichterung meist genau wusste, was bei den anderen anders als geplant lief.

Ich packe meine Sachen, in der Nacht hat es geregnet, die frische Luft tut gut. Ich gehe von Bödefeld nach Westernbödefeld. Die Kirche dort gefällt mir. Sie ist klein, schlicht, und sie steht offen. Eine Tafel erzählt, wie der Ort gelitten hat im Dreißigjährigen Krieg und an der Pest, die wenig später wütete. Wieder ein Fürbittenbuch. Ein langer Eintrag in großer und wirrer Schrift spricht mich besonders an. Ich notiere ihn mit allen Eigenheiten:

»Bin kein Gast; oder doch?
Hier in diesem, schönen,
Ort. Mein Zuhause war einst, sein sollte!:
Leider, anders kam. Warum.
Sollte es, nur, so sein?
Nix verbrochen habe!

Hatte! – Vorbei – ist's!
Wünsche und möchte gerne
Wieder, hier her kommen!
Herziehen, wohnen, leben,
›arbeiten‹!
Wer hat, eine Wohnung, passend, gerne, für mich
frei! Zu vermieten!
›Zu teilen‹? und, zu geben!
Alsbald? Für mich!«

Die Essenz einer Heimatsuche. Was für ein Mensch, was für eine Geschichte steckt dahinter? Die Verzweiflung berührt mich, ich kann mir kein Bild machen.

Im schönen kleinen Dörfchen Mosebolle frage ich eine junge Frau, woher denn dieser Name kommt. Sie lacht und sagt, dass sie da keine Antwort weiß, weil sie »nur zugezogen« ist. Zwar stammt sie aus dem Sauerland, was an ihrer Sprache gut zu hören ist, aber eben nicht aus diesem Tal. Und im Sauerland, das weiß ich ja, beginnt für Sauerländer hinter jedem Berg schon eine andere Welt. Doch ihr Mann, versichert sie, sei echter Moseboller. Somit gilt das wohl auch für die beiden kleinen Kinder, die mich, hinter der Mutter stehend, anstarren. Ich bin beeindruckt, dass auch schon Drei- und Vierjährige mit einer derart tiefen sauerländischen Skepsis gucken können.

Auf einer Weide sehe ich eine Herde Islandponys, eines ist komplett mit Stoff bedeckt und sieht dabei sehr traurig aus. Einzelne Pferde dieser Rasse reagieren, so las ich mal, stark allergisch auf den Speichel einer bestimmten Mückenart, die es auf ihren Heimatinseln gar nicht gibt. Deswegen wird diese Allergie oft erst erkannt, wenn ein Tier Island bereits verlassen hat. Dann aber darf es wegen der strengen Einfuhrregeln nicht mehr zurück in seine Heimat. Das Leben in der Fremde wird, ich muss an das Dorf im Harz denken, zum Elend.

Ich mache mich auf den Weg zu dem Haus, in dem ich aufgewachsen bin. Doch den alten Weg gibt es nicht mehr. Die Unterführung der Bahngleise ist geschlossen und der Tunnel zugeschüttet. Also zurück und über die neue Überführung, dann über die kleine Eisenbahnbrücke Richtung Oege. Erinnerung an eine Winternacht, genau hier die Begegnung mit einem Mann, der verzweifelt und betrunken ins Hochwasser der Lenne springen wollte. Als ich ihn erst mit Worten, dann mit Taten davon abzubringen suchte, schlug er nach mir, sprang und wurde vom Wasser fortgerissen. Die Feuerwehr, die ich rief, zog ihn wenig später ein ganzes Stück weiter unten aus dem kalten Fluss. Als ich ihm am nächsten Tag aus purem Zufall im Krankenhaus begegnete, fehlte ihm die Erinnerung, und ich wusste nicht, was ich sagen sollte.

Das hier ist auch mein alter Schulweg, den ich so oft wie keinen anderen Weg in meinem Leben gegangen oder mit dem Fahrrad gefahren bin. Seit über dreißig Jahren war ich nicht mehr hier. Abgesehen von dem toten Tunnel hat sich nicht viel verändert, über allem hängen die vertrauten Ausdünstungen der Lenne, hier gemischt mit dem süßlichen Ölgeruch der Bahnschienen.

Wieder ist mir alles vertraut und zugleich fremd. Der Weg ist derselbe wie vor dreißig Jahren, doch ich bin es nicht. Viele andere Wege, die ich seitdem ging, haben sich in meine Erinnerungen eingeschrieben und begleiten mich auch auf diesem Gang. Ich bin Hohenlimburg, und noch mehr als das.

Am Nachmittag gehe ich durch die unwirtliche Fußgängerzone von Meschede zur Abtei Königsmünster, wo ich ein Quartier finde. Ein paar Tage zuvor habe ich in dem Kloster angerufen, von meiner Wanderung erzählt und gefragt, ob es in ihrem Benediktinerkloster jemanden gäbe, mit dem ich über Heimat sprechen könnte. Nun sitze ich im einfach und schön möblierten Sprechzimmer, die Tür öffnet sich, und ein alter Mönch betritt den Raum. Der zarte, schmale Mann trägt den schwarzen Habit seines Ordens und stellt sich fein und freundlich lächelnd als Bruder Andreas vor.

Ich habe mir ein paar Fragen überlegt, doch er beginnt, kaum sitzend, von sich aus zu erzählen. Er habe für mich zum Thema Heimat meditiert. In seinen Augen strahlt ein wacher Geist. Seine Geschichte beginnt in Freiberg, Niederschlesien. Die Stadt, in der er 1930 zur Welt kam, heißt heute auf Polnisch Świebodzice. 1947 musste er sie verlassen, weil die Russen, für die sein Vater als Schneidermeister arbeitete, die Familie nicht mehr vor den Polen schützen konnten. Auf einem offenen Güterwagen gelangten sie nach Oranienburg, unweit von Berlin, wo der damals Siebzehnjährige in der Pfarrjugend sogleich mit seinem »kleinstädtischen Gehabe« auffiel. Die anderen nahmen ihn nicht ernst und machen sich über seinen schlesischen Dialekt lustig. In diesem Moment wurde ihm klar, sagt er mit ruhigem, ernstem Blick, dass er seine Heimat verloren hatte. »Seitdem bin ich ein Fremder.«

Ich hole tief Luft und weiß nicht, was ich sagen oder fragen soll, so klar hat das für mich noch niemand formuliert. Doch Bruder Andreas fährt von sich aus fort. Noch in Oranienburg, machte er Ende der vierziger Jahre bei seinem Vater eine Schneiderlehre. In der DDR wollte er nicht leben und verließ sie gleich 1949 nachts über die grüne Grenze Richtung Bielefeld, weil dort auch andere Schlesier wohnten. Sein Gefühl der

Fremdheit wurde erträglicher, verschwand aber nicht. »Der Verlust blieb.« Auch deswegen, sagt er, ist er hier.

»Weswegen?«, frage ich zur Sicherheit nach. »Wegen dem Verlust der Heimat«, stellt er klar. Denn wer seine Heimat verlieren kann, kann morgen die Gesundheit verlieren, kann übermorgen sterben. Was, fragte er sich, bleibt dann noch? Ein kurzes Schweigen. Das, was bleibt, so fährt er fort, das lernt er hier. Wir atmen beide tief ein und wieder aus, und er erzählt von seinem einundzwanzigsten Geburtstag in Bielefeld.

Drei Freunde besuchten ihn, sie tranken süßen Wein und waren schon bald besoffen. Am nächsten Morgen ging er in die Kirche und hatte nach der Messe noch ein wenig Zeit, bis er zur Arbeit in der Schneiderei erscheinen musste. »Und plötzlich überfiel es mich, nicht den Verstand, sondern den ganzen Menschen: Gott ist barmherzig. Ja, ich war voll und ganz erfüllt von seiner Barmherzigkeit. Und …« Erneutes Schweigen, er scheint einzutauchen in die Bilder seiner Erinnerung. »Ich wurde angerührt, eine Antwort zu geben. Und da sagte ich: Nimm mich ganz! Und ich wusste gar nicht, was das ist.«

Erst im Nachhinein erkundigte er sich, welche Klöster und Orden es in Deutschland gibt. Doch bald spürte er, dass ihm für den Schritt, ein Mönch zu werden, noch die nötige Reife fehlte. Erst einmal wollte er seine Ausbildung abschließen. 1954 bestand er die Prüfung zum Schneidermeister, und ein Vikar gab ihm die Adresse dieser Abtei in Meschede. Er reiste an und war enttäuscht. »Ich wollte mich Gott ganz schenken, und der schickte mich in so eine Klitsche.« Das Kloster war erst 1928 gegründet worden, als die Stadtväter von Meschede bayrische Benediktiner baten, eine Schule in ihrer Stadt zu übernehmen. In den fünfziger Jahren stand hier lediglich eine Notkirche. Der Pater, den er traf, hörte ihm nicht zu und sprach von seinen eigenen Schwierigkeiten. Verwirrt und ratlos reiste er zurück nach Bielefeld, weinte, betete und ging zu Bett. Als er am nächsten Morgen aufwachte, waren die Zweifel verschwunden, er fühlte sich berufen und kehrte hierher zurück. So eine Klarheit, sagt er, hat er nie mehr in seinem Leben empfunden. Sie trägt ihn bis heute.

Dann spricht Bruder Andreas von den Besuchen, die er später in seine alte Heimatstadt unternahm. Viermal trat er die Reise an. Alles war ihm dort fremd. Das Gefühl des Heimatverlustes wurde nicht schwächer, sondern stärker. An dieser Stelle macht er noch mal eine kleine Pause, mehr für mich als für ihn selbst. Er weiß, was er sagen will. »Mir ist klar geworden, dass ich nie mehr eine Heimat finden werde.«

Ich bin irritiert und frage nach diesem Kloster, in dem er seit sechzig Jahren lebt. Er schüttelt den Kopf, sagt, dass ihm hier tatsächlich vieles vertraut ist, dass er es aber nicht als Heimat empfinden kann, weil er ja weiß, dass sein Leben hier nur vorübergehend ist. Seine Heimat sieht er im Himmel, sein Leben hier als Phase, um dorthin zu gelangen. Wer so lange im Kloster lebt, sagt er, ist schon mit einem Bein in der Ewigkeit. Er holt tief Luft. »Die ewige Heimat ist mir näher als die wirkliche. Die liegt heute in Polen, sie ist fremd. Von dem Himmel aber weiß ich schon eine ganze Menge.« Er lacht sein zartes Lachen und bleibt auch heiter, als ich auf den Tod zu sprechen komme. Der Tod ist sein Ziel. »Wenn ich morgen sterben sollte, dann sage ich: ›Lieber heute!‹ Ich möchte doch nichts anderes als vollendet werden. Und die Vollendung erreiche ich nur dort.«

Wir sprechen dann über seinen Alltag, die vielen, auch öffentlichen Gebete, auf die er sich meist freut, die drei Stunden, die er täglich meditiert, wofür er Zeit hat, seitdem er vor einem Jahr von der Arbeit in der Klosterschneiderei befreit wurde. Ich notiere den schönen Satz: »Ein Teil meines Tages ist verbraucht durch Ewigkeit.« Jeden Morgen macht er Gymnastik, dreimal in der Woche joggt er in der Nähe des Klosters, und jeden Mittwoch besucht er das städtische Schwimmbad.

Während er all das erzählt, höre ich zu und stehe doch auch neben mir. Zu sehr bin ich berührt von der Geschichte und der Konsequenz seiner Heimatlosigkeit, die er mir offenbart hat. Ich weiß nichts Sinnvolles mehr zu fragen, was ich ihm auch sage. Er ist ein wenig überrascht, hat er sich doch auf ein längeres Gespräch eingestellt. Ich kann ihm nur noch danken für seine Offenheit und Klarheit. Er lächelt und lädt mich ein, am Abend den Gottesdienst zu besuchen, in dem er und seine Brüder gregorianische Choräle singen. Ich verspreche zu kommen.

Die 1964 eingeweihte Abteikirche aus rotem Backstein ist groß und schlicht. Hoch im Raum hängt eine expressiv geschnitzte und dünn mit Gold beschichtete Jesusfigur. Unter ihr sitzen rund zwanzig Mönche in ihrem eigenen Bereich, dahinter verlieren sich an diesem Werktag kurz vor 18.00 Uhr etwa noch mal so viele Gottesdienstbesucher von außerhalb des Klosters. Mit den katholischen Ritualen kaum vertraut, schiele ich immer wieder nach links und rechts, um zu erfahren, wann es aufzustehen oder sich zu setzen gilt. Bei der Kommunion bleibe ich als Einziger auf meinem Platz. Die Mönche singen sanft und eindringlich. Die Kraft ihres Gesangs reicht gerade noch aus einer anderen Zeit hierher.

Mein Blick ruht auf Bruder Andreas. Das hier ist sein Leben, Tag für Tag, jahrzehntelang. Meine Gedanken drehen sich um unser Gespräch. Ich bedauere meine Sprach- und Fragenlosigkeit am Nachmittag. Gern würde ich noch mehr erfahren über sein Leben in diesem Kloster.

Am Ende des Gottesdienstes verlassen die Mönche in einer langen Reihe ihre Kirche durch eine eigene Tür. Ich sehe keine Möglichkeit, Bruder Andreas anzusprechen. Doch auf meinem Weg nach draußen steht er plötzlich da und wartet auf mich, was mich glücklich macht. Er freut sich, als ich die Gesänge lobe, und lächelt, als ich mein Bedauern über unser so kurzes Gespräch erwähne. Ob er mir am nächsten Tag das Kloster zeigen dürfe, fragt er. Natürlich, sehr gern! Ich mag diesen Mann.

Die Lenne liegt hinter mir, ich gehe die Schienen entlang am ehemaligen Rockpalast vorbei. In meinen Kindheitserinnerungen war in dem Gebäude das Apollo Kino, in dem ich meine ersten Filme auf großer Leinwand sah – *Ein total verrückter Käfer*, *Zwei Fäuste für ein Halleluja* und vor allem einen *Lassie*-Film, in dem mein Herzenshund über Hunderte Kilometer allein nach Hause laufen muss und dabei viele leidvolle Abenteuer zu bestehen hat. Ich heulte so viele Tränen wie nie zuvor und kaum danach in meinem Leben. Aus dem Apollo wurde der Rockpalast, dann eine provisorische Moschee, schließlich ein türkischer Kulturverein. Den Schrottplatz rechts davon gibt es immer noch. Das Haus zur Linken steht, wie so viele Häuser, zum Verkauf. Vier Wohnungen zwischen siebzig und hundertzwanzig Quadratmetern, zwei Ladenlokale und einen dreihundertfünfzig Quadratmeter großen Saal für 225 000 Euro. In der ehemaligen Kneipe, die ich auch noch kannte, verbrachte mein Vater einen guten Teil seiner Jugend. Ich quere den Bahnübergang, Erinnerungen an ein schreckliches Zugunglück mit drei Toten. Etwas weiter steht im kleinen Schrebergarten zwischen Straße und Gleis eine verschleierte Türkin. An der Ecke tatsächlich der Kaugummiautomat, der dort schon seit Jahrzehnten hängt. Die Süßigkeiten sind noch die gleichen. Der Aufkleber »Gemeinsam gegen Kapitalismus« ist neu.

Am achtundzwanzigsten Tag meiner Heimatreise treffe ich Bruder Andreas direkt nach dem Frühstück, wir streifen durch die leere Kirche, deren Entwurf er vor mehr als fünfzig Jahren mitauswählte. Er sagt, dass er sie noch »genauso lieb wie am Anfang« hat, und erklärt mir Proportionen und Winkel, erläutert Symbole und Gravuren, zeigt mir den Sakramentsraum, eine Marienfigur, die ein Künstler im Jahre 1230 in Burgos schnitzte, führt mich in die Krypta und die Sakristei und erläutert mir die Salbsteine vom Zionsberg in Jerusalem, aus dem Jordantal, dem römischen Kolosseum, Dachau, der Hagia Sophia, Hiroshima und anderen markanten Orten. Er ist beseelt von der schlichten Schönheit dieser Räume, und ich denke daran, dass sie ihm nicht Heimat sind, aber eine Art Tor zu einer Ewigkeit, in der er seine Heimat sieht.

Einst wies ihn hier der Prior auf die Missionstätigkeit des Ordens hin und fragte, ob auch er bereit sei, nach Afrika, Korea oder sonst wohin zu gehen. »Bereit schon, aber ich wollte lieber hierbleiben«, erzählt Bruder Andreas lachend, und so kam es auch. Wir begegnen anderen Mönchen, die er freundlich grüßt. Freunde, sagt er, hat er im Kloster keine, woanders aber schon, zum Beispiel in Berlin. Die Gemeinschaft der Mitbrüder und das Leben voller Rituale gibt ihm eine Sicherheit, die er schätzt. Für mich klingt da doch auch Heimat mit.

So frage ich ihn grundsätzlich, warum diese wichtig sei? »Das gehört zum Menschsein«, sagt er, »dass einer eine Wurzel hat, dass einer mit der Landschaft, mit den Menschen, mit der Sprache so verbunden ist, dass man dazu ›Heimat‹ sagt.

Ich habe ja erst in der Fremde erlebt, was ich verloren habe.« Er macht eine kurze Pause. »Es ist etwas sehr anderes, ob Sie vertrieben werden oder ob Sie freiwillig gehen.«

Ja, denke ich, dieser Punkt ist entscheidend und erinnert mich an einen Satz von Simone Weil: »Andere zu entwurzeln, ist das schlimmste aller Verbrechen, aber sich selber zu entwurzeln die größte Errungenschaft.«[25] Das leuchtet mir ein, und doch bin ich vor genau vier Wochen losgewandert, weil ich meine Selbstentwurzelung nicht nur als Errungenschaft begreifen kann.

Wir spazieren durch den Garten und kommen zu dem kleinen Klosterfriedhof, er zeigt mir die Ecke, wo man ihn beerdigen wird. Wir beginnen mit dem Abschied, und noch bevor ich dazu komme, es meinerseits zu tun, bedankt er sich für das Gespräch. Das irritiert mich, weil doch ich es war, der von ihm hat lernen dürfen. Wofür also der Dank? »Weil«, sagt er mit seinem feinen Lächeln, »Sie die richtigen Fragen gestellt haben.« Er sieht meinem Gesicht wohl an, dass mir diese Antwort keine große Hilfe ist, so fügt er einen Satz hinzu, der mich sprachlos macht, da er sein ganzes Schicksal offenlegt: »Sechzig Jahre lang hat niemand mich gefragt, was meine Heimat mir bedeutet.«

In Grevenstein finde ich einen guten Gasthof, in dem abends an der Theke zwei Männer sitzen, die über das Bier sprechen, das in diesem Dorf gebraut wird. Einer der Männer sagt, dass Bier auch Heimat ist, der andere meint, dann wäre mit dieser Brauerei im Ort die Heimat in Grevenstein aber sehr, sehr groß. Sie lachen und stoßen an mit Schnaps.

Soll ich versuchen, mit ihnen ins Gespräch zu kommen? Sie

nach ihrer Heimat fragen? Nein. Zum ersten Mal auf dieser Wanderung bin ich dieser Frage müde.

Sie sprechen noch über Windkrafträder, die das Dorf zu entzweien drohen, und darüber, wer wann die Rollläden an den Fenstern hochzieht.

Ich höre nicht mehr hin, genieße es, allein mit meinem Bier zu sitzen. Meine Beine sind müde, mein Kopf noch mehr. Er kann und will sich nicht wehren gegen die Melancholie, die eher heranstürmt, als dass sie angeschlichen kommt. Noch einmal denke ich an Bruder Andreas, dessen Heimatverlust sein Leben bis heute bestimmt. Wie wäre es verlaufen, wenn er hätte bleiben können, wo er bleiben wollte? Wäre er irgendwann einmal von selbst gegangen? Wäre er glücklicher geworden? Jetzt sehnt er sich nach seiner Heimat in der Ewigkeit und hat mit seinem Leben einen Frieden gefunden. Bin ich bereit für einen solchen Frieden? Ich weiß keine Antwort und bestelle noch ein Bier.

Im alten Blumenladen am Anfang meiner alten Straße gibt es schon lange nichts mehr zu kaufen. Ein paar hundert Meter sind es noch zur alten Haustür. Der Weg ist jetzt so vertraut, dass ich die Augen schließen könnte. Nur wenig hat sich verändert. Links die alten Siedlungshäuser für Hoesch-Arbeiter, rechts die Einfamilienhäuser der etwas besser Verdienenden. Ich gehe schneller, die Neugier treibt mich und ja, ich will es hinter mich bringen.

Vor knapp dreißig Jahren zog ich von hier fort, wissend oder zumindest ahnend, dass ich hier nie mehr leben werde. Ich hatte schon ein Zimmer in Berlin und den Kleinwagen mit den paar Dingen vollgepackt, die ich zu brauchen glaubte. Der Abschied von den Eltern war eher beiläufig als feierlich. Nur kein

Pathos. Und dann plötzlich überraschte ich mich und auch sie mit Tränen in den Augen. Ein kurzer Ausbruch. Dann ins Auto und mit bangem Herzen los in das neue, andere Leben, das ich bis heute führe.

Unterwegs nach Wildewiese, dem zweiten Ort auf dieser Reise, den ich aus meiner Kindheit kenne, sehe ich in einer offenen Garage eine Mercedesfahne neben einer Reichskriegsflagge hängen und frage mich, wie es wohl zu dieser Kombination gekommen ist. Vor neunundzwanzig Tagen bin ich aufgebrochen in Berlin, das Gehen ist mein Alltag – aufstehen, essen, wandern, essen, schlafen. Eine herrlich einfach zu überschauende Struktur voller flüchtiger Momente und Begegnungen. Dabei hat gerade auch diese Flüchtigkeit viele Menschen ermutigt, mir ihre Geschichten zu erzählen. Von manchen dieser Fremden weiß ich mehr als von einigen meiner Nachbarn in Berlin.

Die Wehmut, dass das Wandern bald ein Ende hat, lässt mich die Pausen in die Länge ziehen. Ich genieße die Sonne, die Weite, die meinen Blick aufsaugt, bis er sich in ihr verliert. Berlin ist fern und Hohenlimburg nah. Das Gefühl von alter Heimat wächst mit jedem Schritt.

Wildewiese ist nicht wild, und ich weiß nicht, woher dieser Name stammt. Der Ort besteht aus einer Handvoll Häuser mit zwei Skiliften in einer Talsenke. Vor vierzig Jahren hatte ich Respekt vor den steilen Hängen und Angst vor den kalten Fingern, die ich hier oft bekam. Kindheitserinnerungen. Jetzt komme ich als fünfzigjähriger Mann. Zwischendurch bin ich erwachsen geworden. Wann genau, kann ich nicht sagen. Viel später als gedacht und spätestens, als ich selbst Vater wurde, davor war es ein schleichender Prozess.

Jetzt sehe ich keinen Schnee, spüre keine Kälte, und die Wiesen sind gar nicht steil. Es fühlt sich gut an, hier zu sein. Das Gras steht hoch, der Wind beugt es in immer wieder neuen Wellen, die durch die Senke rasen, den Hang hinauf, wo sie verschwinden. Ich setze mich hinein. Vielleicht steckt ja ein Gleichnis in dem, was ich hier sehe, eines, das mir hilft, meinen Platz und meinen Weg im Leben zu verstehen. Doch meine Gedanken wollen nicht schweifen, meine Augen folgen einer Welle und der nächsten, immer weiter. Die Erde riecht gut.

Und dann stehe ich vor dem Haus, das mein Vater gebaut hat, in dem ich meine ersten einundzwanzig Jahre lebte und das meine Eltern nach ihrer Trennung erst vermieteten und schließlich vor Jahren schon verkauften. Als mein Vater es vor seinem Auszug ausräumte, war ich froh, ihm nicht helfen zu müssen. Die Vorstellung, dass mir dieses Haus nicht mehr offen stehen würde, bedrückte mich. Doch fühlte ich mich auch von einer Bindung und Verantwortung befreit. Und jetzt: die gleiche grüne Fassade, die alten Fenster, die alte Haustür, die alte Klingel. Den Namen, der dort steht, habe ich noch nie gehört. Ich bin froh, dass das Haus nicht leer steht. Das hätte es nicht verdient.

Im Städtchen Balve finde ich am dreißigsten Tag meiner Wanderung ein Zimmer bei einer reizenden alten Dame, die kaum einen Meter sechzig groß ist. Sie hat große, glänzende Augen, und die feinen, grauen Haare sind sehr ordentlich frisiert. Im Hausflur hängt eine Autogrammkarte des Operettensängers Rudolf Schock, ein Tenor, für den auch meine Oma schwärmte. Zwei prächtige Urkunden belegen zudem, dass meine Wirtin sowohl von Papst Pius als auch von Papst Franziskus gesegnet wurde. Den Daten entnehme ich, dass sie mindestens siebenundachtzig Jahre alt sein muss.

Die Möbel in meinem Zimmer sind schwer und stammen aus den sechziger oder siebziger Jahren. Einen Fernseher gibt es nicht. »Wir sind«, sagt sie mit einem Lächeln der Entschuldigung, »ein altes Unternehmen.« Ich dusche, gehe im Ort spazieren und bekomme den Balve-Blues, was sicher mehr an meiner eigenen Melancholie als an dem Städtchen liegt.

Zurück in der Pension spreche ich im Treppenhaus noch mit der Wirtin, seit über sechzig Jahren führt sie die Pension, die sie von ihrer Mutter übernahm. »Solange der liebe Gott mich gesund lässt, mache ich weiter. Und hoffentlich hat er noch ein bisschen Einsehen mit mir.« Sie lächelt. Ich erlaube mir die Frage nach ihrem Mann, doch den gibt es nicht und hat es nie gegeben. »Mich hat keiner haben wollen.« Ihr Lachen klingt ein wenig traurig, bitter klingt es nicht. Verheiratet ist sie mit dem Haus, sagt sie. »Aber das ist nicht nur Beruf, es ist auch Berufung.«

Das Leben dieser kleinen Frau war wohl nicht leicht. Sie hat sich davon nicht beugen lassen und wirkt auf mich mit sich im Reinen. Das beeindruckt mich. Schließlich frage ich sie, ob sie mal überlegt hat, von hier fortzugehen. Erschrocken schaut sie mich an: »Niemals! Nein, das ist die Heimat hier. Hier lebe und hier sterbe ich.«

Am Hauseingang steht eine mir unbekannte abstrakte Statue, gut einen Meter hoch und aus hellem Stein. Sie gefällt mir nicht. Kurz bin ich verärgert, dann aber erleichtert, dass mich das nichts angeht. Ich setze mich auf eine kleine Mauer gegenüber meiner alten Haustür. Von hier aus bin ich in ein anderes unbekanntes Leben gesprungen, und alles, was ich darin lebe, ist mit diesem Ort verknüpft.

In meinem Kopf rauschen endlos viele Bilder, auch Bilder der letzten Wochen. Es war ein guter Weg hierher. Hohenlimburg ist meine Heimat, mein Zuhause wird es nicht mehr sein. Was dies für mein Leben in Berlin bedeutet, wird sich zeigen.

Soll ich rübergehen und klingeln? Noch einmal überlege ich, aber der Entschluss fiel schon auf den letzten Metern: Nein, ich will da nicht hinein. Ich will kein fremdes Zuhause in meinem alten Zuhause sehen. Es gibt keinen Fluch und auch kein Trauma, nichts, das es zu bannen gilt. Nur Erinnerungen. Ich will sie mir bewahren und gehe weiter.

Es ist der einunddreißigste Tag meiner Wanderung nach Hause. Beim Abschied drückt mir meine Wirtin noch ein belegtes Brötchen und einen Apfel in die Hand. Mein Ziel ist Altena. Unterwegs lese ich den auf eine Sitzbank gekritzelten Satz:

»Jeder ist ein Universum!«

Epilog

Wenige Wochen bevor ich losgewandert bin, fuhr ich mit dem Zug zu meinem Freund Reinhard nach Regensburg. Der Anlass war bedrückend. Zwei Monate zuvor hatte ihm ein Arzt die Diagnose Bauchspeicheldrüsenkrebs verkündet. Reinhard würde nicht mehr lange leben. Er war achtundfünfzig Jahre alt, verheiratet und hatte vier Söhne, der jüngste im Alter von siebzehn Jahren. Den größten Teil seines Lebens verbrachte er mit seiner Familie als Entwicklungshelfer im Ausland. Manchmal besuchte ich ihn, und oft hat er mir in seinen Einsatzgebieten oder anderen Gegenden, durch die er kam, wichtige Kontakte vermittelt. Männer, die mich durch das von den Taliban regierte Kabul führten, die mit mir in die abgelegenen Rückzugsgebiete der nepalesischen Maoisten wanderten oder mir Zugang in einen der gefährlichsten Slums Westafrikas verschafften. Das Leben, das ich führe, unterscheidet sich in vielem von dem Leben, das Reinhard hatte, gemeinsam war uns aber eine Sehnsucht nach den anderen, fremden Leben, die es auf dieser Welt gibt.

Nun war ich auf dem Weg zu ihm, weil er mir von sich und seiner Heimat erzählen wollte. Darüber wusste ich, abgesehen von einigen traurigen Anekdoten aus seiner Zeit in einem Klosterinternat, nur sehr wenig. Allerdings ahnte ich, dass solche Erlebnisse damit zu tun hatten, dass es ihn immer wieder in ein möglichst fernes Land zog. Darüber wollten wir reden.

Kurz vor der Einfahrt in den Bahnhof von Regensburg notierte ich noch einige Fragen. Als ich seine Wohnung betrat und ihn im Kreis seiner Familie und in Anwesenheit eines befreundeten Arztes auf einem Sofa im Wohnzimmer liegen sah, war mir klar, dass es für diese Fragen keine Zeit mehr gab. Reinhard war zu schwach für ein längeres Gespräch oder gar eine intensive Auseinandersetzung über seine eigene Geschichte. Er wusste, dass er an diesem Tag sterben würde.

Ich blieb nicht lange, weil seine letzten Stunden seiner Frau und seinen Söhnen vorbehalten waren, und schaffte es, erst im Treppenhaus zu weinen. Seine letzten Worte an mich lauteten: »Ich werde auf dich schauen.«

Ich bin mir bis heute nicht sicher, ob das vielleicht nur als ein flapsiger Spruch gegen die aufkommende Sentimentalität gedacht war. Auf meiner Wanderung musste ich oft an diesen Satz denken. Manchmal schielte ich dabei unsicher nach oben. Dieses Buch ist neben meinem Vater auch meinem viel zu früh verstorbenen Freund Reinhard Fichtl gewidmet.

Anmerkungen

1 Vgl. Schmitt-Roschmann, Verena: Heimat – Neuentdeckung eines verpönten Gefühls, Gütersloh: Gütersloher Verlagshaus 2010, S. 32; zitiert nach: Hecht, Martin: Das Verschwinden der Heimat, Leipzig: Reclam 2000, S. 192.

2 Janouch, Gustav: Gespräche mit Kafka. Aufzeichnungen und Erinnerungen. Erw. Ausgabe. Frankfurt am Main: S. Fischer 1968, S. 251.

3 Jahn, Friedrich Ludwig: Deutsches Volksthum, Hildesheim/New York: Georg Olms Verlag 1980, S. 441.

4 Fools Garden: »Lemon Tree«. Aus dem Album: Dish of the Day, Intercord, veröffentlicht 1995.

5 Steppenwolf: »Born to be wild«. Aus dem Album: Steppenwolf, ABC Records (Dunhill Records), veröffentlicht 1968.

6 Hannah Arendt am 28. 10. 1964 zu Günter Gaus in der Fernsehreihe »Zur Person«; https://www.rbb-online.de/zurperson/interview_archiv/arendt_hannah.html (abgerufen im Dezember 2015).

7 Muschelhaufen. Jahresschrift für Literatur und Grafik. Nr. 46. Viersen 2006, S. 156.

8 *Der Freitag*: »Geglückte Tage, unterwegs. Im Gespräch: Peter Handke erzählt von Reisen allein, von Nomaden und Nesträubern«. In: *Der Freitag*, 21. 10. 2005, unter: https://www.freitag.de/autoren/der-freitag/gegluckte-tage-unterwegs (abgerufen im Dezember 2015).

9 Nietzsche, Friedrich: Werke in drei Bänden. München: Carl Hanser 1954, Band 1, S. 730–732.

10 Zitiert nach: Bauer, Frank: Hagelberg 27. August 1813. Kleine Reihe Geschichte der Befreiungskriege 1813–1815. Heft 22. Potsdam: Edition König und Vaterland 2008, S. 34.

11 Silly: »Die Ferne«. Aus dem Album: Die Original Amiga Alben, Hansa Amiga (Sony Music), veröffentlicht 2006.

12 Adorno, Theodor W.: Minima Moralia. Reflexionen aus dem beschädigten Leben. Frankfurt am Main: Suhrkamp 1964, S. 255.

13 Adel Tawil: »Zuhause«. Aus dem Album: Lieder, Vertigo Berlin, veröffentlicht 2013.

14 Aus: T. S. Eliot: East Coker, in: Nooteboom, Cees: Gesammelte Werke. Band 9, Frankfurt am Main: Suhrkamp 2008.

15 Udo Lindenberg: »Ich steh' ja so auf Disco«. Aus dem Album: Der Detektiv – Rock Revue 2, Telefunken (Warner), veröffentlicht 2002 (Wiederveröffentlichung).

16 Udo Lindenberg: »Meine erste Liebe«. Aus dem Album: livehaftig, Telefunken (Warner), veröffentlicht 2002 (Wiederveröffentlichung).

17 Bloch, Ernst: Das Prinzip Hoffnung. Frankfurt am Main: Suhrkamp 1959, S. 1628.

18 Stein, Hannes: »Arno Lustiger, Chronist des jüdischen Leidenswegs«, in: *Die Welt*, 16. 5. 2012, unter: http://www.welt.de/kultur/history/article106326143/Arno-Lustiger-Chronist-des-juedischen-Leidenswegs.html (abgerufen im Dezember 2015).

19 Rilke, Rainer Maria: Werke. Band IV, Frankfurt am Main: Insel 1996, S. 524.

20 Shakespeare, William: König Heinrich IV. Zweiter Teil. William Shakespeares sämtliche dramatische Werke und Gedichte, Wien: J. P. Sollinger 1826, S. 29.

21 Eichendorff, Joseph von: »Und es schweifen leise Schauer«. In: Die schönsten Gedichte, Hamburg: Hoffmann und Campe 2011, S. 111.

22 Sido feat. Mark Forster: »Einer dieser Steine«. Aus dem Album: 30–11–80, Urban (Universal), veröffentlicht 2013.

23 Zoff: »Sauerland«. Aus dem Album: Alles beim Alten, Sireena (Broken Silence), veröffentlicht 2009.

24 Freddy Quinn: Heimweh (Dort wo die Blumen blüh'n), Koch Universal (Universal Music), veröffentlicht 2006.

25 *Der Freitag*: »Geglückte Tage, unterwegs. Im Gespräch: Peter Handke erzählt von Reisen allein, von Nomaden und Nesträubern« in: *Der Freitag*, 21. 10. 2005, unter: https://www.freitag.de/autoren/der-freitag/gegluckte-tage-unterwegs (abgerufen im Dezember 2015).